面向挑战的隧道及地下工程

丛书总主编
洪开荣

复杂地质条件下
海底沉埋隧道修建技术

卢　伟　罗有卿　唐海斌
刘吉东　张　辉　编著

人民交通出版社股份有限公司
北　京

内 容 摘 要

本书为“面向挑战的隧道及地下工程”丛书之一。依托我国大陆首次采用沉管法修建的舟山沈家门港海底隧道工程,结合建设过程中的工程实践及创新成果,系统阐述了复杂工况条件下海底沉埋隧道修建技术体系。本书主要内容包括海港岸边隧道出入口施工技术、海岸干坞施工技术、管节预制施工技术、航道及基槽浚挖、海上运输管制技术、管节浮运、沉放及对接施工技术、施工组织管理与风险控制等,针对该工程面临的淤泥地层及极端高水位等复杂工况,全面展示了海底沉埋隧道修建的基本理念、关键技术措施、施工管控要点等,可为同类工程建设提供有益借鉴。

本书可供从事水下隧道修建的设计、施工、科研技术人员参考,也可供铁路、公路、市政、水利水电等相关专业的技术人员参考借鉴,亦可作为相关专业领域高等院校师生的教学参考资料。

图书在版编目(CIP)数据

复杂地质条件下海底沉埋隧道修建技术 / 卢伟等编著. — 北京 : 人民交通出版社股份有限公司, 2025. 3.
ISBN 978-7-114-20131-8

Ⅰ. U455.49

中国国家版本馆 CIP 数据核字第 202590RW16 号

Fuza Dizhi Tiaojian xia Haidi Chenmai Suidao Xiujian Jishu

书　　名:复杂地质条件下海底沉埋隧道修建技术
著 作 者:卢　伟　罗有卿　唐海斌　刘吉东　张　辉
责任编辑:张　晓　刘国坤
责任校对:席少楠
责任印制:张　凯
出版发行:人民交通出版社股份有限公司
地　　址:(100011)北京市朝阳区安定门外外馆斜街 3 号
网　　址:http://www.ccpcl.com.cn
销售电话:(010)85285857
总 经 销:人民交通出版社股份有限公司发行部
经　　销:各地新华书店
印　　刷:北京建宏印刷有限公司
开　　本:787×1092　1/16
印　　张:14.25
字　　数:311 千
版　　次:2025 年 3 月　第 1 版
印　　次:2025 年 3 月　第 1 次印刷
书　　号:ISBN 978-7-114-20131-8
定　　价:95.00 元
(有印刷、装订质量问题的图书由本公司负责调换)

本册编写委员会

主 任 委 员

卢　伟

副主任委员

罗有卿　唐海斌　刘吉东　张　辉

委　　　员

李代军　刘卫文　陈玉成　樊永奇

主 编 单 位

中铁隧道局集团有限公司

中铁隧道局集团有限公司市政工程公司

面向挑战的隧道及地下工程

Construction Technology of Subsea Buried Tunnel Under Complicated Geological Conditions

从书序

Introductory

200万年前人类祖先已择洞而居，遮蔽风雨，抵御猛兽。中华文明文字记载的隧洞挖掘可追溯至公元前722年郑庄公与其母姜氏“阙地及泉，隧而相见”。人类经过不断探索研究和工程实践，如今随着技术的不断进步与可持续的文明发展，人们对采用隧道与地下工程解决人类生存与地面环境矛盾的认识越来越深刻，如解决地面交通问题、解决水资源分布不均的问题、解决地表土地资源稀缺的问题、解决能源安全储存的问题、解决城市地表环境的问题，等等。特别是进入21世纪以来，人类已广泛形成了“来自地表挑战的地下工程解决方案”的共识。同时，正是这些应对挑战的隧道与地下工程解决方案，使得隧道与地下工程建设本身又面临着新的技术挑战，如超深埋的山岭隧道、超浅埋的城市隧道、超长隧道、跨江越海隧道以及复杂地面与地下建（构）筑物环境下的隧道与地下工程等。另外，隧道及地下工程建设还要面临极其复杂的地质条件与恶劣环境的挑战，如高地温、高地应力、高水压、极硬岩、极软岩、地下有害气体、岩溶等。

新中国成立以后，随着铁路、公路、水利水电等基础设施的大规模建设，隧道与地下工程进入快速发展期。至20世纪末，我国累计建成铁路隧道6211座，隧道总长度达3514km，为解放前铁路隧道长度的22倍。进入21世纪以来，中国的铁路、公路、水利水电、城市地铁、综合管廊、城市地下空间、能源洞库等得到爆发式的发展，中国一跃成为隧道与地下工程发展最快的国家，隧道总量居全球首位。至2017年年底，中国运营隧道（洞）总长达39882km，在建隧道总长约17000km，规划的隧道长度约25000km。隧道与地下工程呈现出向多领域应用延伸，并具有明显地向复杂山区、城市人口密集敏感区发展的趋势。可以说，21世纪，隧道与地下工程将大有作为，但面临的挑战与压力也将是史无前例的。

中铁隧道局集团为原铁道部隧道工程局，是国内隧道与地下工程建设的主力军，年隧道建设能力达500km以上，累计建成隧道（洞）约7000km。中铁隧道局自1978年建局以来，承担了我国大量的重、难、险隧道与地下工程建设任务，承建了众多具有标志性、里程碑意义的隧道与地下工程，如首次采用新奥法原理修建的衡广复线大瑶山隧道（14.295km）——开创了我国修建长度超过10km以上隧道的先河，创立浅埋暗挖法修建的北京地铁复兴门折返线——标志着我国地铁建设由"开膛破肚"进入暗挖法时代，首次采用沉管法修建的宁波甬江隧道——标志着我国水下隧道建设的跨越，创建复合盾构施工工法建设的广州地铁2号线越秀公园—广州火车站—三元里区间隧道——标志着我国地铁建设迈入盾构时代。从北京地铁，到广州地铁，再到全国其他43座城市的地铁建设，标志着我国地铁建设技术迈入了引领行列；从穿越秦岭的西康铁路秦岭隧道（19.8km），到兰武铁路乌鞘岭隧道（20.05km）、南库二线中天山隧道（22.48km）、兰渝线西秦岭隧道（28.24km）、成兰线平安隧道（28.43km）等众多20km以上的隧道，再到兰新铁路关角隧道（32.6km）、大瑞铁路高黎贡山隧道（34.5km），以及引水工程的引松隧洞（69.8km）、引汉济渭隧洞（98.3km）、引鄂喀双隧洞（283km），展示着我国采用钻爆法、TBM法技术能力的综合跨越；从"万里长江第一隧"武汉长江隧道，到首座钻爆法海底隧道厦门翔安隧道、海域第一长隧广深港高铁的狮子洋隧道（10.8km）、首座内河水下立交隧道长沙营盘路湘江隧道、内河沉管隧道南昌红谷隧道，镌刻下我国水下隧道建设技术的成熟与超越；从平原，到高山，到水下，隧道无处不在，给人们带来了便利生活与环境的改善。同时伴随着这些代表性隧道工程的建设，我国隧道施工机械装备与技术方法，也实现了一个又一个台阶的跨越，每一个台阶无不留有隧道人为人类美好生活而挑战自然、驾驭自然的智慧与创造。

"隧贯山河，道通天下"是隧道人的追求与梦想，更是我们的情怀，也是我们对美好生活向往的真实写照！中铁隧道局集团的广大技术人员，本着促进隧道技术进步、共享隧道建设成果为目的，以承建的重、难、险隧道工程为依托，计划将隧道建设中遇到的难题、形成的技术、积累的经验以及对隧道工程的思考，以专题技术的方式记录和编写一部部出版物，形成"面向挑战的隧道及地下工程"系列丛书。希望本丛书对隧道及地下工程领域的发展与进步具有一定的参考与借鉴价值，同时期待耕耘于该领域的专家、学者和同行进行批评指正，也寄望能给未来的隧道人带来启迪，从而不断地推动隧道及地下工程技术的进步，更加自信地应对社会发展对隧道的需要与建设隧道中的挑战，更好地服务于人类！

在我们策划"面向挑战的隧道及地下工程"丛书的过程中，人民交通出版社股份有限公司给予了我们极大的帮助，共同讨论丛书的架构、篇目布局等，在此致以崇高的敬意！

本系列丛书在编写过程中得到了许多基层技术人员的支持与帮助，相关单位和专家也为丛书的出版做了大量的组织和支持工作，在此一并向他们致以诚挚的感谢！

2018年12月

前　言

Preface

海底隧道作为一种不占地、不妨碍航行、不影响生态环境且安全的全天候海峡通道,在世界各国经济、生活联系日益加深的今天,这种实现各大陆陆路相通的连接方式,越来越受到瞩目。世界各国对修建海底隧道表现出高度重视和极大热情,除需要进一步加强在隧道埋深、结构耐久性、运营通风与防灾等方面的研究外,海底隧道的设计技术和施工工艺等已基本成熟。

目前,水下隧道修建常用的方法有钻爆法、盾构法、掘进机法和沉管法。本书介绍的海底沉埋隧道是一个综合性工程,涉及深基坑施工、高边坡防护、航道护岸、耐久性混凝土、航道疏浚、管段浮运、沉放及对接等工程类别,具有工程地质和周边环境十分复杂、海水流速急、潮位变化大,施工安全风险高;涉及工法多,工序转换频繁,施工组织协调难度大;沉管水下定位对接精度及防水要求高的特点。此类工程施工技术难点一般集中于:饱和水淤泥质粉质黏土地层海岸深基坑的滑移、稳定性问题;干坞基础不均匀沉降、隆起、变形的控制问题;预制管段顺利起浮、沉放及定位连接问题;大体积混凝土管节接缝渗漏水问题。

中铁隧道局集团有限公司在2008年承建了我国大陆首次采用沉管法修建的舟山沈家门港海底隧道,并对此类工程进行了科学研究,积累了丰富的修建经验,促进了核心关键技术的掌握和研发。由中铁隧道局集团有限公司牵头,中铁隧道局集团有限公司市政工程公司组织具有丰富经验的管理、施工、科研技术人员,不断完善、总结海底沉埋隧道的施工经验,最终完成了本书的编写工作。

本书作为水下沉埋隧道修建领域的一部专著,共分9章。第1章绪论,介绍了水下隧道发展现状、发展趋势和修建方法,由卢伟、张辉编写;第2章海底沉埋隧道工程概述,主要介绍工程位置及建设规模、海底隧道结构设计概述、工程区域自然地理和地质概述,由罗有卿、唐海斌编写;第3章海港岸边隧道出入口施工技术,主要阐述海港岸边围堰施工技术、海港岸边基坑围护结构施工技术、海港岸边基坑内支撑体系施工技术、海港岸边基坑分层控制降水技术及海港岸边基坑开挖技术，由刘吉东、李代军、陈玉成、樊永奇编写；第4章海岸干坞施工技术，主要阐述海岸干坞边坡防护及止水技术、海岸干坞基坑开挖技术，由唐海斌、刘卫文编写；第5章管节预制施工技术，主要阐述大体积混凝土管节施工温度应力分布、管节用C50高性能混凝土配合比、混凝土管节预制施工、混凝土管节防水技术，由陈玉成、刘吉东、罗有卿编写；第6章航道及基槽浚挖、海上运输管制技术，主要阐述航道及隧道基槽浚挖施工技术，海上运输管制技术，由张辉、卢伟编写；第7章管节浮运、沉放及对接施工技术，主要阐述复杂工况条件下管节浮运施工技术与沉放及对接施工技术、管节安装前后的施工测量方法，由刘卫文、樊永奇、张辉编写；第8章施工组织管理与风险控制，主要阐述海底沉埋隧道的修建特点及难点概述、施工组织管理及风险控制技术，由唐海斌、陈玉成编写；第9章施工成果与经验总结，主要阐述施工成果和经验总结，由李代军、卢伟编写。全书由罗有卿文整和核稿。

本书在吸收舟山沈家门港海底隧道施工技术创新成果并参考众多文献基础上，结合中铁隧道局集团科技创新计划项目"复杂工况条件下海底沉埋隧道综合修建技术研究"的实施，对众多成果进行了整理和集成。在此，对所有提供资料的专家、技术人员表示诚挚感谢。

由于作者水平有限，书中难免存在疏漏和错误，恳请专家和读者批评指正。

卢　伟

2019年12月30日

目　录

Contents

第 1 章

绪论

Construction Technology of Subsea Buried Tunnel Under Complicated Geological Conditions

面向挑战的
隧道及地下工程

Construction Technology of Subsea Buried Tunnel Under Complicated Geological Conditions

1.1 国内外水下隧道发展现状

据不完全统计，国外近百年来建成的跨海和海峡交通隧道已逾百座，著名的有：全长53km的日本青函海峡隧道；全长50.5km的英吉利海峡隧道；全长15.1km的日本东京湾水下隧道；全长6.2km的丹麦斯特贝尔海峡隧道；全长24.5km的挪威莱尔多隧道等。这些已建成的跨海隧道对中国水下隧道工程建设具有很好的参考价值，可以从中吸收先进的建设理念并总结经验教训。

近些年来，我国水下隧道建设发展迅速，已相继建成了多条跨海、跨江的水下隧道。早期已建成的水下隧道有：我国第一条跨海隧道厦门翔安海底隧道、胶州湾海底隧道、广州生物岛—大学城隧道、狮子洋海底铁路隧道、武汉长江第一隧道、长沙浏阳河水下隧道、长沙湘江水下隧道、上海长江隧道、上海穿越黄浦江多条隧道等。近几年来已建成的水下隧道有：跨越赣江的南昌红谷隧道、港珠澳大桥海底隧道、南京定淮门长江隧道、珠海横琴三隧道、汕头苏埃隧道等一批具有代表性的水下隧道；正在建设或即将建成的水下隧道有：深中通道沉管隧道、深圳妈湾跨海通道、上海沿江通道越江隧道、济南黄河隧道、广东珠海隧道、杭州钱江隧道、大连湾海底隧道、南京和燕路长江隧道等。

1.2 水下隧道发展趋势

与跨越江河湖海的其他交通方式相比，水下隧道有其独有的优势，然而与一般的山岭隧道不同，水下隧道又有其自身的特点和难点，在勘察、设计、施工、运营方面面临着以下挑战：

(1)深水海洋地质勘察的难度高、投入大，漏勘和地质情况失真的风险程度增大。

(2)饱和岩体强度软化，其有效应力降低，使围岩稳定条件恶化。

(3)高渗透性岩体施工开挖所引发涌/突水(泥)的可能性大，且多数与海水有直接水力联系，达到较高精度的施工探水和治水等均较为困难。

(4)海上施工竖井布设难度高，致使独头单口掘进的长度加大，施工技术难度增加。

(5)全水压衬砌与限压/限裂衬砌结构的设计要求高。

(6)受海水长期浸泡、腐蚀，对高性能、高抗渗衬砌混凝土配制工艺，结构的安全性、可靠性和耐久性，以及洞内装修与机电设施的防潮去湿要求严格。

(7)长(大)水下隧道的运营通风、防灾救援和交通监控，需有周密设计与技术保障措施。

(8)水下隧道是一项高风险的地下工程,因其存在较高的风险源,同时缺乏系统的风险评估方法,为水下隧道施工风险管理带来很大困难。

随着科技创新的日新月异,水下隧道的建设要遵循“工厂化、大型化、标准化、装配化、信息化、数字化、智能化”的理念,同时在发展中要不断更新。根据水下隧道在修建中面临的挑战和技术难点,工程建设要尽快形成规划、设计、施工、运营4个阶段系统性的风险评估方法;要在地质勘察中综合利用深水勘探技术进行海中、江中水文地质多纬度勘探;使用BIM数字化技术辅助设计、施工;施工机械设备要以机械化、信息化、智能化为抓手;施工工艺方法要多工法组合(盾构+沉管+钻爆、盾构+沉管等)、多模式切换来最大程度适应地质条件和环境因素,通过采用多手段智能超前地质预报、信息化监测和大数据平台系统的配套技术来保障前方施工顺利推进;运营管理期间要充分利用大数据平台系统,配套先进的通风排烟、应急救援信息化智能装备,以技术的进步来推动运营管理的信息化、数字化、智能化,实现水下隧道建设的智慧运营、智慧防灾。

1.3 水下隧道修建方法

水下隧道的主要修建方法有以下几种:围堤明挖法、钻爆法、盾构法、全断面隧道掘进机法(TBM)、沉管法和水中悬浮隧道法。围堤明挖法受到地质条件限制,且生态破坏严重,不经常采用,而水中悬浮隧道目前还停留在研究阶段,尚无成功案例。故水下隧道施工经常使用的方法有钻爆法、盾构法和沉管法。

1)钻爆法

人们一般把埋置于基岩,用传统钻爆法或壁式掘进机开挖隧道的方法称为钻爆法(也称矿山法),这些隧道被称为深埋隧道或暗埋法隧道。钻爆法在国外水下隧道施工中的应用很多。20世纪40年代日本修建的关门海峡水下隧道,是世界最早用钻爆法修建的水下隧道,之后又用钻爆法修建了世界闻名的青函海底隧道。作为世界上最长的水下隧道,日本青函海底隧道穿过津轻海峡,全长53.85km,海底段长23.30km,该隧道在水平钻探、超前注浆加固地层、喷射混凝土等技术上有巨大进展,尤其在处理海底涌水技术方面独树一帜。通过采用钻爆法施工,挪威已建成了约100km的水下隧道,其中最长一座隧道为7.90km,位于海平面下264m;挪威在应对海底不良地质段的施工方面,除应用注浆法外,还针对不同地质情况和围岩条件,可设或者不设二次混凝土衬砌。

2)盾构法

盾构法是利用被称作盾的钢壳,在保持掌子面稳定的同时进行安全掘进,并在其后面装上管片的衬砌组件,利用其反作用力掘进的一种隧道施工方法。盾构法最初是用在软土地层中,随着加压方式和刀盘、刀具形式的创新,盾构法在岩石地层也得到成功应用,如英吉利海峡隧道、丹麦斯特贝尔海峡隧道、日本东京湾海底隧道、德国易北河水下隧道、新加坡

DTSS 污水管道及我国广州地铁隧道、重庆越江排水隧道等。我国从 20 世纪 50 年代开始研究盾构法施工，1962 年，用气压盾构，采用铸钢管片 + 钢筋混凝土衬砌建成了上海市第一条黄浦江越江公路隧道，隧道全长近 10km，又在黄浦江底用盾构法修建了 6 条公路隧道。目前我国用盾构法修建的大型水下隧道有：武汉长江第一隧道、南京长江隧道、上海崇明越江隧道、狮子洋海底铁路隧道、南水北调中线穿黄隧道、汕头苏埃通道、济南穿黄河隧道等。

3）沉管法

沉管法是在海岸边的干坞里或在大型船台上将隧道管节预制好，再浮拖至设计位置沉放对接而成隧道。沉管隧道一般由敞开段、暗埋段及沉埋段等部分组成，部分工程在沉埋段两端设置岸边竖井，供通风、供电和排水等使用。自 1910 年美国首次兴建沉管隧道以来，美国、荷兰和日本等几个国家在沉埋技术领域有了长足的发展。我国已建成的有舟山沈家门港、广州珠江、宁波甬江和常洪以及上海外环线沉管隧道；最近几年建成的沉管隧道有南昌红谷隧道、港珠澳海上通道。以上众多隧道的建成，说明我国已形成了比较系统、完善的沉管法施工技术。

本书以我国大陆首次采用沉管法修建的舟山沈家门港海底交通隧道为依托，全面、客观、系统地介绍了海底隧道修建涉及的岸边出入口施工、海岸干坞施工、管节预制、航道和基槽浚挖及海上运输管制、管节浮运和沉放及对接施工的技术体系，创新使用了一种沉管隧道二次围堰防渗体系的施工方法和一种沉管隧道管段用混凝土配合比，成功解决了施工中遇到的技术难题，丰富了沉管隧道的施工工艺技术。

第2章

海底沉埋隧道工程概述

Construction Technology of Subsea Buried Tunnel Under
Complicated Geological Conditions

面向挑战的
隧道及地下工程

Construction Technology of Subsea Buried Tunnel Under Complicated Geological Conditions

2.1 工程位置及建设规模

沈家门港海底隧道工程位于浙江省舟山市普陀区，从沈家门滨港路(新街口)，与水流方向约成90°夹角直线横穿沈家门港至鲁家峙岛(渔具公司方向)上岸，在规划休闲广场西北角进入休闲广场，并向西折转约18.4°后以直通式出入口到达地面，平面位置如图2-1所示。

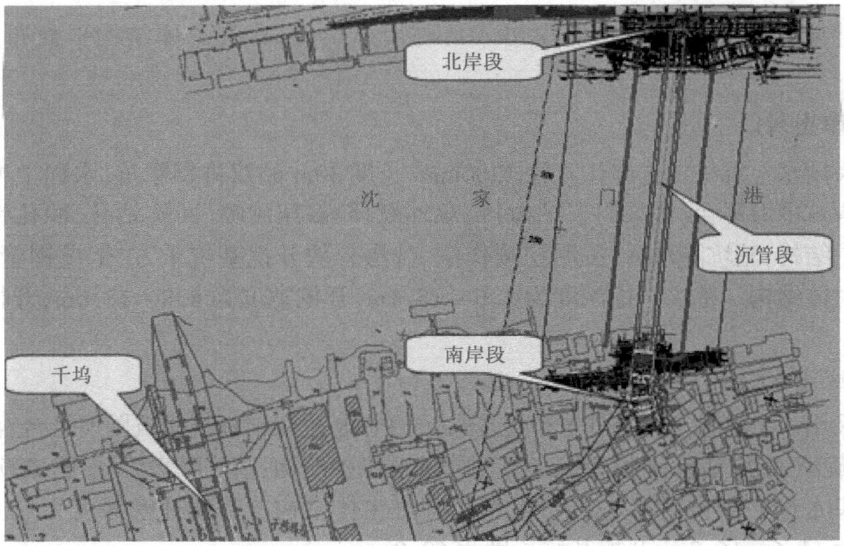

图2-1 沈家门港海底隧道平面位置示意图

该隧道施工内容包括：沉管管节预制、基槽开挖、管节沉放、回填；干坞构筑、围堰；出入口两侧通道、监控管理用房、南北岸建筑工程；供电照明系统、通风系统、通信系统、给排水消防系统等。工程建设规模见表2-1。

工程建设规模表 表2-1

序号	名　称	长度(m)	结构形式	备　注
1	沈家门侧西梯道出入口	35.4	矩形+U形	从主隧道至距主隧道最远处
2	沈家门侧东坡道出入口	73.2	矩形+U形	从主隧道至距主隧道最远处
3	沈家门侧主通道明挖暗埋段	9.1	矩形框架空间结构	出入口与主隧道衔接，预留接口
4	沈家门侧主通道明挖暗埋段	1.3	折板框架结构	转角段至E1管节北端接头处
5	主通道沉管段	218	折板框架结构	3节(70m+2×74m)
6	鲁家峙侧明挖暗埋结构	28.3	折板框架结构	E3管节南端接头处至出入口(含合龙接头)
7	鲁家峙近期隧道出入口	28.50	矩形+U形	—
8	建筑长度	393.9	—	主线隧道长度加出入口长度

2.2 海底隧道结构设计概述

2.2.1 隧道出入口设计

舟山沈家门港海底隧道设北岸出入口与南岸出入口，其总体结构平面布置如图 2-2 所示。

1）北岸出入口

施工采用水上沉桩工艺施作直径 1200mm、长度 30m 的双排钢管桩，水面上冲砂工艺填筑模袋砂构筑围堰平台，再采用三轴搅拌、双轴搅拌、高压旋喷、回旋钻孔、冲孔钻孔工艺施作基坑围护结构；基坑降水后，按明挖顺作法、分层分块开挖基坑土方、架设钢管支撑；最后施工基坑主体结构。基坑开挖深度为 5.6 ~ 15.1m，开挖宽度为 8.8 ~ 18.0m，开挖基坑长度为 120m。

2）南岸出入口

施工采用水上沉桩工艺施作长度为 18m 的 PU28 拉森钢板桩构筑围堰平台，再采用三轴搅拌、高压旋喷、回旋钻孔、冲孔钻孔工艺施作基坑围护结构；基坑降水后，按明挖顺作法、分层分块开挖基坑土方、架设钢管支撑；最后施工基坑主体结构。基坑开挖深度为 6.1 ~ 14.8m；开挖宽度为 11.6 ~ 16.3m；开挖基坑长度为 62.9m。

2.2.2 出入口基坑围护结构设计

(1)北岸钻孔灌注桩分布于基坑周围，为基坑围护主要受力结构；850SMW(新型水泥土搅拌桩墙，Soil Mixing Wall)工法桩及搅拌桩重力式挡土墙主要为北岸明挖段及沉管段接头处围护结构，在沉管段基槽开挖过程中起临时支护作用，需于管节对接施工前将对接部位进行破除；650SMW 工法桩为南北挡头围护结构；预制桩为明挖结构及出入口段基础桩，分别为 500mm × 500mm 方桩和 500mm × 300mm 板桩。

(2)南岸钻孔灌注桩分布于基坑周围，为基坑围护主要受力结构。

2.2.3 干坞设计

沈家门港海底隧道工程南岸干坞设置在鲁家峙明挖基坑西侧，位于兴业船厂旧址上。干坞规模满足同时预制 3 个管节。沉管预制布置剖面图如图 2-3 所示。

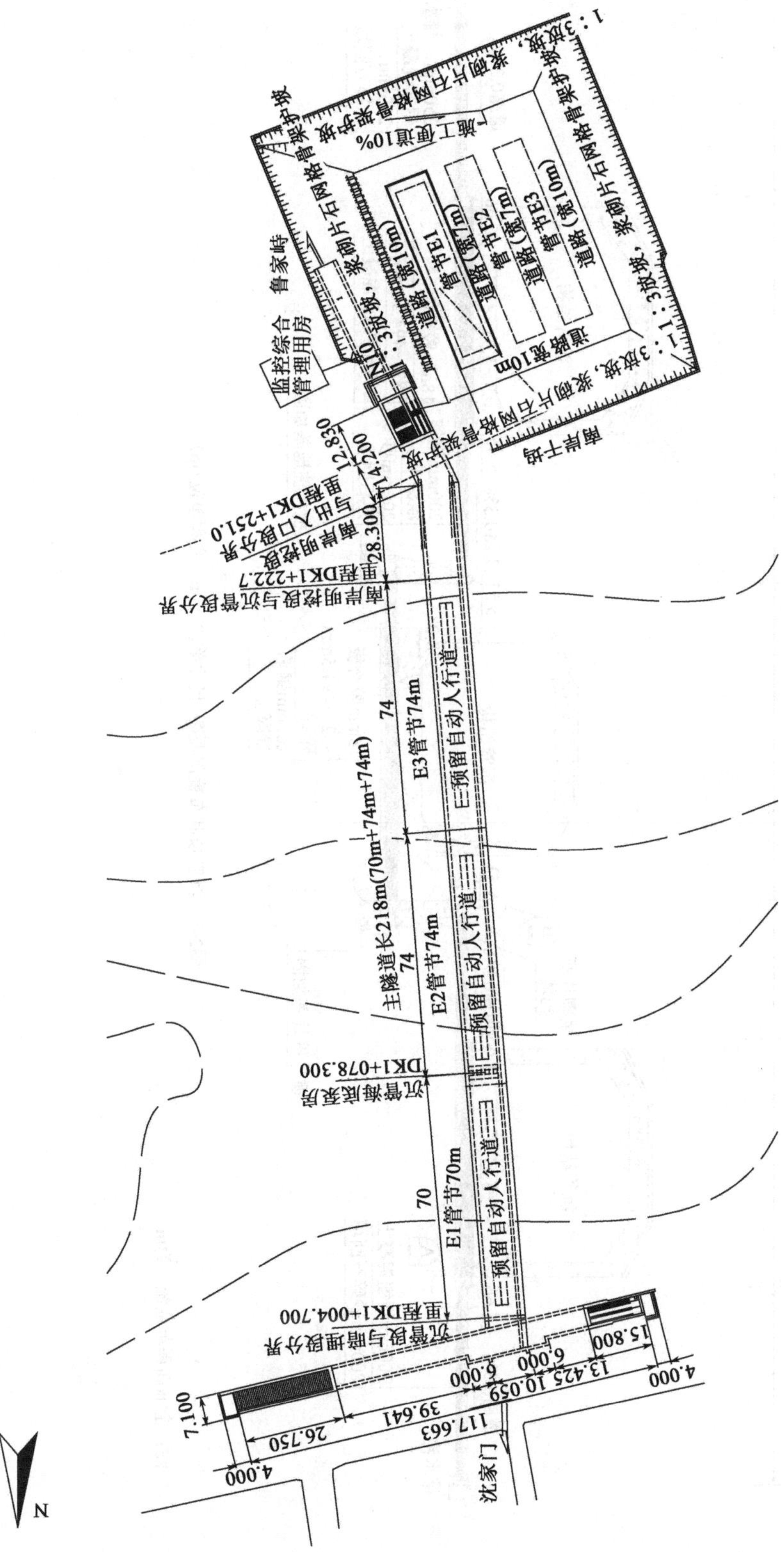

注：1.本图尺寸除特别注明外，均以m为单位。
2.本图采用1985国家高程基准，坐标系统为舟山独立坐标系。

图2-2　海底隧道总体结构平面布置示意图(尺寸单位：m)

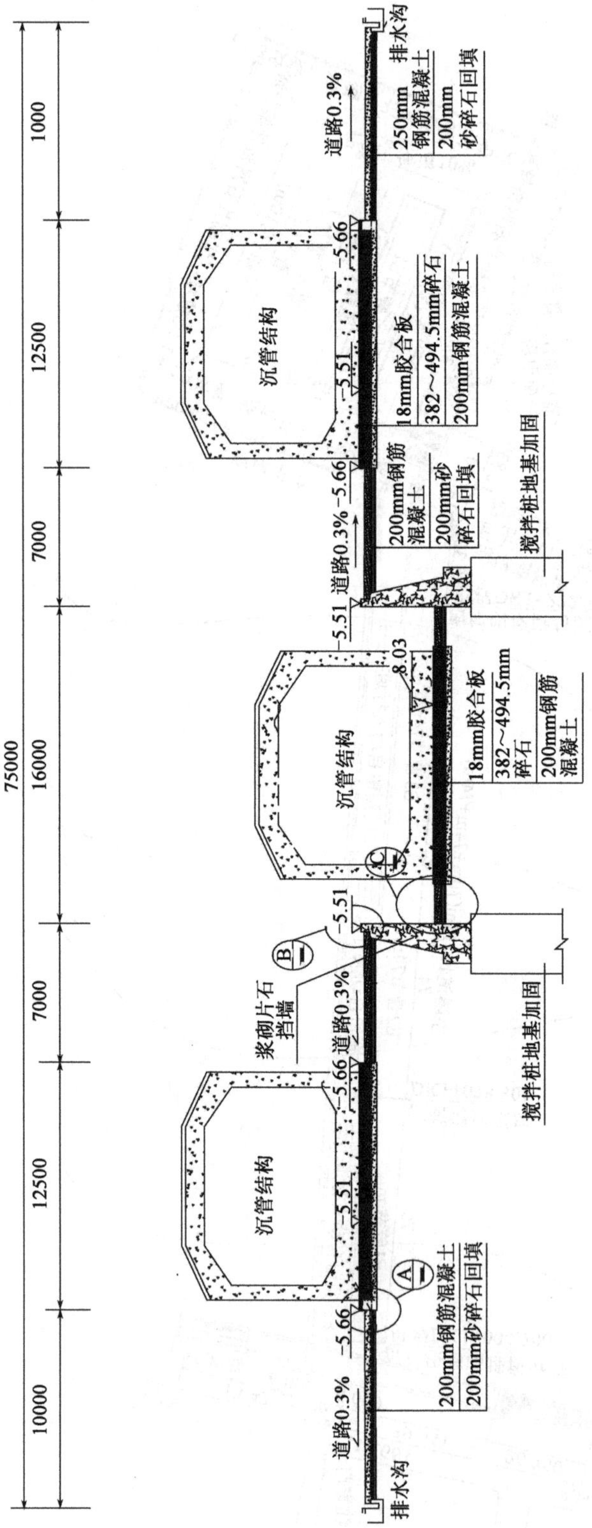

图2-3 沉管预制布置剖面图（尺寸单位：mm；高程单位：m）

注：全书高程单位统一为m。

干坞顶高程为2.5～3.0m,干坞底高程为-5.51m,E1管节深槽底高程为-8.03m。干坞基坑等级为二级。顶部尺寸为158.7m(南北向)×173.6m(东西向),干坞底部尺寸为82m×98m。西侧边坡坡率1:6,设2级平台;东侧坡率1:4,设2级平台;北侧边坡维持原设计1:3.6放坡;南侧边坡坡率1:4,设1级平台。西南侧设置施工进出干坞便道一条,北侧为沉管出坞航道,坞内设置三个沉管预制基座,三个管节同时施工。干坞内中间为沉管预制深坑,坑内布置E1管节预制基座,坞底高程为-8.03m,该深坑在平均低潮水位时沉管可以浮运出坞;其两侧设置两个沉管预制基座,坞底高程为-5.51m,在平均高潮水位时沉管可以检漏、系泊和浮运至深坑。干坞四周设置排水沟,四个角上设置集水井,排水沟和集水井满足平常的基坑渗排水和雨水的排出要求。坞底四周和预制基座之间设置施工便道。

2.2.4 沉管结构设计

沉管采用钢筋混凝土结构,本隧道沉管总长218m,由3个管节组成,管节长分别为:E1管节70m、E2管节74m、E3管节74m;沉管与南岸合龙接头长度为1.5m。

隧道横断面采用单孔隧道,折板结构。折板型断面内净空宽10.0m、净高4.2m,结构外轮廓宽11.5m、高6.4m,沉管接头位置局部加大。隧道建筑限界单项宽度4.75m,总宽度9.75m,其组成为:4.75m+0.25m(分隔带)+4.75m,建筑限高3.4m。左右通道的宽度可根据客流量调节以适应两侧过港客流量不一致的情况。路面采用双面横坡,横向坡度1%,如图2-4所示。

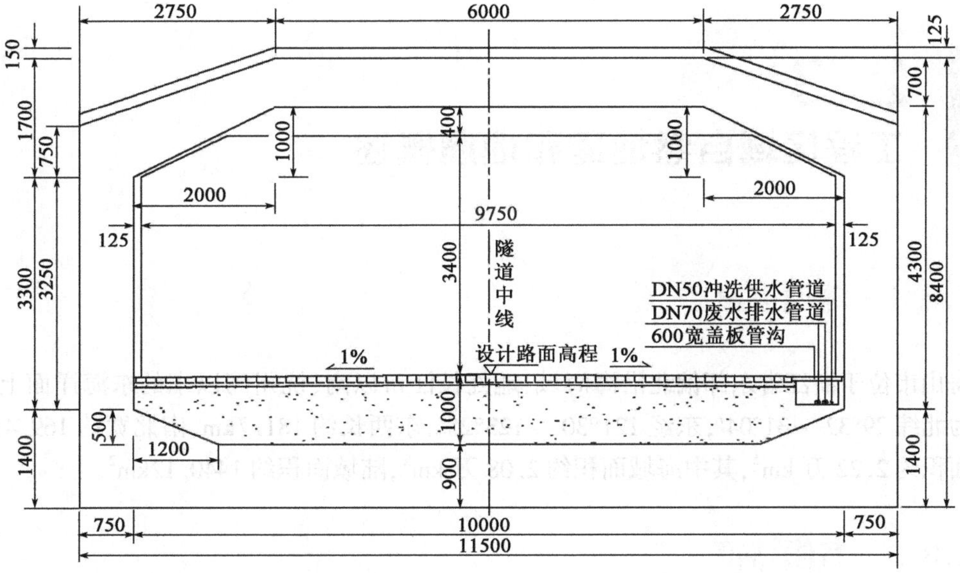

图2-4 沉管隧道横断面(尺寸单位:mm)

2.2.5 管节接头设计

E1、E2 管节的接头采用半柔半刚接头，E3 管节与南岸明挖结构接头采用刚性接头。接头具有一定的抗拉、抗压、抗剪和抗弯的综合能力。沉管中间接头及其与岸边接头的主要部件有 GINA 止水带、OMEGA 止水带、水平剪切键、竖直剪切键、波形钢板连接件、端钢壳及相应的连接件。

2.2.6 沉管基槽设计

(1)基槽开挖深度 9 ~ 12m，坡度采用 1:4 ~ 1:7。

(2)沉管基础采用管内压砂法进行处理。基础由 0.6m 厚碎石层和 0.4m 厚压砂层组成。管段沉放前先抛填 0.6m 厚碎石层并整平，管段沉放后，先在管段两侧抛填碎石，再从管内向管底与碎石层间隙压砂，砂泵出口的压力为 0.15 ~ 0.2MPa，最终压砂压力不大于 0.3MPa。砂盘的扩散半径为 4.1m，压砂孔采用 ϕ150mm 的钢管，压砂孔间距横向为 6.0m，纵向为 5.75m，纵向两排布置。压砂时水砂配合比控制为 7:1 ~ 9:1。具体参数应在施工前进行试验确定。

(3)隧道回填包括定位回填(即沉管两侧的压脚碎石回填层的回填)和普通回填(即压脚碎石回填层以上的砂碎石回填层)。覆盖块石采用单块或排石抛填，单块石头抛填时，其大小以人工能搬动为限，一般为 5 ~ 20kg。块石抛填应在回填区域上游一定距离进行，可根据当时水深、流速而定。

2.3 工程区域自然地理和地质概述

2.3.1 地理位置

舟山市位于浙江省东部偏北沿海海域，地处长江口以南、杭州湾以东的东海洋面上，区域范围为北纬 29°32′ ~ 31°04′，东经 121°30′ ~ 123°25′，东西长约 181.7km，南北宽约 169.4km，区域总面积约 2.22 万 km^2，其中海域面积约 2.08 万 km^2，陆域面积约 1440.12km^2。

2.3.2 气候特征

舟山群岛四面环海，属亚热带季风气候，冬暖夏凉，温和湿润，光照充足。年平均气温

16℃左右；最热 8 月，平均气温 25.8～28.0℃；最冷 1 月，平均气温 5.2～5.9℃。常年降水量 927～1620mm。年平均日照 1941～2257h，太阳辐射总量为 $4126 \times 10^6 \sim 4598 \times 10^6 J/m^2$，无霜期 251～303d。由于受季风不稳定性的影响，夏秋之际易受热带风暴（台风）侵袭，冬季多大风，七、八月间出现干旱，是舟山常见的灾害性天气。

沈家门港海底隧道工程区域属于亚热带南缘的海洋性季风气候区，四季分明，雨量充沛，气温适中。冬、春季海雾出现次数较多，夏、秋季有台风影响。

2.3.3 水文特点

沈家门港水文情况复杂，地表水系不发育，多源自丘陵腹地，呈放射状蜿蜒入海。水系受海岛规模影响，流程短，汇水面积小；受暴雨影响，水位暴涨暴落，易引发山洪等自然灾害。海岸潮汐属不规则的半日潮，潮流以往复流为特征，涨潮流向西，落潮流向东，涨潮流速大于落潮流速。海水的潮汐及台风巨浪作用对岛屿海滨的影响较大，尤其是潮间带地段。

2.3.4 地形地貌

舟山境内多山、丘陵，为海岛丘陵区，是天台山脉的余脉及其北东延伸入海的出露部分。海岛地形起伏，中央绵亘山脊或分水岭，海拔一般在 200～300m 之间，山间和海滨分布有小块平原。海岸线蜿蜒曲折，以基岩和泥质海岸为主，少量砂质海岸。地貌类型为海积、冲海积平原区（包括堆积海岸地貌）、山麓沟谷平原区、侵蚀剥蚀低丘区（包括侵蚀海岸地貌）、侵蚀剥蚀高丘区。

2.3.5 地质特征

舟山属于华南地层区东南沿海分区舟山小区，出露地层主要有上侏罗统和第四系。上侏罗统以中酸～酸性火山碎屑岩为主，少量酸性熔岩和火山沉积岩，属钙碱性系列或弱碱性岩系。第四系松散沉积物分布在海积、冲海积平原区和山麓沟谷地带，厚度变化较大。

舟山位于华南褶皱系浙东南褶皱带丽水—宁波隆起新昌—定海断隆的东北部，也是浙闽沿海燕山期火山活动带的北段。温州—镇海北北东向大断裂带从编图区西部海域通过；昌化—普陀东西向大断裂带位于编图区以南；龙泉—宁波北东向断裂带斜贯编图区。在长期的地壳运动中，它们逐步发展，与北西、北北西和南北向断裂共同组成了纵横交错的基本断裂格架，并对编图区火山机构、沉积盆地的形成和发展，对地形地貌的变迁具有控制作用。

2.3.6 海滨滩涂工程地质与水文地质

沈家门港场地勘察范围内地基土可划分为 9 层，自上而下依次为粉质黏土、淤泥、砂砾、粉质黏土、粉质黏土、粉质黏土、含黏性土角砾、黏土、含黏性土角砾。施工范围内各土层分布情况(钻孔桩号ZK7)见表2-2。

各土层分布及性质表(钻孔桩号ZK7) 表2-2

土　层	土的性质、种类	顶面高程(m)	底面高程(m)	层厚(m)	层顶埋深(m)	承载力特征值(kPa)
人工填土	人工填土,夹杂碎石、块石,结构松散,固结度差	-0.05	-3.3	3.25	0	—
淤泥质粉质黏土	灰色,流塑状,饱和,局部含粉砂层及贝壳腐殖质	-3.3	-9.75	6.45	3.25	50
粉质黏土	灰色,流塑状,饱和,局部含粉砂层及贝壳	-9.75	-13.75	4	9.7	55
黏性土圆砾	棕黄色、灰黄色,厚层状,卵石含量10%~15%最大粒径10cm,圆砾含量30%~40%、砂砾含量10%~14%,其余为黏性土	-13.75	-16.25	2.5	13.7	220
粉质黏土	黄褐色可塑状,局部硬塑,厚层状,中等压缩性,土质均匀	-16.25	-17.65	1.4	16.2	210
含黏性土角砾	黄褐色、紫褐色,厚层状,中等压缩性,碎石含量5%~20%,最大粒径10cm,角砾含量25%~45%、砂砾含量5%~15%,其余为黏性土,土质不均匀	-17.65	-18.15	0.5	17.6	260
粉质黏土	黄褐色可塑状,局部硬塑,厚层状,中等压缩性,土质均匀	-18.15	-25.65	7.5	18.1	210
粉质黏土	黄褐色可塑状,局部硬塑,厚层状,土质均匀	-25.65	-29.45	3.8	25.6	180
含黏性土角砾	中密~密实,厚层状,中等偏低压缩性,碎石含量10%~15%,角砾含量20%~40%,砂砾含量5%~15%,其余为黏性土,碎石最大粒径10cm	-29.45	-31.05	1.6	29.4	280

1)北岸明挖段

滨港路现状地面高程为2.38~2.48m,滨港路属填海而成,表层填土厚度一般为5.0m左右,填土主要成分为块石、碎石,其粒径较大、透水性较好,对明挖基坑的支护结构施工有一定的影响,针对本层土质特征应采取切实可靠的防水或止水措施;主要开挖土石方为表层下的淤泥、淤泥质(粉质)黏土,埋深可达-16.0m,具有高压缩性、低渗透性、物理力学性质较差等特征,不能作为支护结构基础的持力层;根据设计图纸,北岸基坑开挖最大深度为-12.05m,该高程处主要土层为砂砾、含黏性土圆砾,基底应做好降排水处理。

2）海底沉管段

根据勘察报告,岩土工程性质较好,但是隧道结构底板岩土工程性质软硬不均,施工过程中局部应根据实际地质条件考虑基底特殊处理。

3）南侧明挖段和干坞

根据勘测结果,南侧明挖段靠海侧表层主要为杂填土,厚度为3.2~5.6m,具有强透水性,须做好围护结构的防水处理;干坞基坑底为淤泥质粉质黏土,下卧层为粉质黏土,局部为砾砂,砾砂层含有承压水,从最深坑基坑底板-8.03m至粗砂顶板厚度只有0.85m,因此坞底的降排水及防基底隆起尤为重要。

工程场地地表水主要是沈家门港中的海水。沈家门港海水50年一遇极端高水位3.43m、极端低水位-2.71m,涨潮海水、落潮海水均对混凝土结构无腐蚀性,对混凝土中的钢筋长期浸水具有弱腐蚀性、干湿交替时具有强腐蚀性;对钢结构具有中等腐蚀性。松散岩类孔隙潜水分布于工程场地陆域段内表层土中,受海水补给和排泄影响,水质和海水一致,水位埋深随海水涨落潮而变化,孔隙潜水对混凝土结构无腐蚀性,对混凝土中的钢筋长期浸泡时无腐蚀性,干湿交替时具有中等腐蚀性;对钢结构具有中等腐蚀性;松散岩类孔隙承压水水位埋深2.42~2.75m,位于靠鲁家峙岛海域及其海岸带,含水层厚度较小,一般厚度为0.40~1.9m,含水层渗透系数较大、赋水性较差、含水量有限,无开采供水历史,与地表水无水力联系。

2.3.7 工程地质与水文地质对工程影响

1）工程地质对工程的影响

与地勘地质情况相比,工程实施时地质情况极为复杂。地勘地质资料显示地层主要由①$_1$层填土、②$_1$层淤泥、②$_2$层淤泥质粉质黏土、②$_3$层粉质黏土组成,局部涉及③$_2$层含黏性土圆砾的顶部。而现场实施过程中主要表现有:地层有大量抛石、地梁、废弃管桩及混凝土基础,局部有废船木料,土层分界面是斜面、滑动面,地质有突变,有废弃垃圾船坞,有排水暗沟,淤泥质黏土为流塑状态、饱和水、无自稳能力等。隧道纵断面地层分布如图2-5所示。

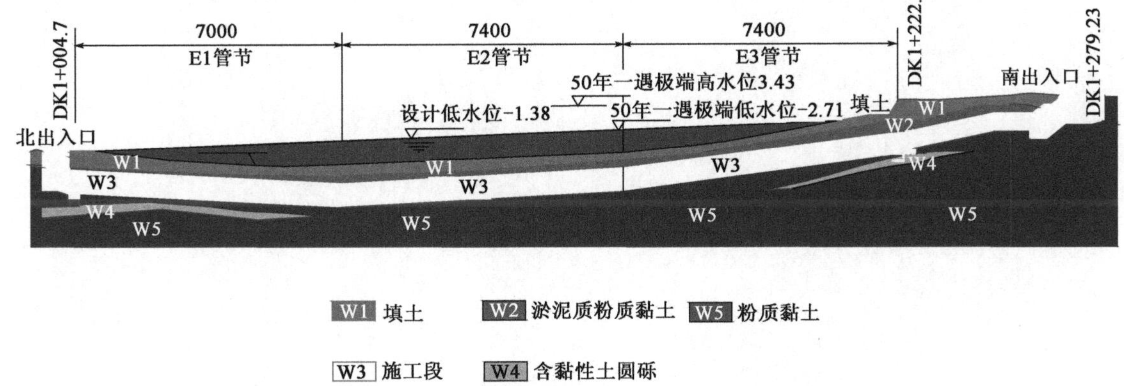

图2-5　隧道纵断面地层分布图(尺寸单位:mm)

2）海洋水文地质对工程的影响

沈家门港潮汐性质为规则的半日潮港，港域有明显的涨落潮历时不等现象。平均涨潮历时5h 37min，平均落潮历时6h 48min，落潮历时略大于涨潮历时。潮位每月发生高低潮各两次，日潮不等。舟山岛屿星罗棋布，港内水道纵横交错，流动形式大多为往复流。总体而论，涨潮流向大体呈偏西向，落潮流向大体呈偏东向。港内最大流速为0.73～1.3m/s。大潮期间，最大涨潮流速为1.03～1.54m/s，落潮流速为1.29～1.8m/s；小潮期间，涨潮最大流速为0.51～1.03m/s，落潮流速为0.77～1.29m/s；中潮介于两者之间。潮位落差大，最大潮差达4.34m。沈家门港潮位变化指标见表2-3。

沈家门海港潮位表 表2-3

名　称	单位	数值	名　称	单位	数值
最高潮位	m	3.26	最低潮位	m	-2.44
平均高潮位	m	1.39	平均低潮位	m	-1.13
最大潮差	m	4.34	最小潮差	m	0.88
平均潮差	m	2.54	平均海平面	m	0.31
50年一遇极端高水位	m	3.43	50年一遇极端低水位	m	-2.71
100年一遇极端高水位	m	3.93	100年一遇极端低水位	m	-3.21

注：该表为1985年国家高程基准数据。

第3章

海港岸边隧道出入口施工技术

Construction Technology of Subsea Buried Tunnel Under
Complicated Geological Conditions

面向挑战的
隧道及地下工程

Construction Technology of Subsea Buried Tunnel Under Complicated Geological Conditions

3.1 海港岸边围堰施工技术

沈家门港海底隧道的地质及水文地质条件差，尤其是海水对混凝土及钢材有一定的腐蚀性，属于半日潮，冲刷严重，基坑周边环境复杂。由于对海潮的破坏性及淤泥层的特性认识不足，原模袋砂围堰修筑不到设计高程就坍塌了，导致模袋砂方案失败，为此要重新选择围堰施工方案。通过对模袋砂围堰、钢管桩围堰、水下混凝土围堰及拉森钢板桩围堰等形式进行优缺点比较，综合各种围堰方案的优缺点，最终创新性地采用“钢管桩＋模袋砂围堰”的形式修建北岸基坑。充分发挥钢管桩刚度大、可循环、施工速度快，以及模袋砂围堰的快速、投资少的优点，做到了经济、快速、安全施工，并为后续施工提供了很好的场地条件。南岸基坑因水中部分较短，选定“拉森钢板桩围堰”形式修建南岸基坑，以发挥拉森钢板桩的隔水性能好、强度高等优点。

3.1.1 模袋砂施工

模袋砂围堰施工工艺流程：施工准备→放线定位→清淤→松木桩基础施工→基槽填砂→砂袋围堰施工→吹填筑岛。

施工前做好机械材料入场等施工准备工作，然后进行测量放线，对施工水域进行封航，采用抓斗挖泥船对围堰基底清淤，采用小型专业打桩船进行圆木基础桩施工。进行基槽填砂并将土工大砂袋就位并固定后，采用自泵船灌砂入大砂袋，以此形成水中大砂袋围堰。围堰形成后，利用运输船(自泵船)进行砂岛内填筑。模袋砂围堰施工图如图3-1所示。

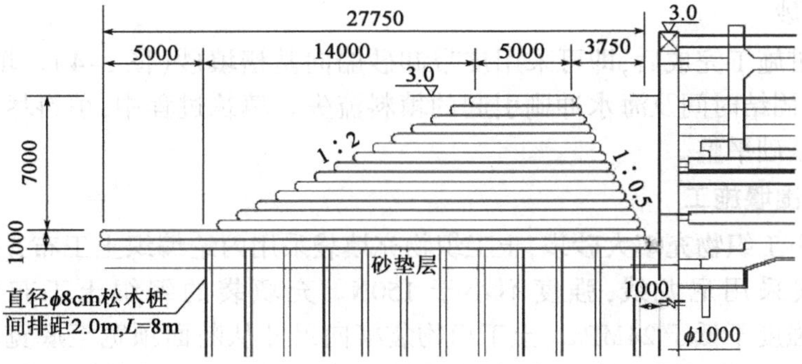

图3-1　模袋砂围堰施工图(尺寸单位：mm)

1）施工准备

模袋砂围堰施工前，根据围堰大小确定好各个模袋的尺寸，出厂前通过工业缝纫机将土工布加工成袋形。需要在水中铺设的模袋，长度一般控制在15～20m，高度为0.5m，在模袋面层每隔5m设一灌砂孔，灌砂孔加工成衣袖形状，和模袋连在一起。模袋加工好后运至施工现场，用防雨布盖好，防止暴晒，注意保护好模袋。

2）放线定位

用全站仪进行测量定位，船只配合在模袋砂位置各控制点打入定位木桩，桩长15m，桩径80mm，桩顶高程3m，并确保桩位稳定，准确标注桩位作为施工控制点，施工过程中采取保护措施并及时复测。

3）清淤

采用抓斗挖泥船对围堰基底清淤（图3-2），淤泥运往鲁家峙围垦区围垦。清淤完成后对基槽填砂，要求基底填砂平整，以便模袋铺设。

4）松木桩基础施工

清淤完成后，采用打桩船配合人工打入桩径80mm、桩长8m、间距2m的松木桩。施工时先施工岸边，逐排向海中延伸（图3-3），施工过程中严格控制桩位及垂直度误差，确保施工质量。

图3-2　挖泥船基底清淤施工现场

图3-3　松木桩基础施工

5）基槽填砂

基础松木桩施工完成后，即可采用皮带卸砂船向基槽填砂（图3-4）。填筑材料采用粗砂，以减少沉降固结时间及海水冲刷引起的填料流失。填筑过程中，填料尽量分布均匀，保持模袋砂围堰基础平整。

6）模袋砂围堰施工

围堰采用土工织物充填大砂袋，土工织物充填袋采用丙纶编织土工布，用工业缝纫机缝制而成，缝制线采用尼龙线，强度不小于150N。充填袋的编织土工布单位面积质量300g/m^2，抗拉强度不低于24MPa。土工织物袋横向尺寸从断面顶宽至底宽范围内取值，纵向尺寸为10～15m，填料同吹填用料，充填后厚度为50～60cm。采用砂泵将砂水混合物灌入模袋，灌好一个模袋后以同样的方法对下一个模袋进行灌砂，以此形成水中模袋砂围堰。土工织物袋铺设时上下袋体错缝，同层相邻袋体接缝处须预留收缩量，确保充填后两袋相互挤紧，且两袋间不出现贯通缝隙。土工织物袋在铺设或充填过程中，若出现袋体损伤，须及时修补。围堰下层袋体在退潮时铺设，用自带泵吹砂船吹砂充填。

土工模袋用钢管卷成布卷，放置在设计坡面之上的坡顶位置，顶部固定后由坡顶顺坡面向坡脚铺设（图 3-5）。水下展铺由潜水工配合实施。铺设好的模袋四周用钢管固定牢固，同时沿模袋底端由潜水工用编织袋装碎石压牢，顶部的固定可采用混凝土固定。

图 3-4　基槽填砂施工

图 3-5　模袋砂充填施工现场

7）模袋内砂料的充填

填充砂料可采用中粗砂，细砂易被淘刷。砂料应根据就近取材的原则，就近取用海砂，以降低工程成本。

模袋铺好后应立即充填砂料，充填机械一般用砂泵。为保证模袋充填的均匀，要严格控制充填的速度，让水及时从模袋内排出，留有充分的时间保证充填砂沉淀密实，待密实后再继续充填。模袋充填时，因膨胀往往会导致定位好的模袋收缩下滑，要严格控制袋体在施工过程中的下滑，方法是在岸上安装多台手拉葫芦，根据充填方量计算出袋体下滑速度，使袋体徐徐下滑。充填过程中潜水员要及时检查模袋充填的成形情况。如一侧已达设计要求，则移至另一侧继续充填，模袋两侧充填速度保持一致，使之沉降稳定。模袋充填定位后，将模袋进砂口和排水口同时扎紧，防止袋体跑砂，然后潜水员将模袋四周的钢管拔除，已形成模袋的扣绳与另一块即将施工模袋的扣绳系紧，确保第二块模袋充填时不移位，同时也能保证下模袋空隙控制在最小范围内。

水下充填模袋内砂料，由潜水工配合进行，同时控制充填速度和充填量。

8）模袋混凝土施工

待模袋砂围堰施工完成后，及时施工模袋混凝土防护层，模袋混凝土防护设在围堰迎海侧，为 20cm 厚 C20 模袋混凝土。

9）吹填筑岛

护岸块石清理在大砂袋围堰形成后进行，堤岸块石采用长臂挖掘机清理。清理分段进行，并及时换填砂，防止岸堤开裂或垮塌。堤岸块石清理完成后进行填砂作业，填砂机械采用自泵船，在吹填过程中须严密监测围堰的稳定，防止出现滑移的状况。最后在围堰面层填约 1.0m 厚黏土作为隔水层。

待围堰内部围护结构及北岸主体结构施工完毕后，对模袋砂围堰进行拆除。

3.1.2 双排钢管桩施工

双排钢管桩分为 ϕ1.2m、ϕ1.0m 两种型号，临海侧桩径 1.2m，桩中心间距 1.4m，背海侧桩径 1.0m，桩中心间距 1.4m。北岸双排钢管桩工程数量及参数见表 3-1。

北岸双排钢管桩工程数量及参数表　　表 3-1

部　位	位置	桩径(mm)	单位长度(m)	根数	质量(t)	总长(m)
临海侧	临海侧中	1200	24	32	327.68	768
	临海侧东	1200	24	26	266.24	624
	临海侧西	1200	22	15	140.80	330
	双排桩间	1200	24	14	143.36	336
	合计			87	878.08	2058
背海侧	背海侧中	—	24	28	238.36	672
	背海侧东	—	24	25	212.82	600
	背海侧西	1000	22	14	109.25	308
	东侧桩间	1000	24	12	102.15	288
	西侧桩间	1000	22	12	93.64	264
	合计			91	756.22	6248
总计				178	1634.30	8306

1) 工艺流程

钢管桩施工工艺流程如图 3-6 所示。

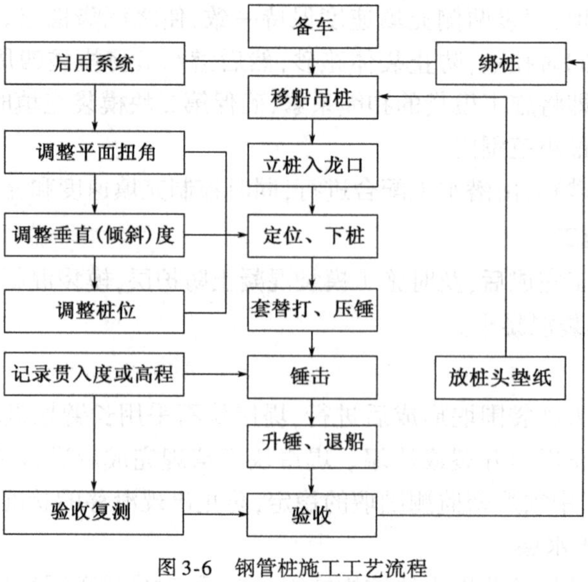

图 3-6　钢管桩施工工艺流程

2）施工准备

（1）障碍物清理：打桩船进场前，清除设计桩位范围内的杂物、障碍物，清理、平整模袋砂围堰，使机械能顺利进场，并保证施工船舶吃水深度。

（2）施工用电：打桩船施工用电靠自带发电机发电，如发电量不够则通过岸上 500kW 变压器辅助供电。

（3）管桩制作运输：工程用钢管桩为厂家定制，钢管桩采用 Q235 甲类或特类镇静钢，由螺旋钢管制成，采用整桩制作，如遇特殊工况需分节制作，即分成两节；相邻两根钢管桩接头位置错开 6.0m，现场连接，连接处采用埋弧焊，分多层焊接，钢管桩对接时采用内衬箍控制对接精度。采用方驳运输至施工现场（运输能力 20 根以上，满足 1 ~2 工作日施工），运输方驳作为施工堆放平台，直接从运输船只起吊沉桩；钢管桩起吊均采用两点吊法，吊点取桩长 $0.207L$，锁具与桩身水平夹角不大于 45°，装船起吊过程中严禁抛掷、碰撞、滚落，运输过程选取 $0.207L$ 两点法方木支垫。

（4）管桩进场检查验收：沉桩施工前必须对管桩长度、线形、焊接质量等进行验收，焊接质量满足Ⅰ级要求，所用钢材必须附有出厂合格证，经验收合格后方可投入使用。

3）测量放线

依据测量控制桩点，桩点定位时，采用全球定位系统（GPS）定位，全站仪坐标点引至桩架并做出标记；根据桩锤伸出距离确定桩心位置，施工过程中要经常检查测量桩的平面位置及垂直度，平面位置偏差不大于 50mm，垂直度偏差不大于 0.5%；高程控制依靠全站仪。

4）打桩船就位

打桩船采用缆绳定位在岸堤上，海上抛锚定位，通过调整缆绳长度确定船舶及打桩位置。

5）起吊插桩

桩机定位稳定后，开始起吊钢管桩，采用打桩船自带吊钩单点起吊，送桩到桩架后入龙口，抱桩，桩机定位平面位置偏差≤50mm，垂直度偏差≤0.5%，在距桩机不影响范围内，成 90°方向设置全站仪校准；确定无误后静压插桩，桩在入土前，应在桩架或桩身上设置尺寸标志，以便在施工中观测、记录。

6）沉桩

插桩结束并进行垂直度、桩位校核后即可开始锤击沉桩，打桩宜重锤低击，锤重应根据地质条件、桩的类型、结构、密集程度及施工条件选用。打桩的顺序根据桩的密集程度及工序要求为：先打靠岸堤侧 $\phi1.0$m 排桩，从西侧开始向东侧施工；后施工临海侧 $\phi1.2$m 排桩，自东向西依次施工，合龙处设在东南角，桩长不小于设计桩长，桩底高程不小于设计桩底高程，具体施工顺序如图 3-7 所示。已成型的钢管桩 + 模袋砂围堰如图 3-8 所示。

7）升锤、退船

沉桩到设计高程后经过监理工程师检查验收合格后，提升桩锤，移动打桩船至下一桩位，循环作业。钢管桩施工现场示意如图 3-9 所示。

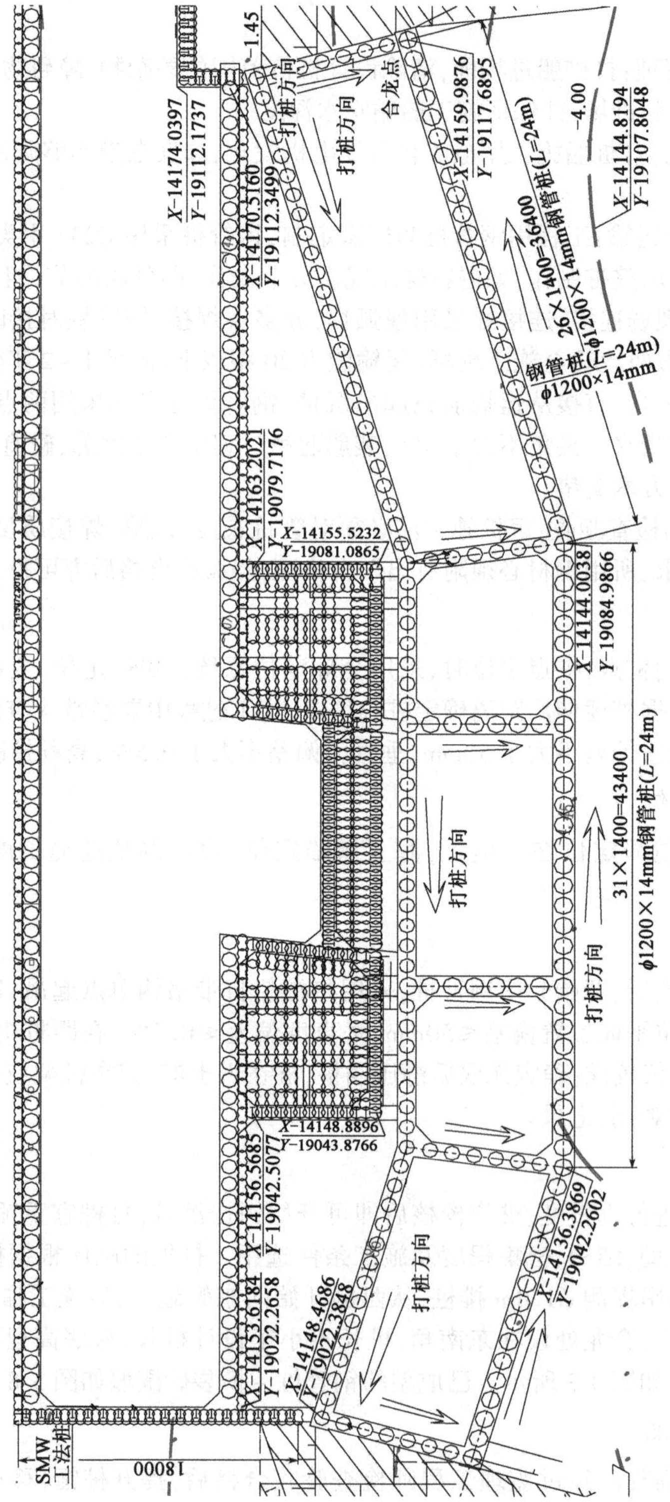

图3-7 钢管桩沉施工顺序示意图(尺寸单位：mm)

图 3-8　现场已成型的钢管桩 + 模袋砂围堰

图 3-9　钢管桩施工现场示意图

3.1.3　拉森钢板桩围堰施工

钢板桩围堰分为陆上、海上施工，共使用 PU28 拉森钢板桩 232 根，具体参数见表 3-2。围堰顶高程为 3.5m，桩底高程为 -14.5m。陆上部分采用履带式起重机吊振动锤，锤击法沉桩；海上部分采用打桩船锤击沉桩。钢板桩围堰完成后内部回填砂，并覆盖黏土，作为 SMW 桩施工平台。为防止钢板桩向海侧倾覆，在进行填砂施工时同步在靠海侧抛填片石护脚，坡度 1:2，抛填范围为钢板桩围堰外围全部范围，抛填至 -1m 高程。钢板桩平面布置如图 3-10 所示。

PU28 型钢板桩技术参数表　　表 3-2

特　性	宽度 b (mm)	高度 h (mm)	料厚 t (mm)	桩延米质量 (kg/m)	截面积 (mm^2)	每米截面模数 (cm^3/m)
PU28	600	454	15.2	102	216	3269

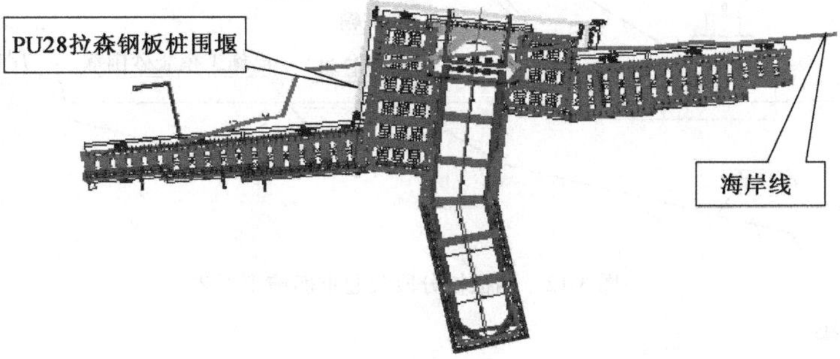

图 3-10　钢板桩围堰平面布置

1）设备选型

（1）桩锤选择 DZ90KS 型振动锤，功率 90kW，偏心矩 400N · m，激振力 480kN。

(2)钢板桩采用起重船配合振动锤施工。

(3)电缆及控制柜1组。

(4)直线形样架1个。

2)施工工艺

钢板桩围堰施工工艺流程如图3-11所示。

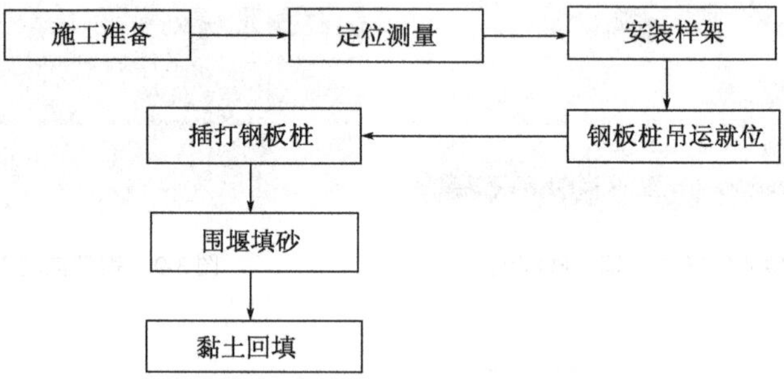

图3-11　钢板桩围堰施工工艺流程

3)施工准备

将钢板桩运到工地后,钢板桩在拼组前必须对其进行检查、丈量、分类、编号,同时对两侧锁口用一块同型号长2~3m的短桩作通过试验,以2~3人拉动通过为宜,或采用卷扬机拖拉。锁口通不过或桩身有弯曲、扭曲、死弯等缺陷,采用冷弯、热敲(温度不超过800~1000℃)、焊补、铆补、割除、接长等方法加以整修。接头强度要与其他断面相等,接长焊接时,用坚固夹具夹平,以免变形;先对焊,再焊接加固板,对焊接缝错位不得大于2mm,对接间隙不大于3mm。对新桩或接长桩,要在桩端制作吊桩孔。钢板桩检查合格后,按插桩顺序堆码,最多允许堆放四层,每层用垫木隔开高差不得大于10mm,上下层垫木中线要在同一垂直线上,允许误差不得大于20mm。钢板桩分段及船吊施工工艺如图3-12所示。

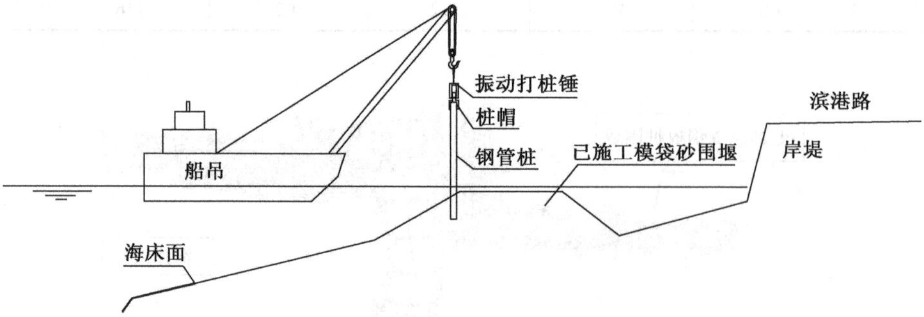

图3-12　钢板桩分段及起重船施工工艺

4)安装样架

样架为直线形框架结构,用来临时支撑钢板或作为工作平台。工程采用直线形整体式内样架,采用型钢焊接作为导向架,两排导向架间距2m,型钢间距略大于钢板桩高度h,工字钢采用I20a型号,底部由钢管连接插入海底固定,钢管直径为100mm,壁厚5mm,具体形状如图3-13所示。钢管应打入地基中,以牢固固定样架。样架安装时定位要准确,每个样架均不能歪斜,否则板桩不能闭合,样架垂直度偏差不超过1%。

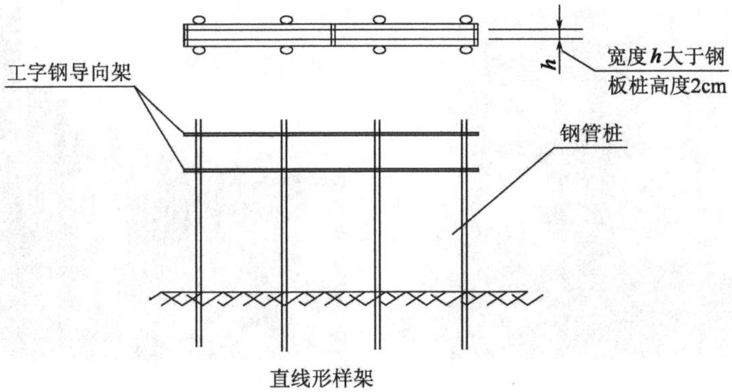

图3-13 钢板桩围堰样架示意图

5)拼装板桩

将检查校正过的钢板桩仔细吊运,避免变形。用起重船小钩将钢板桩吊起,人工辅助将该桩与前桩锁口相套,松开小钩,钢板桩沿样架下落,就位要准确、垂直,并用点焊或拉锁固定在样架上,安装从格体两侧并列进行或两侧交替进行,使其同时装完,并在格体闭合之前保持稳定。格体闭合时应采取预防措施,避免采用专门的闭合桩或用撞锤将板桩硬性打入,闭合困难时可提起部分板桩或摇动板桩使其滑进位置。锁口内,涂以黄油混合物油膏(重量配合比为:黄油:沥青:干锯末:干黏土=2:2:2:1),以减少插打时的摩阻力,并加强防渗性能。

6)打桩

钢板桩拼装完毕后,用打桩船大钩吊振动锤夹住钢板桩,开动振动锤沉桩至预定高程。钢板桩打桩作业如图3-14所示。插打钢板桩之前须检查振动锤,振动锤是打拔钢板桩的关键设备,在打桩前一定要进行专门的检查,确保线路畅通、功能正常,且功率达到90kW以上,而夹板牙齿磨损不宜太多。在插打过程中,要加强测量工作,发现倾斜,及时调整。为保证插桩顺利合龙,要求桩身垂直,并且围堰周边的钢板数要均分;在整个钢板桩围堰施打过程中,开始时可插一根打一根,即将每一片钢板桩打到设计位置;到剩下最后一部分时,要先插后打;若合龙有误,用倒链或滑车组对拉,使之合龙。合龙后,再逐根打到设计深度,在用倒链或滑车组对拉时不要过猛,以防止合龙段缝隙过大。在整个钢板桩插打过程中必须保证合龙密实,以防漏水。在施工过程中,钢板桩如需拼接,两端钢板桩要对正,可先在一端上面焊接一块限位板然后将另一端缓缓放下并进行对焊,对焊后再焊接加强板。焊接时必须保证焊接面平整,且焊缝有足够高度。插打钢板桩要充分采取止水措施,以防钢板桩围堰大量漏水。

7)样架移动

按照自东向西方向单向插打钢板桩,样架循环使用。

8)围堰回填

在板桩插打完毕后,即可进行围堰回填,采用自卸车装渣,填料选用中粗砂,人工机械配合回填,同时进行碾压;围堰外围抛填块石护坡,保持围堰内外压力平衡,防止围堰因单侧受力偏移。砂层回填完成后上面覆盖黏土作为防水层。成型后的钢板桩围堰如图 3-15 所示。

图 3-14　钢板桩打桩作业现场

图 3-15　已成型的钢板桩围堰

9）拔桩

围护结构施工完成后即可拔除钢板桩并将其插入海中作为基槽开挖施工挡土结构，拔桩顺序为自西向东进行。拔出时先略锤击振动各拔高 1～2m，然后依次将所有钢板桩均拔高 1～2m，使其松动后，再从两侧依次拔除，对桩尖打卷及锁口变形的桩，可加大拔桩设备的力度，将相邻的桩一起拔出，必要时进行水下切割。

3.2 海港岸边基坑围护结构施工技术

3.2.1　钻孔灌注桩施工

钻孔灌注桩施工工艺流程：施工准备→测量放线→埋设护筒→钻孔→清孔→钢筋笼加工及吊装→灌注水下混凝土。

桩基施工前清除设计桩位范围内的杂物、障碍物，平整场地，使机械能顺利进场，并保证施工中的钻机保持稳定。调查施工范围内管线如电力管、煤气管、水管、电信和有线电视等的布置情况，施工前须会同业主与有关部门调查确定具体位置，与有关产权单位协商，进行管线改移后方可进行施工。施工中严格执行钻孔灌注桩的施工技术和质量验收标准，做好桩基的质量控制、验收和桩体检测工作。

3.2.2　SMW 工法桩施工

1）工艺流程

SMW 工法桩施工工艺流程如图 3-16 所示。

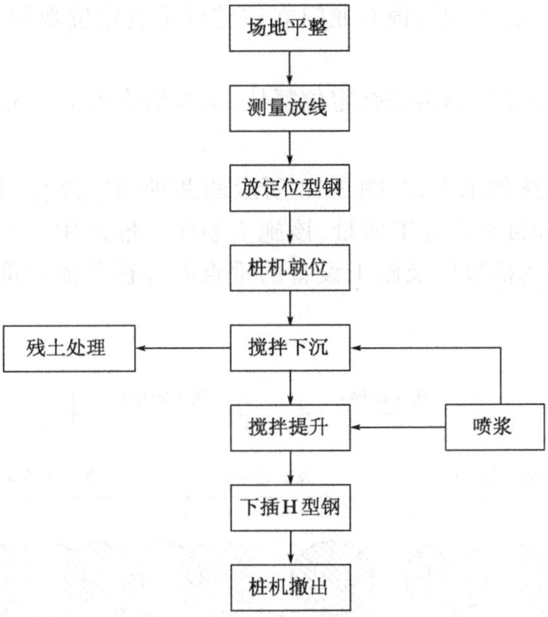

图 3-16　SMW 桩施工流程图

2）技术准备

（1）施工前应设定搅拌机的灰浆输送量、灰浆输送管到达搅拌机喷浆口的时间和起重设备提升速度等施工工艺参数，通过室内配合比试验，结合设计要求，选择最佳水泥掺入比，确定搅拌施工工艺参数。

（2）依据设计图纸和施工方案，做好现场平面布置，安排好打桩施工流程。布置水泥浆制备系统和泵送系统，且考虑泵送距离不宜大于 100m。

（3）水泥土搅拌桩机定位时，必须经过技术复核确保定位准确，必要时请监理人员进行轴线定位验收，同时设置桩位标志。

3）地平处理

（1）施工前，必须先进行换填处理，以确保表层填土层中块石等障碍物全部清除。

（2）根据提供的坐标基准点，按照设计图进行放样定位及高程引测工作，并做好永久及临时标志。放样定线后填好测量技术复核单，提请监理进行复核验收签证。确认无误后进行搅拌施工。

4）定位型钢

垂直 SMW 桩围护结构方向放置两根定位型钢，规格为 HW200 × 200，长约2.5m，再在平行沟槽方向放置两根定位型钢，规格为 HN700 × 300 型钢，长约 10m，转角处H 型钢采取与围护中心线成 45°角插入，H 型钢定位采用型钢定位卡。

5）桩机就位

（1）搅拌桩轴中心间距为 600mm，根据这个尺寸在平行 H 型钢表面用红漆划线定位，由当班班长统一指挥，桩机就位，移动前看清上、下、左、右各方的情况，发现障碍物应及时清除,桩机移动结束后认真检查定位情况并及时纠正。

(2)桩机应平稳、平正,并用线锤对龙门立柱进行垂直定位观测,以确保桩机的垂直度,并用经纬仪经常校核。

(3)水泥搅拌桩桩位定位后再进行定位复核,偏差值应小于2cm。

6)实施套钻

(1)SMW工法套钻按如图3-17、图3-18所示的两种顺序进行,其中阴影部分为重复套钻,保证墙体的连续性和接头的施工质量,该施工顺序一般适用于标准贯入度N值小于50的地基上。水泥搅拌桩的搭接以及施工设备的垂直度补正是依靠重复套钻来保证,以达到止水的作用。

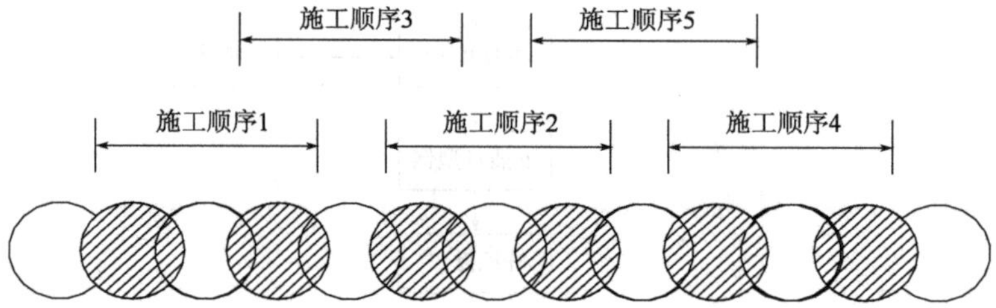

图3-17　跳槽双孔全套复搅式连接示意图

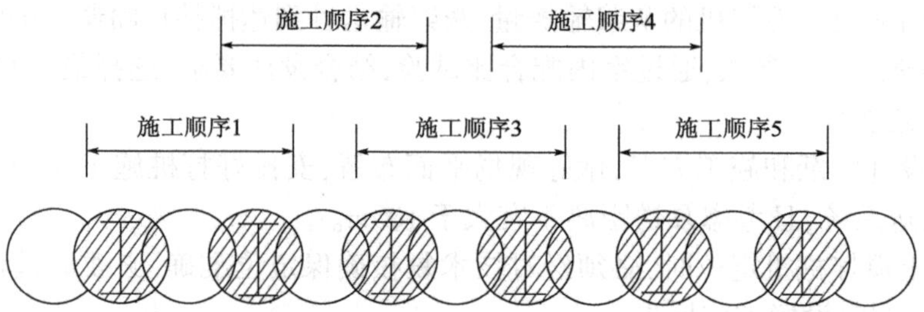

图3-18　单侧挤压式连接示意图

(2)跳槽双孔全套复搅式连接如图3-17所示,一般情况下均采用该种连接方式。

(3)单侧挤压式连接方式如图3-18所示,对于围护墙转角处或有施工间断情况时采用此连接。

7)搅拌注浆(搅拌速度及注浆控制)

(1)水泥搅拌桩在下沉和提升过程中均应注入水泥浆液,同时严格控制下沉和提升速度。根据设计要求和有关资料规定,下沉速度不大于0.5m/min,提升速度不大于1.0m/min,具体还应根据试桩结果确定。在桩底部分适当持续搅拌注浆,做好每次成桩的原始记录。

(2)制备水泥浆液及浆液注入。在施工现场搭建拌浆施工平台,平台附近搭建水泥库,在开机前应进行浆液的搅制,开钻前对拌浆工作人员做好交底工作。水泥浆液的水灰比为1.5~2.0,拌浆及注浆量以每钻的加固土体方量换算,浆液流量通过浆液输送能力控制。土体加固后,搅拌土体 28d 抗压强度不小于 1.0MPa。

8)吊放型钢

水泥土搅拌桩施工完毕后,起重机应立即就位,准备吊放 H 型钢,需在拔出型钢插入前涂好涂料。

(1)起吊前在距 H 型钢顶端 200mm 处开一个中心圆孔,孔径为 40mm,装好吊具和固定钩,然后用 50t 起重机起吊 H 型钢,用线锤校核垂直度,必须确保垂直。

(2)在沟槽定位型钢上设 H 型钢定位卡,固定插入型钢平面位置,型钢定位卡必须牢固、水平,而后将 H 型钢底部中心对正桩位中心并沿定位卡徐徐垂直插入水泥土搅拌桩体内,垂直度控制用线锤控制。

(3)根据设计图纸高程控制点,用水准仪引放到定位型钢上,根据定位型钢与 H 型钢顶高程的高度差,在定位型钢上搁置槽钢,焊 ϕ8mm 吊筋控制 H 型钢顶高程,误差控制在 ±5cm以内。

(4)待水泥土搅拌桩达到一定硬化时间后,将吊筋与沟槽定位型钢撤除。

(5)若 H 型钢插放达不到设计高程时,则采取提升 H 型钢,重复下插使其插到设计高程,下插过程中始终用线锤跟踪控制 H 型钢垂直度,并用经纬仪校核。

SMW 桩 H 型钢施工现场情况如图 3-19 所示。

图 3-19　SMW 桩 H 型钢施工现场

9)报表记录

施工过程中由专人负责记录,详细记录每根桩的下沉时间、提升时间和 H 型钢的下插情况,记录要求详细、真实、准确。及时填写当天施工的报表记录,隔天送交监理工程师。

10)停机、停电机械故障处理

出于对施工特殊性的考虑,选择履带式起重机,该类设备移动灵活、性能优良。但由于施工现场的特殊性,产生停电、设备故障,排除故障时间过长造成断桩空桩、插入 H 型钢困难等局面,现场采取了以下应急措施。

(1)当 H 型钢不能靠自重完全下插到位时,采取 SMW 钻管头部,静压或采用振动锤进行振压。

(2)当上述方案失败时,即可果断地割除露出地面部分的型钢,在外挡加一幅水泥土搅拌桩,加插 700 ×300H 型钢作强度补偿。

(3)在长时间停工后恢复施工时应在外侧,加作 1 ~2 幅 ϕ850mm 单排水泥土搅拌桩,以防止内档因时间过长造成新老搅拌桩接触面的缝隙渗水。施工过程中一旦出现冷缝则采取在冷缝处围护桩外侧补搅素桩方案,待围护桩达到一定强度后进行补桩,以防偏钻,保证补桩效果素桩与围护桩搭接厚度约 10cm。

(4)在转角处长时间停工后恢复施工时应该采用“十”字形施工。

3.2.3 预制桩施工技术

1)方桩施工

(1)施工程序

安排施工任务计划→制定方桩、供桩→熟悉有关桩资料→编写施工方案→做好机械设备的检查保养→组织机械及人员进场→组装机械设备进行试桩→正式打桩→任务结束→整理资料→试验检测→办理桩基交工验收和资料手续。

(2)施工工艺流程

定位放线→复核桩位→桩机就位→挂吊桩钢丝绳→桩起吊就位→复核校正→起锤轻击2~3次→复核桩的垂直度→击打沉桩→吊第二节桩就位→检查上下节的同心度→校正固定→电焊接桩→击打沉桩→吊送桩器→送桩沉桩→拔起送桩器→桩机移位……

(3)打桩顺序的确定

①工程桩施工的基本原则:先打布桩密度大的区域,后打布桩密度小的区域;对称施打;当一侧毗邻建筑物时,由毗邻建筑物一侧向另一方向施打;先打桩顶埋深较深的桩,后打桩顶埋深较浅的桩。

②总体安排:先打方桩,后打板桩。

③在方桩施工中,因东边与场地边的马路及现有建筑较近,考虑先进行东边桩的施工,东边桩完成一半后再去打西边桩,待东边回填平整后,再打东边剩余的桩位,逐段进行施工。以保证沉桩质量,减小对邻近建筑物及道路的影响,从而适当缩短工期,配合其他桩型施工进度。

(4)沉桩控制

按照设计要求进行试桩,并根据试桩情况由设计方现场确定控制标准,现场按该标准进行施工。若发现异常(如贯入度异常、桩倾斜、突然下沉、桩身开裂、桩头破碎等),及时会同设计及相关人员进行分析、处理,确保工程质量不受影响。

2)板桩施工

(1)施工程序

同方桩。

(2)施工工艺流程

定位放线→复核桩位→安装导向架→桩机就位→挂吊桩钢丝绳→桩起吊就位→复核校正→起锤轻击2~3次→复核桩的垂直度→击打沉桩→吊第二节桩就位→检查上下节的同心度→校正固定→电焊接桩→击打沉桩→吊送桩器→送桩沉桩→拔起送桩器→桩机移位……

现场采用的按排施工,根据施工实际情况,考虑BZ2长桩部分先打,后打BZ1短桩部分。预制桩沉桩施工工艺流程如图3-20所示。

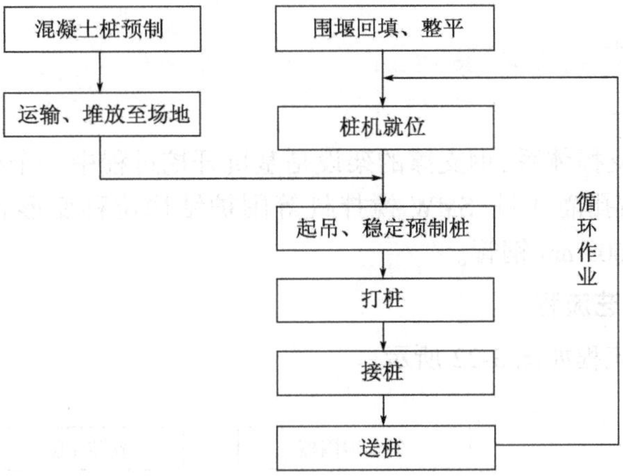

图 3-20　预制桩沉桩施工工艺流程图

3.3 海港岸边基坑内支撑体系施工技术

3.3.1　钢筋混凝土支撑施工

围堰形成后，先用长臂挖机清除底部较大块石，然后基坑内回填砂并用黏土层覆盖，作为施工钻孔灌注桩、SMW 工法桩围护结构及预制基础桩的平台，待围护结构达到设计强度后，绑扎钢筋，采用组合钢模板现浇法施工第一道钢筋混凝土支撑。待混凝土支撑达到设计强度后开始第一层基坑土方开挖，这样依次按设计分层开挖并支撑到位，确保基坑安全稳定。基坑钢筋混凝土支撑如图 3-21 所示。

图 3-21　基坑钢筋混凝土支撑

3.3.2 基坑内支撑体系施工

钢支撑是基坑内支撑体系，钢支撑的架设是基坑开挖过程中一个极其重要的环节，它对维护基坑稳定、防止钻孔灌注桩、SMW 搅拌桩等围护结构位移变形有着极其重要的作用。基坑钢支撑采用外径 609mm 钢管。

1）钢支撑安装工艺流程

钢支撑安装工艺流程如图 3-22 所示。

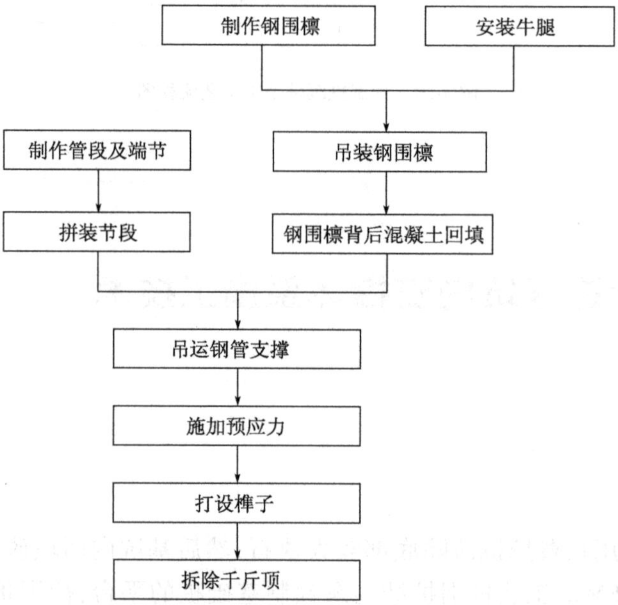

图 3-22　钢支撑安装工艺流程图

2）钢支撑安装施工方法

钢支撑主要由三大部分组成：一端固定端、中间段和活动端。支撑架设采用起重机现场吊接拼装。钢支撑安装需先安设钢围稟，再吊接钢支撑就位，最后进行预加轴力。

基坑第一层开挖施工完成后，即可开始钢支撑架设。钢管支撑在基坑旁提前拼装，开挖到钢管支撑高程时，及时用起重机吊装安设钢围檩与钢管横撑；吊装前需按设计将牛腿固定在围护结构上，在其上安设已有托板的钢围檩，并用 C20 早强混凝土填充钢围檩与围护桩间空隙；待钢支撑吊装到位，通过特制的两个组合液压千斤顶同步对钢管支撑活动端端部施加大小为设计轴力的 70% ~80% 的预加力，再用特种钢特制的楔形榫子塞紧，取下千斤顶；在基坑开挖中将充分利用“时空效应”，钢支撑的安装和预应力的施加控制在 16h 以内，人工配合起重机吊装就位。钢支撑吊装示意如图 3-23 所示；钢管横撑端部构造及预加应力方式如图 3-24 所示；钢围檩平面位置如图 3-25 所示。

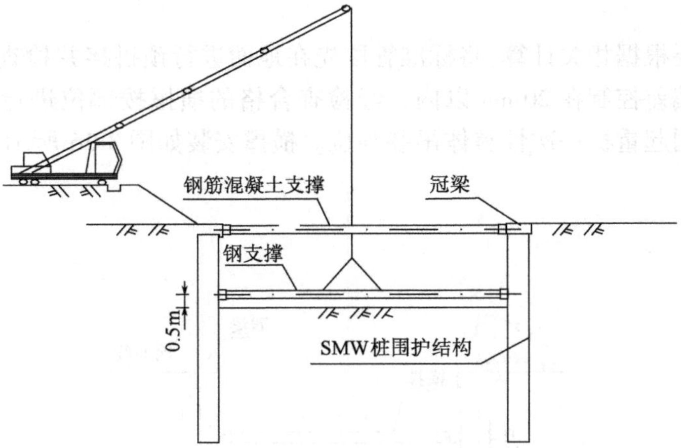

图 3-23　钢支撑吊装示意图

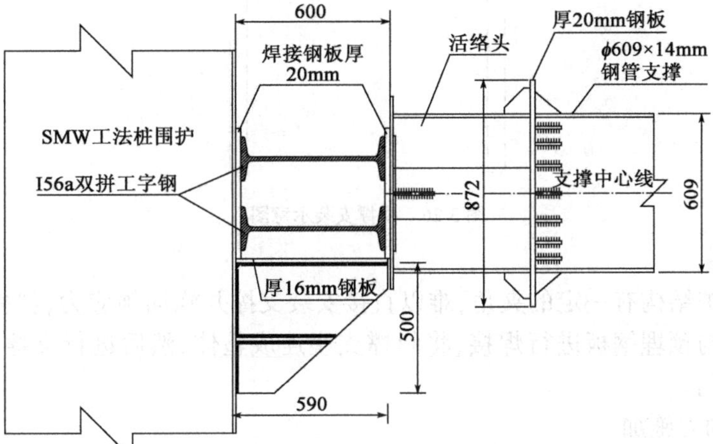

图 3-24　钢管横撑端部构造及预加应力方式示意图(尺寸单位:mm)

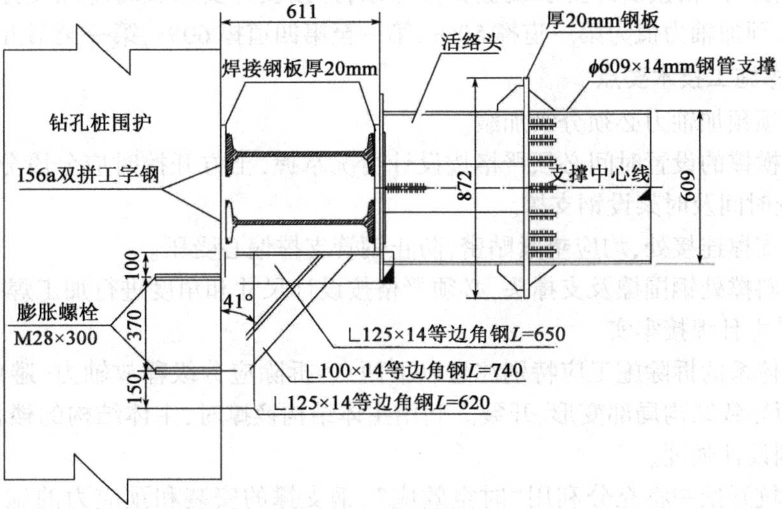

图 3-25　钢围檩平面位置示意图(尺寸单位:mm)

(1)横撑安装

横撑安装前要根据相关计算,将标准管段先在地面进行预拼接并检查横撑的平整度,其两端中心连线的偏差控制在20mm以内。经检查合格的横撑按部位进行编号以免错用,明挖部分的横撑采用起重机一次性整体吊装到位。横撑安装如图3-26所示。

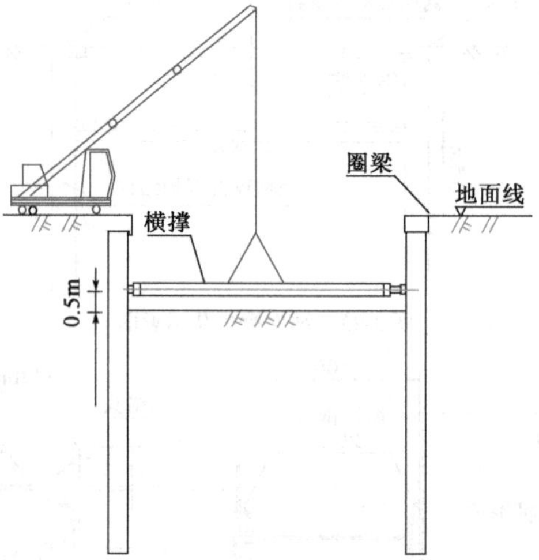

图3-26　横撑安装示意图

(2)斜撑安装

因斜撑与围护结构有一定的夹角,难以直接安装支撑并施加预应力,斜撑安装前先将斜撑支座及钢围檩与预埋钢板进行焊接,将斜撑支座连成整体,然后进行支撑安装作业,其安装方法与直撑相同。

(3)钢支撑轴力施加

地下墙内力分析时,支撑按ϕ609mm、壁厚14mm钢管计,水平间距为3000mm,基坑开挖过程中随挖随撑,严格按设计要求设置支撑体系,并按设计要求及时施加支撑预应力,支撑内建立的实际预加轴力值为第一道撑50%,第一至第四道撑60%,第一至第五道撑70%。

3)钢支撑施工技术要点

(1)千斤顶预加轴力必须分级加载。

(2)钢管横撑的设置时间必须严格按设计情况掌握,土方开挖时应分段分层,按基坑开挖深度及开挖时间及时架设钢支撑。

(3)所有支撑连接处,均应垫紧贴密,防止钢管支撑偏心受压。

(4)端头斜撑处钢围檩及支撑头,必须严格按设计尺寸和角度进行加工焊接、安装,保证支撑为轴心受力且焊接牢实。

(5)支撑体系的拆除施工应特别注意以下两点:拆除应分级释放轴力,避免瞬间预加应力释放过大而导致结构局部变形、开裂。利用主体结构换撑时,主体结构的楼板或底板混凝土强度应达到设计强度。

(6)在基坑开挖中将充分利用"时空效应",钢支撑的安装和预应力的施加控制在16h以内。

4）钢支撑施工的技术控制标准

(1)钢支撑安装允许偏差见表3-3。

钢支撑安装允许偏差表　　表3-3

项目	钢支撑轴线竖向偏差	支撑曲线水平向偏差	支撑两端的高程差和水平面偏差	支撑挠曲度	横撑与立柱的偏差
允许值	±30mm	±30mm	≤20mm、≤1/600L	不大于1/1000L	≤30mm

注：L为横撑长度。

(2)基坑开挖过程中要防止挖土机械碰撞支撑体系，以防支撑失稳，造成事故。

(3)施工时加强监测，对基坑回弹导致竖向支撑位移而产生的横向支撑竖向挠曲变形在接近允许值时，必须及时采取措施，防止支撑挠曲变形过大，保证钢支撑受力稳定，确保基坑安全。

3.3.3 支撑保护措施

(1)采用膨胀螺栓在围护结构上固定，用ϕ20钢绞绳固定支撑，防止支撑掉落，如图3-27所示。

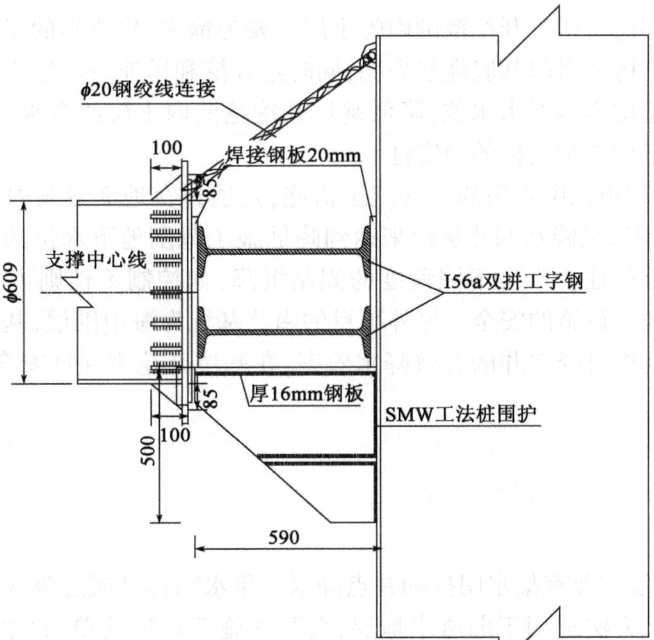

图3-27　钢支撑防掉落结构(尺寸单位：mm)

(2)为防止基坑内挖土机械起吊作业时碰动钢管支撑，每根钢管支撑、钢围檩要求通过钢丝绳固定在围护结构上。

(3)施工过程中加强监测，若因侧压力造成钢管横撑轴力过大，造成横撑挠曲变形，并接近允许值时,必须及时采取增加临时竖向支撑等措施,防止横撑挠曲变形过大,保证钢支撑受力稳定,确保基坑安全。

3.3.4 支撑拆除技术措施

一般支撑体系拆除过程其实就是支撑的“倒换”过程,即把由钢管横撑所承受的侧土压力转至永久支护结构或其他临时支护结构。本段大部分支撑是要靠回填土来置换。

支撑体系的拆除施工应特别注意以下两点:

(1)拆除时应分级释放轴力,避免瞬间预加应力释放过大而导致结构局部变形、开裂,同时对围护结构的墙顶位移、墙心侧压力进行监测。

(2)利用主体结构换撑时,主体结构的混凝土强度应满足设计要求。

3.4 海港岸边基坑分层控制降水技术

根据地质资料分析,基坑开挖范围内的土层主要为饱水、软流塑的淤泥质粉质黏土。若不降水直接开挖,有可能引起基底隆起失稳,同时给开挖和运输造成很大的困难。为解决这些问题,必须降低基坑内地下水水位,降低基坑开挖范围内土层的含水率,以增加基底土层的抗剪强度,提高基坑围护结构的稳定性。

降水是地下工程施工中常用的一种施工措施,是通过在地面或洞内钻设井管或井点抽水,使井管(点)周围形成降水漏斗从而来达到降低施工范围地下水位的目的。地层地下水位降低后,失水地层往往会产生不同程度的固结沉降,如控制不佳则可使周边地层沉降过大,影响到地表及地下设施的安全。另外项目的南北基坑为海中围堰,基坑内外水位在随着潮位不断变化,如何提升降水井的有效降水效率,在基坑开挖中保证安全,是基坑开挖的关键技术之一。

3.4.1 降水方案选择

常用的降水方法主要有集水明排和井点降水。集水明排是通过集水井和集水沟将流水汇集后用泵抽走,该方法适用于弱透水地层,尤其在施工环境简单、含水层较薄、降水深度较小时较为经济;井点降水是通过对地下水施加作用力来促使地下水的排出,从而达到降低地下水位的目的。井点降水有轻型井点降水、喷射井点、电渗井点、渗井井点、深井泵井点等。

水平降水是近年来发展起来的一种新型降水方法,是由一口大直径竖井和井内任意高度上各个方向延伸的水平取水管组成的降水系统。

根据以往工程经验,一般地下水位应降低到工作面以下 0.5 ~ 1m 方能保证正常施工。采用降水措施应考虑的因素有:基坑内外水位变化、土的种类及渗透系数、工程的支护方式、工作面的大小以及周边环境的影响等。各种降水方案及适用范围见表 3-4。

各种降水方法及适用范围　　表 3-4

降水方法	适用地层	渗透系数(cm/s)	降水深度(m)
集水明排	薄层粉砂的粉质黏土,黏质粉土,砂质粉土,粉细砂	$1\times10^{-7} \sim 2\times10^{-4}$	<5
轻型井点	同上	$1\times10^{-7} \sim 2\times10^{-4}$	<8
喷射井点	同上	$1\times10^{-7} \sim 2\times10^{-4}$	8 ~ 20
电渗井点	黏土、淤泥质黏土、粉质黏土	$<1\times10^{-7}$	据选定井点确定
管井(深井)	含薄层粉砂的粉质黏土、砂质粉土、各类砂土、砂砾、卵石	$>1\times10^{-6}$	>10
砂(砾)渗井	含薄层粉砂的粉质黏土、黏质粉土、砂质粉土、粉土、粉细砂	$>5\times10^{-7}$	据下伏导水层的性质及埋深确定

由表 3-4 可知,开挖范围内的土层主要为淤泥质亚黏土和淤泥质亚黏土 ~ 淤泥质黏土,其含水率高、压缩性大。这种土的结构状态为蜂窝状或絮状,一般在固体颗粒周围吸附较厚的薄膜水,并且孔隙中充满水,当受到外力作用时,土体中孔隙水慢慢排出而发生体积压缩,从而提高土体的抗剪强度;若没有外力作用时,其孔隙水很难排出。因此,工程降水选用真空管井进行降水。

3.4.2　降水设计

1)真空管井井点布置

根据地质条件及图层渗透系数,北岸钻孔断面直径为 800mm,管井采用内径 300mm、壁厚 5.5mm 钢管,每节 4m,除上部一节 4m 为井壁管外,其余为滤水管,滤水管外紧包 60 目尼龙布。共设 8 口降水管井,1 号井深 14m,2 号、3 号井深 19m,4 号、5 号井深 17m,6 号井深 15m,7 号井深 13m,8 号井深 11m。为充分应对复杂的地质条件,在基坑开挖前,在基坑施工范围内选取井位,进行降水抽水试验,测试水量和影响半径,根据实测降水参数,调整布井并配备合适水泵,以达到预定降水效果。

南岸钻孔断面直径为 800mm,管井采用内径 300mm、壁厚 5.5mm 钢管,每节 4m,除上部一节 4m 为井壁管外,其余为滤水管,滤水管外紧包 60 目尼龙布。共设 8 口降水真空管井,1 号、2 号井深 17m,3 号井深 17m,4 号、5 号井深 13m,6 号井深 10m,7 号井深 10m,8 号井深 10m。为充分应对复杂的地质条件,在基坑开挖前,在基坑施工范围内选取井位,进行降水抽水试验,测试水量和影响半径,根据实测降水参数,调整布井并配备合适水泵,以达到预定降水效果。

北岸降水管井断面布置如图 3-28 所示,平面布置图如图 3-29 所示。

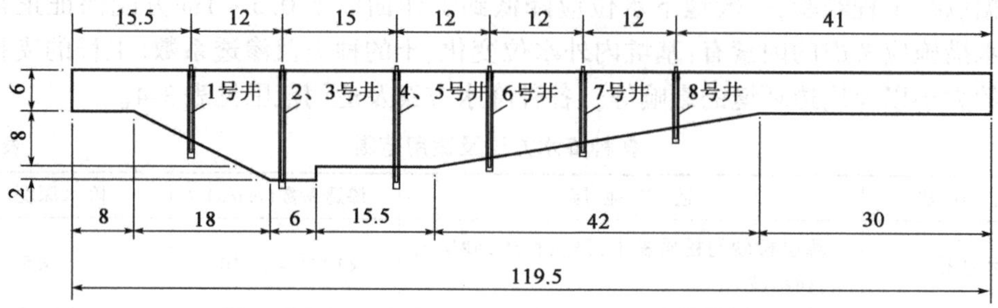

图 3-28 北岸降水管井断面布置图(尺寸单位:m)

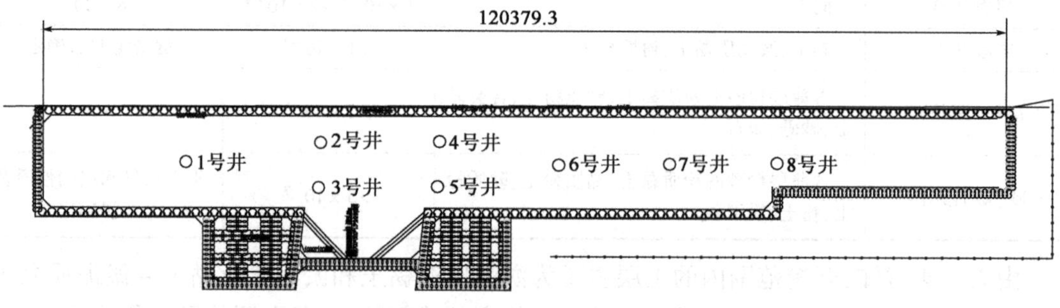

图 3-29 北岸降水管井平面布置图(尺寸单位:mm)

南岸降水管井断面布置如图 3-30 所示,平面布置图如图 3-31 所示。

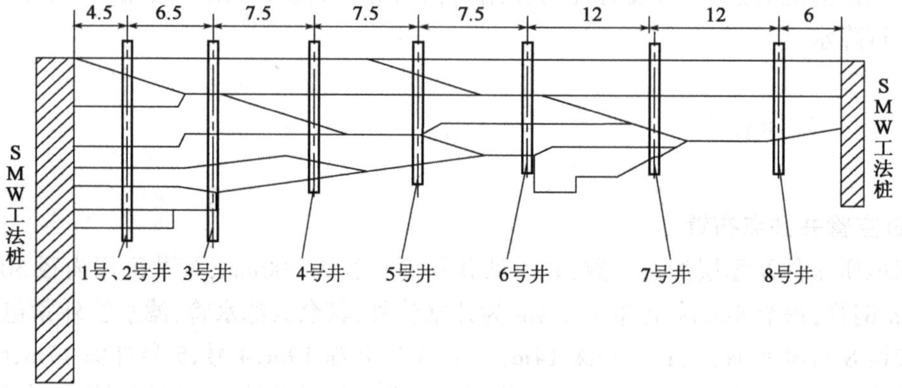

图 3-30 南岸降水管井断面布置图(尺寸单位:m)

2)真空管井结构

井管采用钢管,管的内径为 250mm,外径为 273mm,滤管采用同径钢管,外包两层 60 ~ 80 目的尼龙网,空隙率不小于 25%,底部封死;从井底向上至滤水管顶端以上 1.00m 范围内为直径 0.15 ~ 2.5mm 的砂砾混合滤料围填,真空管井深度为 15m。

3)滤网的选择

根据地层粉土的物理性质分析可知,极细的粉土颗粒容易容易随地下水一起被抽走,为了减小降水造成的地层损失,必须根据土质颗粒分析选定合适的滤网与滤料,以控制抽水的含砂率。

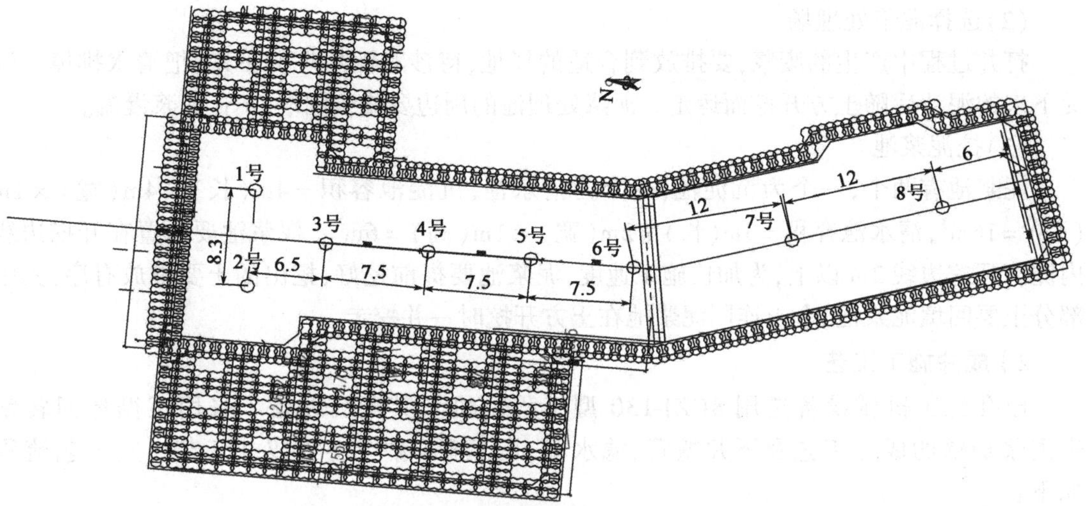

图 3-31 南岸降水管井平面布置图(尺寸单位:m)

根据降水层粉土的颗粒含量,降水井滤水管外采用了两层滤网,内层为 200 孔/cm^2的滤水布,外层为 100 孔/cm^2的尼龙丝布,如图 3-32 所示。

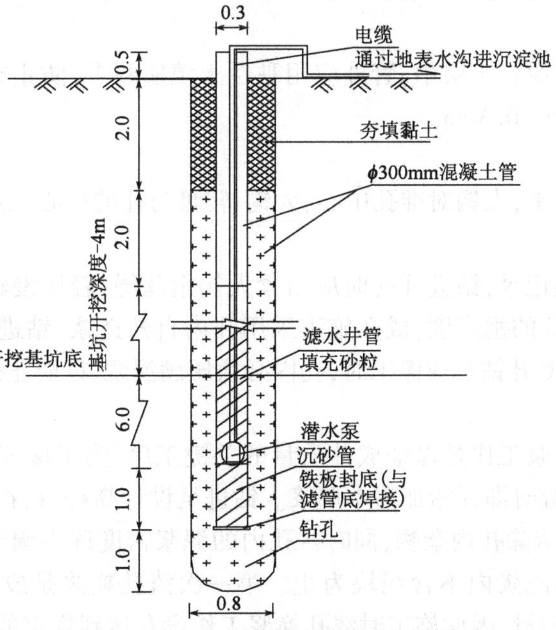

图 3-32 真空抽水的工作示意图(尺寸单位:m)

注:管节为 1.5m 长,管节间通过管节预埋铁板焊接。

3.4.3 管井施工

1)施工前的准备

(1)定井位

基坑内布置真空管井 12 口,根据设计要求,标定具体位置。

(2)选择泥浆处理场

打井过程中产生的废浆,要排放到合适的场地,待沙和泥块沉淀下来,把清水排掉。沉淀下来的泥沙后随土方开挖而运走。泥浆处理池的周边要修筑围堰,不让泥浆漫流。

(3)挖泥浆池

泥浆池有两个,一个为沉淀池,一个为清水池,沉淀池容积 = 4m(长) × 4m(宽) × 1m(高) = 16m^3,清水池容积 = 3m(长) × 2m(宽) × 1m(高) = 6m^3。泥浆池要布置在开挖边线内侧离开挖边线 2m 以上,为加快施工速度,泥浆池要提前挖好,挖出的土要堆放有序,其中部分土要回填泥浆池,余土连同泥浆池在土方开挖时一并挖走。

2)成井施工工艺

成孔施工机械设备选用 8QZJ-130 型工程钻机及其配套设备。采用正循环回转钻进泥浆护壁的成孔工艺及下井壁管、滤水管,围填砾、黏性土等成井工艺。其工艺流程如下:

(1)测放井位

根据井位平面布置示意图测放井位,当布设的井点受地面障碍物或施工条件的影响时,现场可作适当调整,但调整范围一般不大于 2m。

(2)埋设护口管

护口管底口应插入原状土层中,管外应用黏性土填实封严,防止施工时管外返浆,护口管上部应高出地面 0.10 ~ 0.30m。

(3)安装钻机

机台应安装稳固水平,大钩对准孔中心,大钩、转盘与孔的中心三点成一垂线。

(4)钻进成孔

做好钻探施工描述记录,钻进开孔时应吊紧大钩钢丝绳,轻压慢转,钻进过程中要确保钻机的水平,以保证钻孔的垂直度;成孔施工采用孔内自然造浆,钻进过程中泥浆密度控制在 1.05 ~ 1.10t/m^3,当提升钻具或停工时,孔内必须压满泥浆,以防止孔壁坍塌。

(5)清孔换浆

下井管前的清孔换浆工作是保证成井质量的关键工序,为了保证孔壁不形成过厚的泥皮,当钻孔钻至底板位置时即开始加清水调浆。钻进至设计高程后,在提钻前将钻杆提至离孔底 0.50m 进行冲孔,清除孔内杂物,同时将孔内的泥浆密度逐步调至 1.05t/m^3,直至孔底沉淤小于 30cm,返出的泥浆内不含泥块为止。第一次清孔换浆是成井质量得以保证的关键,它将直接影响成井质量,因此施工时清孔换浆工作没有达到规定的要求绝不允许进入下一道工序的施工。

(6)下井管

井管进场后,应检查过滤器的缝隙是否符合设计要求。下管前必须测量孔深,孔深符合设计要求后,开始下井管,下管时在滤水管上下两端各设一套直径小于孔径 5cm 的扶正器(找正器),以保证滤水管能居中,井管焊接牢固、垂直、不透水,下到设计深度后,井口固定居中。下井管过程应连续进行,不得中途停止,如因机械故障等原因造成孔内坍塌或沉淀过厚,应将井管重新拔出,扫孔、清孔后重新下管,严禁将井管强行插入坍塌孔底。

(7)填砾料

填砾料前应用测绳测量井管内外的深度,两者的差值不应超过沉淀管的长度。填砾料过程中应随填随测砾料的高度,填砾料工序也应连续进行,不得中途终止,直至砾料下入预定位置为止。最终投入的滤料量不应少于计算量的95%。

(8)井口封闭

在采用黏性土封孔时,为防止围填时产生“架桥”现象,围填前需将黏土捣碎(粒径小于3cm为宜)后填入。围填时应控制下入速度及数量,沿着井管周围按少放慢下的原则围填,然后在井口管外做好封闭工作。

(9)洗井

采用“联合洗井”法洗井,其工序如下:

①成孔后采用1.5kW的潜水泵反复抽排,直至抽出水质变清为止。

②洗井应在下完井管、填好滤料后立即进行,一气呵成,以免时间过长,护壁泥皮逐渐老化,难以破坏,影响渗水效果。绝不允许搁置时间过长或完成钻探后集中洗井。

3)降水运行

洗井结束后在井内直接下入深井潜水泵,每4台潜水泵和1台真空泵连接成1套真空管井系统进行抽水。真空管井降水工艺流程如图3-33所示。

(1)在降水运行初期,对各降水井施加真空,真空度不小于-0.06MPa。真空抽水采用真空泵与潜水泵交替进行,每口井应保证真空抽水的运行时间(一般不少于15d)。

(2)正式降水在基坑开挖前20~30d进行,做到能及时降低地下水位。

(3)在整个降水运行过程中根据开挖的进度,控制降水范围。

(4)潜水泵的抽水间隔时间自短至长,每次降水井内的水抽干后,立即停泵,对于出水量较大的井每天开泵抽水的次数相应增多。

(5)降水运行期间(开挖前20d至回填),实行24h值班制,值班人员做好各项记录,要准确齐全。并及时分析整理降水运行情况的记录,绘制各种必要图表,以合理指导降水工作,提高降水运行的效果。

4)降水工艺控制

(1)为保证在开挖时及时将地下水降至开挖面以下,尽可能提前投入降水运行,在降水井的成井施工阶段,完成一口,投入降水运行一口。

(2)降水设备(主要是潜水泵与真空泵)在施工前及时做好调试工作,确保降水设备在降水运行阶段运转正常。

(3)降水运行阶段应经常检查潜水泵的工作状态,要备用一定数量的真空泵与潜水泵。

(4)降水工作应与开挖施工密切配合,根据开挖的顺序、开挖的进度等情况及时调整降水井的运行数量。

(5)做好基坑内的明排水准备工作,及时将基坑内的积水抽干,确保降水质量。

(6)电缆与管道系统要设置标识,以避免在抽水过程中被挖土机、起重机等碾压、碰撞损坏。

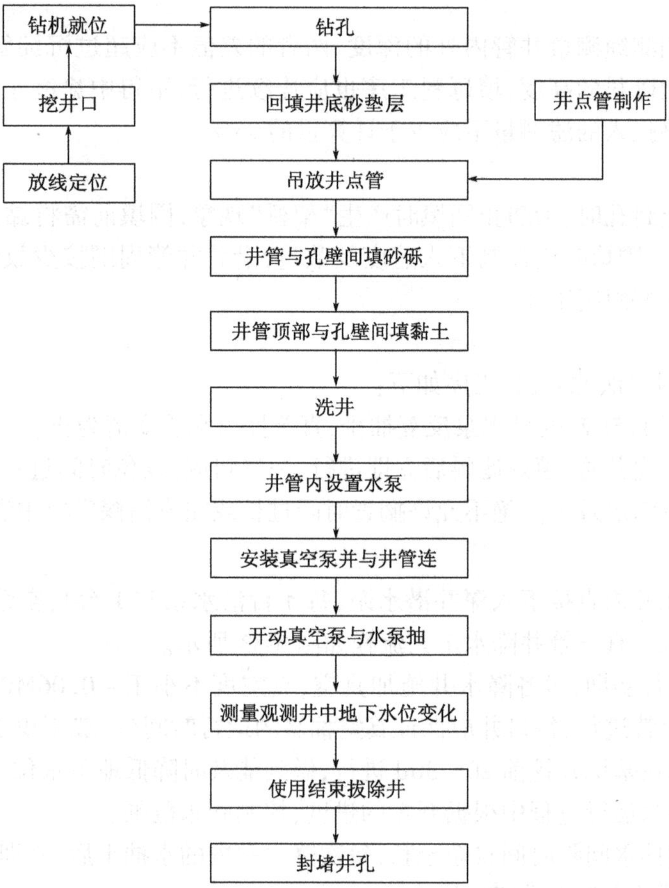

图 3-33　真空管井降水工艺流程图

(7)排水。洗井及降水运行时应用管道将水排至场地四周的明沟(渠)内,通过排水沟(渠)将水排入场外预设的排水沟渠中,场地四周的排水管道应定时清理,确保排水系统畅通。

(8)为检验降水效果,在正式开挖前,用挖机试挖。在坑内无积水的条件下进行正式开挖。

3.4.4　降水效果分析

通过一系列降水技术实施,基坑开挖施工中降水效果较为明显(图 3-34)。土方开挖时暴露的开挖面土体能够自稳,未产生流沙、流水现象,降水后土层的物理力学性能有了较大的改善,粉土的平均含水率为 17.5%,比降水前的 26.6% 减少了 34%,孔隙比的平均值为 0.601,比降水前的 0.760 减少了 21%,其黏聚力与内摩擦角也相应增大,其他如压缩系数、压缩模量等物理力学性能指标都得到不同程度的提高。此次降水达到了预期的目的,有效地提高了土体的固结程度,增加了土体的力学性能,为基坑的开挖创造了良好的环境条件。

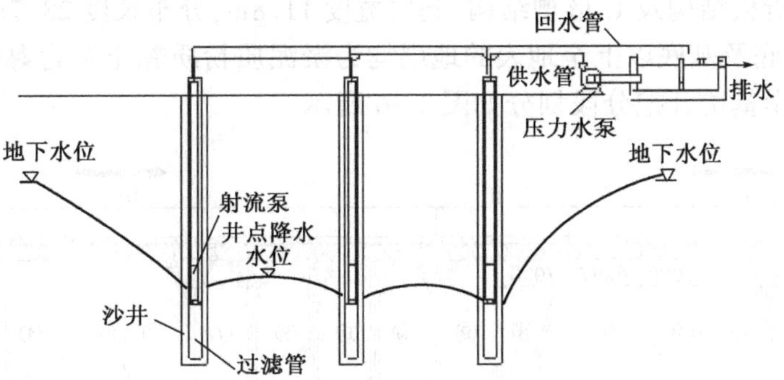

图 3-34 降水效果图

通过分步、分层控制降水结合回灌及监测信息反馈等措施,保证了施工过程中正常施工及工程沿线建筑物的安全稳定。

降水期间在周围的建筑物埋设沉降变形监测点,同时在基坑的地表也埋设沉降观测点,在降水期间每天都对其沉降值进行观测。通过降水效果分析说明,在施工中采用地表真空管井结合轻型井点、分步、分层控制降水,基本达到了保证施工、控制沉降的目的。

3.5 海港岸边基坑开挖技术

3.5.1 基坑开挖总体方案

第一道混凝土支撑施工及养护期间实施基坑降水施工,降水达到设计及规范要求后即可开始基坑开挖施工。

土石方开挖按"竖向分层、水平分段"进行,竖向分层适应钢管内支撑架设施工要求。根据结构断面形式将基坑水平方向分成接口段、明挖暗埋段、出入口段三个施工区,每段按照支撑位置划分为若干层。

北岸出入口明挖段基坑最大深度为 15.65m,基坑分为两部分,接口段口部基坑宽度为 18m,东西出、入口宽度分别为 8.77m、11.6m,基坑总长度约 122m。基坑总挖方量约为 14726m^3,基底及基底以上至地表的地层均为淤泥质粉质黏土及含黏性土圆砾,可用机械直接挖取。北岸基坑分段开挖如图 3-35 所示。

南岸出入口明挖段基坑最大深度为 14.85m,基坑主要分为 3 段。管段接口段基坑宽度为 16.2m,分布长度 9m,主要为主隧道明挖结构段及承台,支护为钢筋混凝土支撑;主隧道明挖暗埋段基坑宽度 11.8m,分布长度 24.7m,除第一道支撑外均为 ϕ609 钢支撑;南岸出入口段主要为巨型折板结构及U形槽结构，基坑宽度11.8m，分布长度28.7m。基坑总挖方量约为13980m³，基底及基底以上至地表的地层均为淤泥质粉质黏土及含黏性土圆砾，可用机械直接挖取。南岸基坑开挖分段划分如图3-36所示。

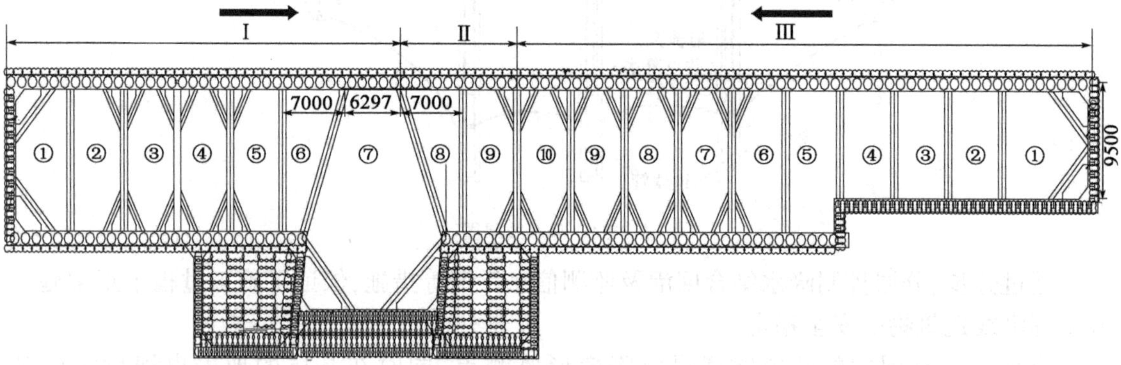

图3-35 北岸基坑分段开挖示意图(尺寸单位:mm)

①~⑩-基坑分段数

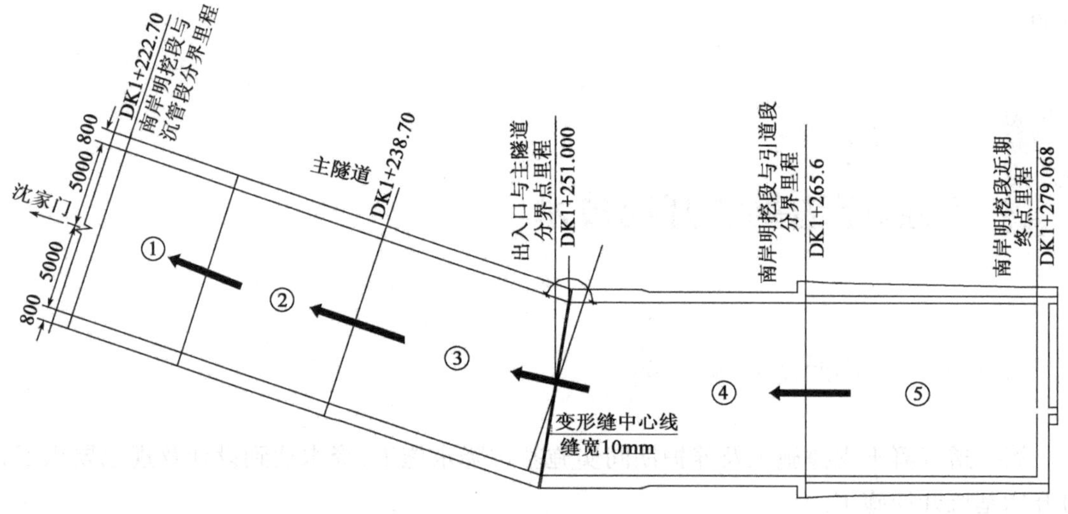

图3-36 南岸基坑分段划分示意图(尺寸单位:cm)

3.5.2 开挖步骤

1）北岸出入口

(1)本基坑土方开挖根据结构施工需要，共分为7个施工段。

(2)每施工段土方开挖还需分层进行，其中西2段挖土分2层进行，西1段挖土分5层进行，中间段挖土分5层进行，东1段挖土分3层进行，东2段挖土分2层进行，东3段挖土分2层进行。

(3)由于受场地条件限制，本基坑土方采用单面开挖，基坑内土方采用小挖机驳运。

2）南岸出入口

(1)本基坑土方开挖根据结构施工需要,共分为5个施工段。

(2)每施工段土方开挖还需分层进行,其中S1段挖土分4层进行,S2段挖土分3层进行,S3段挖土分3层进行,S4段挖土分3层进行,S5段挖土分2层进行。

(3)由于受场地条件限制,本基坑土方采用单面开挖,基坑内土方采用小挖机驳运。

3.5.3 开挖工艺

土方开挖遵循"时空效应"理论,分层、分段、分块开挖,纵向放坡。

分层:根据支撑设置情况北岸分为5层开挖、南岸分为4层开挖,每层开挖至支撑中心高程以下0.5m;为防止基坑局部失稳,将每层开挖段分为2~3个亚层,保证每亚层高度控制在1~2m之间。分层情况见表3-5、表3-6。

北岸基坑开挖分层高度一览表(m) 表3-5

分层号	西2段	西1段	中间段	东1段	东2段	东3-1段	东3-2段
第一层	3.5	3.5	4.0	4.0	4.0	4.0	4.0
第二层	2.2	3.3	3.3	3.3	3.3	1.6	1.6
第三层	—	3.3	3.3	3.3	3.3	—	—
第四层	—	2.8	3.0	—	—	—	—
第五层	—	2.5	1.8	—	—	—	—

南岸基坑开挖分层高度一览表(m) 表3-6

分层号	S1段	S2段	S3段	S4段	S5段
第一层	4.5	3.5	3.5	3.5	3.5
第二层	3.5	3.5	3.5	4.5	4.0
第三层	3.5	3.6	3.5	4.0	—
第四层	3.5	—	—	—	—

(1)分段:沿基坑纵向根据支撑平面位置分段,每段完成2根支撑范围内的土方开挖工作量,每个作业平台及纵向放坡均为2根支撑,长度为3~6m。

(2)分块:每层每小段土方开挖采用分块作业,根据本基坑围护结构和基坑支护系统的特点以及现场实际情况,北岸基坑依次进行东侧、西侧分块的开挖,南岸基坑依次进行南侧、北侧分块的开挖。

(3)纵向放坡:沿基坑开挖方向纵向进行放坡,纵向放坡系数为1:2.5~1:3。基坑开挖与支撑如图3-37所示。

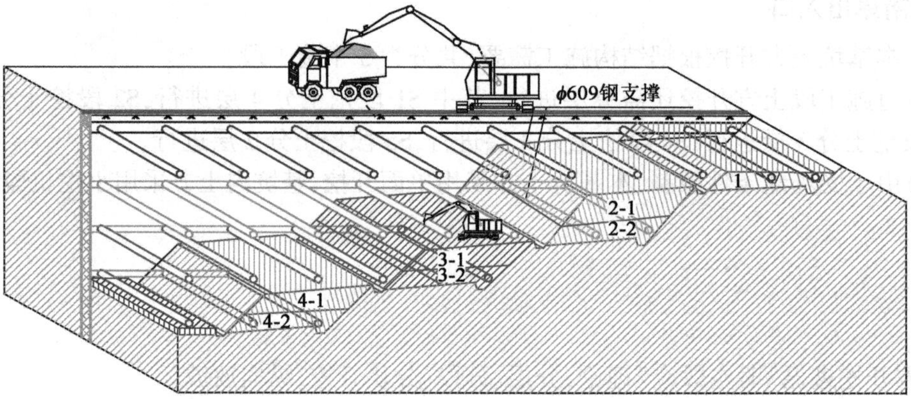

图 3-37　基坑开挖及支撑示意图

面向挑战的隧道及地下工程

第4章 海岸干坞施工技术

Construction Technology of Subsea Buried Tunnel Under Complicated Geological Conditions

面向挑战的隧道及地下工程

Construction Technology of Subsea Buried Tunnel Under Complicated Geological Conditions

沈家门港海底隧道工程南岸干坞设置在鲁家峙明挖基坑西侧，位于兴业船厂旧址上，干坞规模满足同时预制 3 个管节。干坞顶高程为 2.5 ~ 3.0m，干坞底高程为 -5.51m，E1 管节深槽底高程为 -8.03m，底部尺寸为 98m × 75m（长 × 宽），顶部尺寸为 156.8m × 138.8m（长 × 宽）。西南侧设置施工进出干坞便道一条，北侧为沉管出坞航道，坞内设置三个沉管预制基座，三个管节同时施工。干坞内中间为沉管预制深坑，坑内布置 E1 管节预制基座，坞底高程为 -8.03m，该深坑在平均低潮水位时沉管可以浮运出坞；其两侧设置两个沉管预制基座，坞底高程为 -5.51m，在平均高潮水位时沉管可以检漏、系泊和浮运至深坑；干坞四周设置排水沟，四个角上设置集水井，排水沟和集水井满足平常基坑渗排水和雨水排除要求；坞底四周和预制基座之间设置施工便道。干坞基坑等级为二级。

4.1 海岸干坞边坡防护及止水技术

为了减少边坡失稳事故，必须严抓边坡治理工程中的各个环节，并从地质勘察的工作中分析边坡工程的风险因素，从而更好地对边坡进行控制、管理和防治。对边坡工程进行地质勘察，首先可以查明边坡工程的地质条件，这对边坡设计有一定的帮助，进而分析边坡工程可能产生的破坏模式，通过风险因素的分析制订相应的改进和防治措施。

4.1.1 边坡概述

1）边坡的概念

边坡是由人工或自然形成的一种斜坡，也是地质工程中常见的一种工程形式。然而边坡常会因各种因素的影响而造成重大灾难事故（例如泥石流滑坡、工程坍塌、崩塌、剥落等），这些事故常会给人们造成巨大的生命财产损失。我国大部分的基础工程中都会涉及边坡工程问题，只有正确地认识边坡问题，对边坡进行合理的设计和治理，才能有效降低灾害对边坡的破坏力。

2）边坡的不稳定性因素分析

边坡不稳定性的影响因素表现为：

（1）岩石的构造与结构。岩石的结构面存在大面积的胶结面、软弱面或破碎面，岩石节理裂隙的分布及发育程度、边坡的坡向坡角以及岩土界面的形态也会影响边坡的稳定性。

（2）岩土的性质。岩土的性质主要指岩土的组成成分、强度、透水性、抗软化能力以及抗风化能力等。

（3）水文地质条件。边坡的水文地质条件主要是指地下水的情况，如地下水的隐藏条件、地下水的动态变化等。

（4）气候作用。气候的作用会对岩土的风化造成影响，从而引起风化后一系列的化学变化和机械变化,也可对地下水的动态变化产生一定的影响。

(5)地震作用。地震会对岩土的坡度产生影响,使岩土的下滑力、孔隙的水压力增加,从而造成岩土体的强度大大降低。

(6)人为因素。边坡的稳定性还受到人类工程的影响,例如道路隧道、采矿等地下开挖工程,会破坏地表的结构,导致边坡失稳。随着开挖的深度逐渐增加,边坡的应力场会发生较大的变化,局部变形或地表移动的现象时有发生。在进行边坡的防护时,若采取不当的削坡,则会使边坡软弱层变薄,抗滑力相应减小,从而造成边坡的失稳。

3)边坡防护的必要性和意义

边坡防护主要是为了尽可能地规避灾害的发生,从而减少生命财产和经济的损失。在进行边坡治理时要从根本上解决边坡的各项风险因素,因此常以预防为主,若总是等到事故发生再进行治理和弥补,则不能达到防灾避灾的效果。在对预防的措施进行优化和改进时要充分考虑水的危害和人工加固的作用。

我国大部分的基础设施建设都离不开边坡治理工程,随着自然破坏情况加重和工程扰动对边坡的影响,边坡防护对工程进展的稳定发展具有重大的贡献和意义。

4.1.2 海岸干坞边坡加固

1)干坞边坡小方桩加固

海岸干坞坡面大多处于较不稳定的土质中,地质强度低,边坡率大,可能呈软流塑状。为有效加固坡面,保证坡面及周边环境稳定,干坞坡面需要小方桩进行加固。干坞边坡采用分级放坡开挖+插入钢筋混凝土小方桩加固,呈梅花形布置。小方桩加固及边坡施工如图4-1所示。边坡分级放坡断面图如图4-2所示。

图4-1 小方桩加固边坡施工

(1)坡面防护技术参数

10m、12m实心方桩采用C30钢筋混凝土,断面为20cm×20cm;8m方桩采用实心预制小方桩,C30预应力钢筋混凝土,断面为20cm×20cm,空心直径为12.7m。

①北侧:边坡坡率为1∶3.6,方桩长度为8m和12m两种,方桩间距为1.5m×1.5m、1.0m×1.0m,方桩垂直于坡面。

②南侧:与北侧参数相同。

③东侧:坡面坡率为1∶4,坡面设置两个2m宽平台,在干坞东北角65m范围内,有堆料场及搅拌站,在坡顶设置两排12m预制实心小方桩,排间距为2m,桩间距为0.5m,搅拌站往南坡面设置方桩为8m、10m、12m预制桩,方桩间距为1.5m×1.5m,方桩垂直于坡面。

④坞内便道:采用8m预制空心小方桩进行加固,并与200cm厚C25钢筋混凝土路面连成整体。

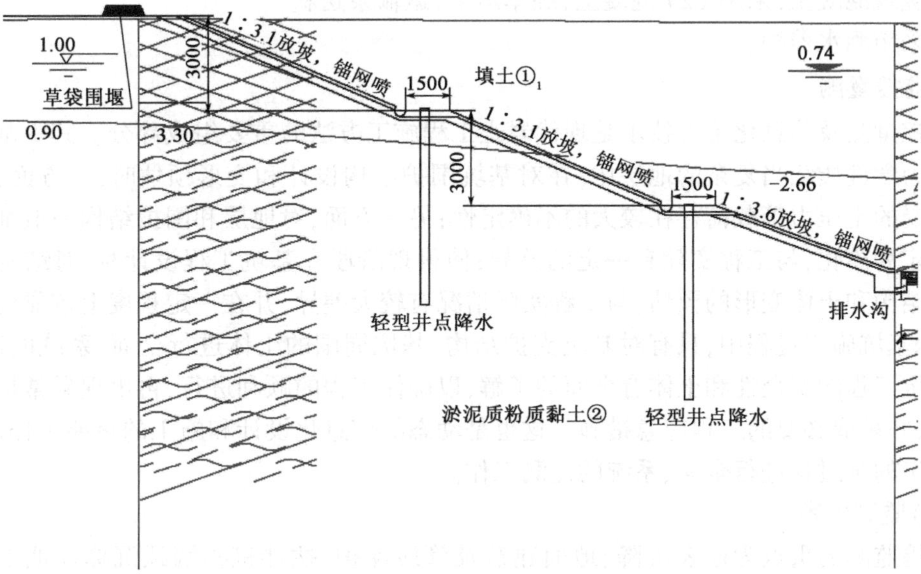

图 4-2　边坡分级放坡断面图(尺寸单位:mm)

干坞坡面采用 10cm 厚 C25 钢筋混凝土,混凝土上部铺设钢筋网片与小方桩钢筋连接成整体。

(2)坡面施工顺序

凿除小方桩桩头→修整坡面→安装泄水孔→钢筋绑扎→立模板→浇筑混凝土。混凝土坡面施工如图 4-3 所示。

图 4-3　混凝土坡面施工

①小方桩打桩完成,采用人工破除上部 10cm 桩头,并将破除后的碎混凝土块清理干净。

②人工修整边坡,确保坡面平顺。

③泄水孔安装:泄水孔采用上部打孔的 ϕ50mm 聚氯乙烯(PVC)排水管,梅花形布置。

④绑扎钢筋,钢筋保护层 2cm,钢筋网采用砂浆垫块或专用垫块垫起。

⑤测量放线,采用模板或胶合板支立模板。

⑥浇筑混凝土,采用 C25 混凝土,罐车运输,运输泵送料。

⑦采用洒水养护。

2)监控量测

监控量测及信息化施工技术是现代岩土工程施工方法的重要组成部分。其中基坑工程设置于力学性质相当复杂的地层中,在对基坑围护结构设计和变形预估时,一方面,维护体系所承受的土压力等载荷存在较大的不确定性;另一方面,对地层和围护结构一般都做了较多的假定和简化,与工程实际有一定的差异;使得现阶段在基坑工程设计时,对结构内力计算以及结构和土体变形的预估,与工程实际情况有较大差异,并在一定程度上依靠经验。因此,在深基坑施工过程中,只有对基坑支护结构、基坑周围的土体进行全面、系统的监测,才能对基坑工程的安全性和土体有全面的了解,以确保工程的顺利进行,再出现异常情况时及时反馈,并采取必要的工程应急措施。这也是动态的信息化设计和施工的重要工作内容,必须在施工的全过程进行全面、系统的监测工作。

(1)监测内容

干坞监测的重点为地表沉降、地面建筑及管线保护、搅拌桩挡墙顶沉降及地下水位情况。各监测项目及频率见表 4-1。

监测项目及频率 表 4-1

<table>
<tr><th rowspan="2">序号</th><th rowspan="2">测量项目</th><th rowspan="2">方法及工具</th><th rowspan="2">断面距离</th><th colspan="2">测量频率</th><th rowspan="2">备注</th></tr>
<tr><th>变形速度(mm/d)</th><th>测量频率</th></tr>
<tr><td>1</td><td>地层及支护情况观察</td><td>现场观察及地质描述</td><td>每次开挖后立即进行</td><td>—</td><td>—</td><td></td></tr>
<tr><td rowspan="2">2</td><td rowspan="2">底部隆起</td><td rowspan="2">精密水准仪、收敛仪</td><td rowspan="2">每次开挖后立即进行</td><td>1~5</td><td>1 次/d</td><td rowspan="2"></td></tr>
<tr><td>0.5~1</td><td>1 次/2d</td></tr>
<tr><td rowspan="2">3</td><td rowspan="2">地表沉降</td><td rowspan="2">精密水准仪、钢水准尺</td><td rowspan="2">每 20~30m 一个断面,每断面 7~11 个测点</td><td>0.2~0.5</td><td>1 次/3d</td><td rowspan="2"></td></tr>
<tr><td><0.2</td><td>1 次/7d</td></tr>
<tr><td>4</td><td>地面建筑、地下管线及构筑物变化</td><td>水准仪和水平尺</td><td>每 10~15m 一个断面,每断面 7~11个测点</td><td colspan="2">开挖面距测量断面前后 <2<i>B</i> 时 1~2 次/d;开挖面距量测断面前后 <5<i>B</i> 时 1 次/2d;开挖面距量测断面前后 >5<i>B</i> 时 1 次/2d</td><td></td></tr>
<tr><td>5</td><td>地下水位</td><td>水位计</td><td>设一量测断面</td><td>1 次/2d</td><td>—</td><td></td></tr>
<tr><td>6</td><td>搅拌桩挡墙墙顶沉</td><td>水准仪</td><td>设一量测断面</td><td>1 次/2d</td><td>—</td><td>开挖卸载急剧时,频率适当加密</td></tr>
</table>

(2)变形控制标准

干坞深度按 8m 考虑,监测项目变形控制标准见表 4-2。

监测项目变形控制标准表　　表 4-2

监测项目	监控值	备注
顶部水平位移	≤5‰h	
最大水平位移	≤7‰h	
场外地表最大沉降	≤5‰h	
地下水位	日变化 ±500mm	累计变化 ±1000mm
基底隆起	日变化 ±2mm	累计变化 ±30mm

注：h 为干坞深度。

4.1.3 海岸干坞地基加固

为防止干坞开挖及以后的沉管管节制作使原天然地基产生较大附加载荷，进而导致施工后填土及天然地基产生的复合沉降不能满足要求，需进行地基加固处理。

1）高压旋喷桩地基加固

小方桩施工完毕之后采用高压旋喷桩进行地基加固，格栅式布置。若施工过程中遇到小方桩等障碍物无法施工时，采用合理调整旋喷桩位置及格栅间距的方法进行施工。

高压旋喷浆法又称旋喷法，是利用钻机把带有特殊喷嘴的注浆管钻进至土层的预定位置后，用高压脉冲泵，将水泥浆通过钻杆下端的喷射装置，向四周以高速水平喷入土体，借助液体的冲击力切削土层，使喷流射程内的土体遭到破坏；与此同时钻杆一面以一定速度（20r/min）旋转，一面低速（15～30cm/min）徐徐提升，使土体与水泥浆充分搅拌混合；胶结硬化后即在地基中形成直径比较均匀且具有一定强度（0.5～0.8MPa）的圆柱体（称为旋喷桩），从而使地基得到加固。

（1）施工工艺流程

高压旋喷桩施工工艺流程如图 4-4 所示。

①施工准备

根据现场情况，进行场地平整，严格按照设计要求及有关规范规定进行图纸的技术交底工作，做好施工前安全文明教育；做好通水、通电及道路硬化工作；检查机器运转情况并做好各易损件的筹备工作；按现场布置图选好地点挖水泥浆池及水泥堆放台。

②测量放样

根据业主提供的桩位及时进行引桩，将主轴线控制点引至不受破坏的位置，且加以保护；采用钢尺拉线、插竹签定桩位的方式进行桩位的测放，距离中误差为 ±5mm。

③地质钻机就位

桩位放样及复核完成后，将钻孔地质钻机就位，就位时使钻头准确对准孔位中心，并在相互垂直的两个方向调整钻杆垂直度，保证孔位偏差和垂直度满足《验标》及设计要求。

④地质钻机钻进至设计深度

利用地质钻机钻孔至设计深度，并做好钻进记录。

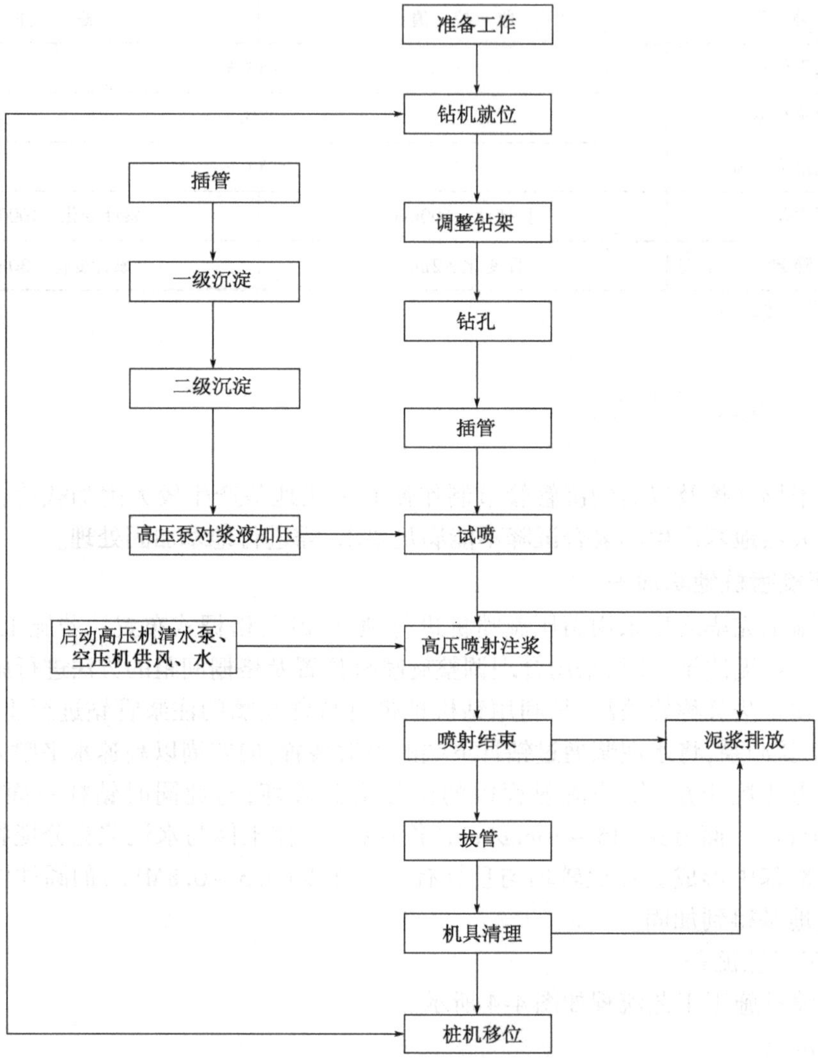

图 4-4　高压旋喷桩施工工艺流程图

⑤旋喷钻机携注浆管至设计深度

移位钻机进行下一孔施钻，在钻好孔的空位上，就位旋喷钻机，并将钻杆下插至孔底。在插管过程中为防止泥沙堵塞喷嘴，可边射水边插管。

⑥高压旋喷注浆

喷管插入预定深度后，由下到上进行喷射作业。根据工艺性试验取的工艺参数进行旋喷注浆施工。值班技术人员必须时刻注意检查浆液的初凝时间、注浆流量、风量、压力、旋喷提升速度等参数是否符合要求，并做好施工记录。

⑦喷射结束，钻机移位

单根桩喷射施工完毕后，钻机移位进行下一根桩施工或对注浆管路器具进行清洗。清洗时，应把注浆管等机具设备冲洗干净，管内、机内不得残留水泥浆，通常把浆液换成水注入泥浆回收池,以便把泥浆泵、注浆管和软管内的浆液全部排净。

(2)工艺质量要求

①成桩质量要求:孔径不小于设计桩径,有效桩长不小于设计长度,桩位平面偏差不大于50mm,垂直度偏差不大于0.5%,不出现断层。

②水泥必须经检验合格后方可入场,严禁使用过期、受潮、结块、变质的水泥。

③浆液配置必须严格按照配比均匀上料,充分搅拌,并经过滤网输入浆管,以防堵塞喷嘴;并经常检查测定浆液比重,设专人观察水、气、浆压力和流量,并做好记录。

④严禁在尚未喷浆的情况下提升钻杆。储浆罐的浆液应有一定的存余,储浆量不足时,不得进行下一根桩的作业。

⑤旋喷桩桩身强度达到1.5MPa后方可进行下一步工作。

(3)施工控制要点

①严格按确定的参数及施工流程施工,未经技术人员统一,不得随便改变工艺参数。

②成桩设计深度指通过地质钻孔复核确定的地质条件,满足设计要求达到的桩长。注浆喷射施工时预留20cm桩头,防止浆液凝固收缩影响施工桩顶高程。

③喷射注浆时应注意连续均匀提升,无论何种原因造成停喷,在喷射时必须保证钻探衔接长度超过20cm,以防桩体脱节夹泥夹砂。

④在高压喷射注浆过程中,当出现压力突然增大或者减少,大量冒浆或不完全冒浆时,应及时停喷检修,查明原因,采取相应措施。

(4)施工注意的问题

①钻机就位应平稳,立轴、转盘与孔位对正,高压设备与管路系统应符合设计及安全要求,防止管路堵塞,密封要良好。

②对深层长桩应根据地质条件,分层选择适宜的喷射参数,保证成桩均匀一致。

③注浆完毕应迅速拔出注浆管,桩顶凹坑应及时采用水灰比为0.6:1的水泥浆补灌。

④钻机成孔和喷浆过程中,应将废弃的加固料及冒浆回收处理,防止污染环境。

⑤施工期间应设置安全警示,并规划警戒区。高压路管路附近非施工人员不得逗留,以免产生安全事故。

2)水泥搅拌桩地基加固

采取搅拌桩加固能有效防止干坞开挖以后的沉管管节制作使原天然地基产生较大附加载荷,致使施工后填土及天然地基产生的复合沉降不能满足要求的情况出现。该工程双轴搅拌桩分布于三节沉管范围内,桩底高程为穿透淤泥质粉质黏土层并插入粉质黏土层不小于0.5m,桩顶高程为-5.51m,E1管节范围内桩顶高程为-8.03m。桩顶以上为空钻,水泥采用32.5矿渣硅酸盐水泥,每立方米水泥掺量不小于18%,搅拌桩水泥土28d的无侧限抗压强度应达到1.0MPa后,方可进行下道工序。在施工之前要先进行工艺试桩,确定施工参数,用以指导后续地基处理施工。地基加固搅拌桩平面布置如图4-5所示。

采取格栅式双轴搅拌桩进行加固,原坡面上有部分小方桩,在平整场地前预先进行搅拌桩桩位的测量放样,测量出搅拌桩与预制小方桩的位置关系,若在搅拌桩施工过程中碰到,则采取调整栅格间距或者零星拨出的方式避开,保证搅拌桩施工质量。

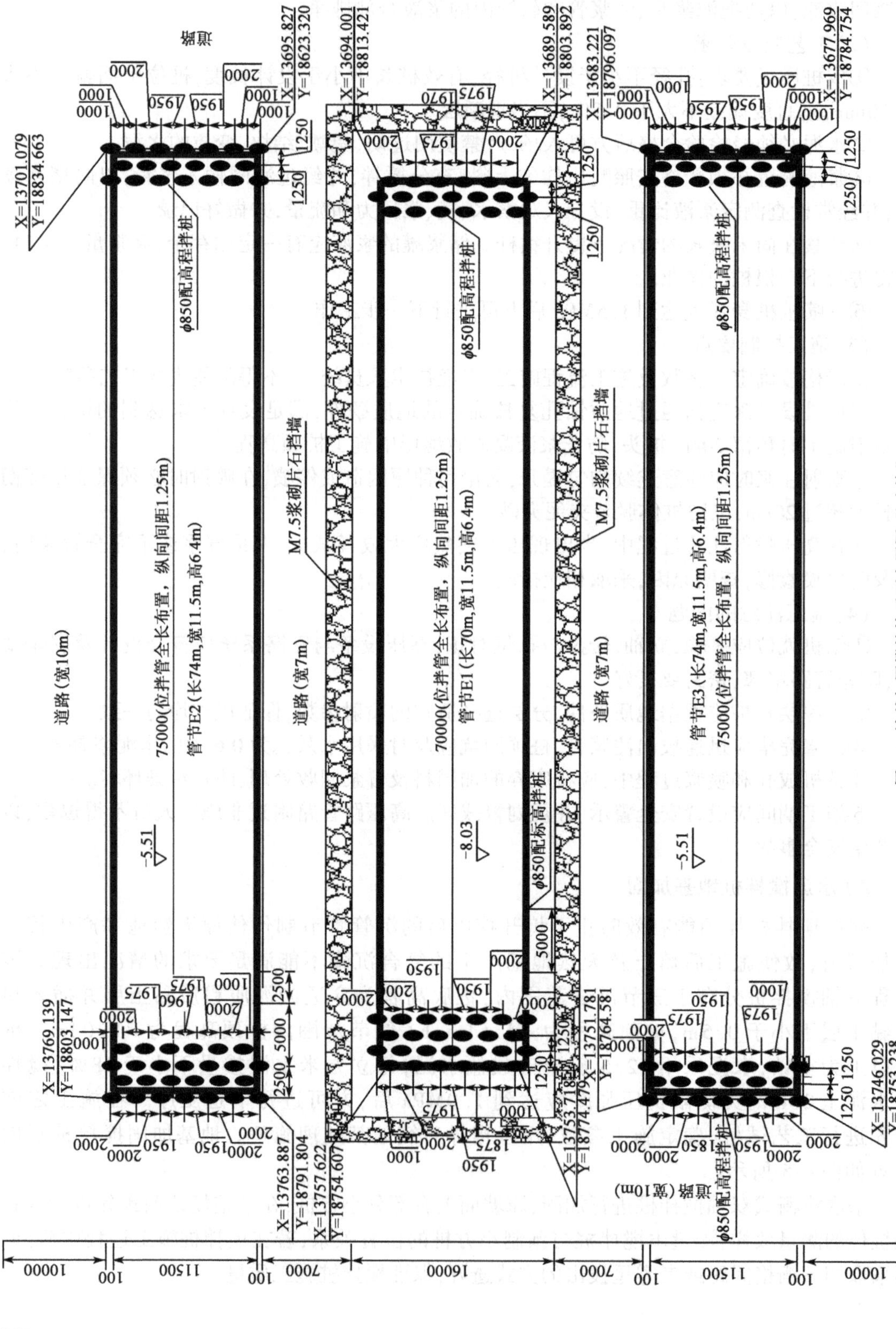

图4-5 地基加固搅拌桩平面布置图(尺寸单位：mm)

(1)施工工艺

水泥土搅拌桩施工工艺流程如图 4-6 所示。

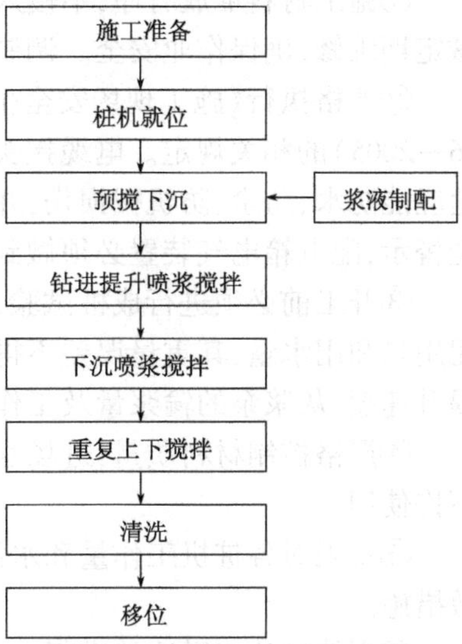

图 4-6 水泥土搅拌桩施工工艺流程

①平整场地:施工搅拌桩前根据设计图纸所给设计宽度对施工场地进行处理,使用挖掘机进行场地平整,平整后场地的宽度及承载力满足双轴搅拌桩机的施工要求。

②测量定位:施工前首先由测量组放出该段施工区域的边界,并做好醒目标记,然后根据测量放出边界及编制好的桩位图用钢尺量出本次施工的搅拌桩桩位,设立定位桩;经监理工程师复核验收后,妥善保护,做好明显、牢靠的桩位标志,并做好测量记录,以便复核。

③桩机就位:利用桩机地步履装置,由专人指挥,定位测量锤校准桩机,使桩机水平、搅拌机铅直,倾斜率小于 1.5%,桩位误差不大于 5cm,并保证桩机支撑稳固。

④深层搅拌法的施工工艺流程:定位下沉→深入到设计深度→喷浆搅拌提升→原位重复搅拌下沉→重复喷浆搅拌提升→完成形式加固体。

⑤深层搅拌法的施工程序:深层搅拌机定位→搅拌下沉→制备水泥浆→喷浆搅拌、提升→重复搅拌下沉→重复喷浆搅拌提升→关闭搅拌机、清洗→移至下一根桩、重复以上工序。

⑥施工时,先将深层搅拌机用钢丝绳吊挂在起重机上,用输浆胶管将储料罐砂浆泵与深层搅拌机接通,开动电动机,搅拌机叶片相向而转,借设备自重,以 0.38 ~0.75m/min 的速度沉至要求的加固深度;再以 0.3 ~0.75m/min 的速度匀速提升搅拌机,与此同时开动灰浆泵,将灰浆从深层搅拌机中心管不断压入土中,由搅拌叶片将水泥浆与深层处的软土搅拌,边搅拌边喷浆直到提升至设计桩顶高程(近地面开挖部位可不喷浆,便于挖土),即完成一次搅拌过程。用同样方法再一次重复搅拌下沉和重复搅拌喷浆上升,即完成一根柱状加固体,外形呈“8”字形。

⑦施工中固化剂应严格按预定的配比拌制,并应有防离析措施。起吊应保证起吊设备的平整度和导向架的垂直度。成桩要控制搅拌桩的提升速度和次数,使其连续均匀,以控制注浆量,保证搅拌均匀,同时泵送必须连续。

⑧搅拌桩预先下沉时,不宜冲水,当遇到较硬土层下沉太慢时,方可适量冲水,但应考虑冲水成桩对桩身强度的影响。

⑨每天加固完毕,应用水清洗储料罐、砂浆泵、深层搅拌机及相应管道,以备再用。

(2)施工质量检查

①施工前应检查水泥及外掺剂的质量、桩位、搅拌机工作性能及各种计量设备的完好程度(主要是水泥浆流量计及其他计量装置)。

②施工中应控制机头提升速度、水泥浆或水泥注入量、搅拌桩的长度及高程。

③施工结束后应检查桩体强度、桩体直径。

(3)施工控制要点

①施工材料堆放有序,不侵入运输道路施工界限。施工机械的转动部分要有安全罩,机械定期维修,确保作业安全。调制水泥浆时,应戴好防尘口罩。

②严格执行《施工现场安全生产保证体系》及《施工现场临时用电安全技术规程》(JGJ 46—2005)的相关规定。电缆接头不许埋设和架空,必须接入线盒,并固定在开关箱上,接线盒应能防水、防尘、防机械损伤,并远离易燃、易爆、易腐蚀场所;配电箱开关有操作指示和安全警示,配电箱电气装置必须做到机、闸漏电保护。

③开工前必须进行成桩试验,成桩工艺试验桩数不小于5根。按照配合比严格控制水泥用量和用水量,其重量误差不得超出规范要求,否则必须重配。严格控制搅拌头的下沉和提升速度、灰浆泵的输浆量及工作压力。

④严格控制材料质量,进场水泥要附有出厂检验证明,进场水泥抽样送检,不合格水泥不许使用。

⑤每天对各桩机工作量和水泥用量做统计,发现超量或用量不足时,及时采取警告和补救措施。

⑥搅拌桩施工需连续进行,一次完成。出现中断必须在该处采取复搅搭接,搭接长度不小于25cm。

⑦所有施工操作过程必须严格按设计交底进行,严禁私自按示意图施工,施工过程、交底过程中未明确或现场情况改变时,请及时与交底单位交底人联系,禁止盲目施工。

⑧地质情况如有变化,及时通知相关部门,可适当调整施工参数,过淤泥地层可提高水泥参量,降低水灰比,确保成桩强度。加强施工过程中的垂直度监控,确保其垂直偏差不大于0.5%。每次移机对位时必须仔细检查桩机的平整度及对位情况,桩位偏差不大于50mm。

⑨在水泥搅拌过程中,水泥添加作业应规范,搅拌设施应保持密闭,防止添加、搅拌过程中大量水泥外溢。

⑩剩余料具包装及时回收、清退,对可再利用的废弃物尽量回收利用,各类垃圾要及时清扫,清运,不得随意倾倒。

⑪各施工工序必须报验,经现场值班工程师确认合格后方可进入下一工序施工。

4.1.4 海岸干坞浆砌骨架护坡施工

骨架护坡施工工序:坡面处理→施工放线→开挖基槽→坐浆→铺砌片石→清理坡面→养生→勾缝。各道施工工序必须符合相关规范要求。

1)开挖基槽

基槽必须带线开挖,采用人工开挖,保证骨架几何图案美观大方且符合设计要求。基础骨架图如图4-7所示。

2)砌筑顺序及方法

砌筑顺序为先砌角石,再砌面石,最后砌腹石。采用挤浆法砌筑,砌筑前先计算层数,每层砌缝大致找平。要求灰缝饱满,砌缝符合规范要求。干坞浆砌骨架护坡平面图及节点图如图 4-8 所示。

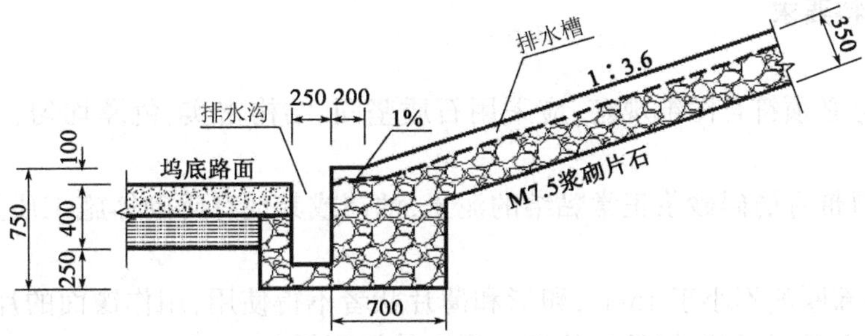

图 4-7　基础骨架图（尺寸单位：mm）

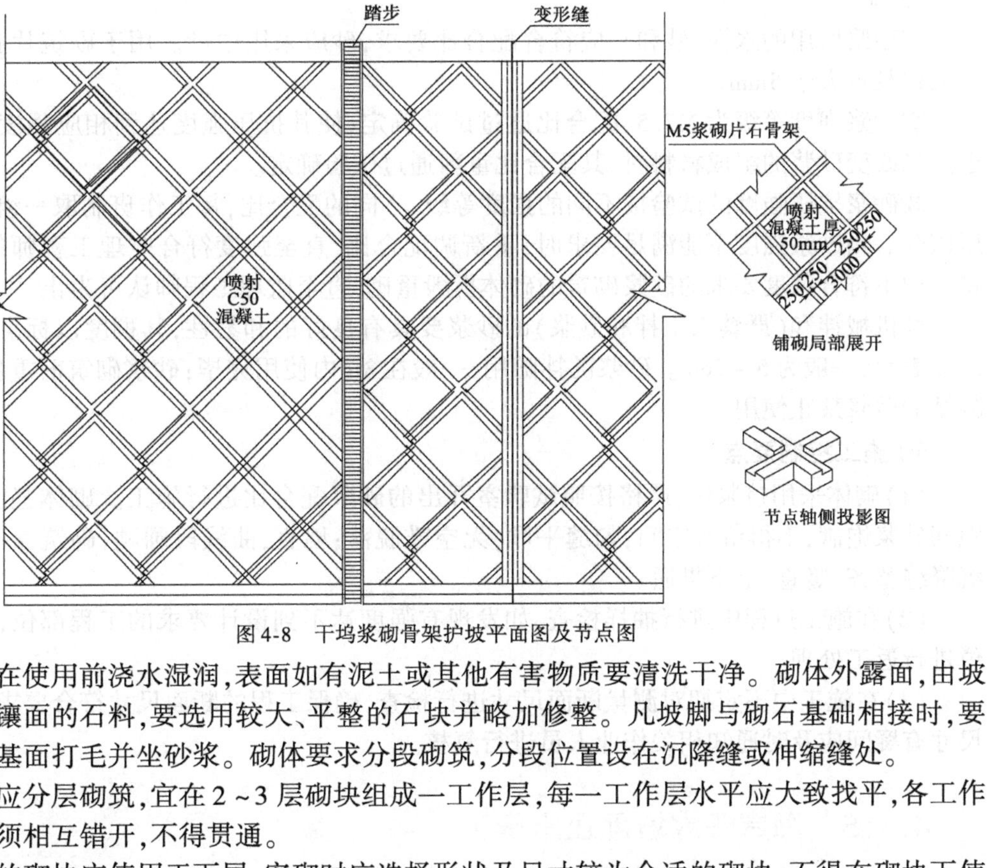

图 4-8　干坞浆砌骨架护坡平面图及节点图

石料在使用前浇水湿润，表面如有泥土或其他有害物质要清洗干净。砌体外露面，由坡口至坡顶镶面的石料，要选用较大、平整的石块并略加修整。凡坡脚与砌石基础相接时，要将相接的基面打毛并坐砂浆。砌体要求分段砌筑，分段位置设在沉降缝或伸缩缝处。

片石应分层砌筑，宜在 2 ~ 3 层砌块组成一工作层，每一工作层水平应大致找平，各工作层竖缝必须相互错开，不得贯通。

较大的砌块应使用于下层，安砌时应选择形状及尺寸较为合适的砌块，不得在砌块下使用高于砂浆砌缝的小片石支垫。尖锐突出部分应敲掉，竖缝较宽时，应在砂浆中塞以小石块。不得在石块下面用高于砂浆砌缝的小片石支垫。

3）勾缝

砌体外露面勾凹缝，浆砌勾缝嵌入砌缝内 2cm 深。勾缝砂浆强度等级不得低于砌体砂浆强度等级，除图纸规定或监理工程师另有说明外，勾缝砂浆的强度等级一般比砌体砂浆的强度等级高一级。

当勾缝工作完成，待砂浆初凝后，砌体表面刷洗干净，并至少养生 7d。在养生期间应经常向覆盖物上洒水,使砌体保持湿润,并避免碰撞或振动。

4)砌体材料要求

(1)石料

①石料标号必须符合图纸规定,应采用石质坚固、结构密实、色泽均匀、不易风化、无裂纹的硬质石料。

②石料不得带有妨碍砂浆正常黏结的泥土、油渍或其他有碍砌体施工质量的物质,表面要干净。

③片石:中部厚度不小于15cm,卵形和薄片状者不得使用,用作镶面的片石要选择表面较平整、尺寸较大者,并加以修整。片石的强度等级不低于MU30。

(2)砂浆

①砂浆所用的水泥、砂和水应符合配合比要求,砂应采用中砂。用于砌筑片石时,砂的最大粒径不大于5mm。

②砂浆强度等级为M7.5,配合比通过试验确定,使其抗压强度达到相应强度等级的要求。当改变砂浆的组成材料时,其配合比重新通过试验确定。

③砂浆抗压强度的试验按不同的强度等级、不同的配合比,每工作班制取一组试件作抗压试验。当砂浆强度不能满足要求时,重新调配合比,直至强度符合监理工程师的要求;并将已用不符合强度要求的砂浆砌筑的砌体拆毁重砌,直至监理工程师认可为止。

经机械拌和(严禁人工拌和砂浆)的砂浆要具有良好的和易性,其稠度以标准圆锥体坍落度表示,一般为5~7cm。砂浆随拌随用,一般在3h内使用完毕;砂浆砌筑前重新拌和;已凝结的砂浆禁止使用。

5)施工控制要点

(1)砌体采用挤浆法,严格按照试验室开出的砂浆配合比进行施工。砌体坚实牢固,缝隙间砂浆饱满,不得留有空间,勾缝平顺,无空鼓脱落;墙直,曲线段圆顺,砌筑面平整美观;沉降缝整齐、竖直、上下贯通。

(2)在施工过程中进行抽样检查,如发现有强度达不到设计要求的工程部位,须对该部位进行返工处理。

(3)在施工中不定期对测量断面尺寸进行检查,确保工程的断面尺寸符合要求。如断面尺寸有疑问应及时通知相关作业人员进行复核。

4.1.5 海岸干坞坡面止水施工

止水帷幕是工程主体外围止水系列的总称,用于阻止或减少基坑侧壁及基坑底地下水流入基坑而采取的连续止水体。

海岸干坞止水技术为维持整个工程后期的施工提供保障,在基坑工程施工中,地下水是影响深基坑工程安全顺利开挖的一个主要因素。为保证基坑工程开挖处于“干”状态,要减小因地下水的流失对周边环境造成的影响,确保基坑工程施工安全,达到止水目的。

海岸干坞工程四周设置搅拌桩止水帷幕对基坑进行封闭(图4-9),确保干坞基坑止水效果,在干坞东南侧设置搅拌桩重力式挡墙(图4-10)。

干坞东南侧双轴搅拌桩重力式挡墙桩顶高程 -0.5m,施工工艺与地基加固双轴搅拌桩挡墙基本相同,不同的是 A 类搅拌桩挡墙长度方向两侧的桩体内需间隔插入规格 HN700 × 300 的 I-I 型钢。施工时先施工 A 类搅拌桩挡墙,后施工 B 类搅拌桩挡墙。

1)施工准备

(1)施工前场地平整,清除施工区域内的表层硬物,素土回填夯实,路基承重荷载以能行走大型起重机及步履式重型桩架为准。

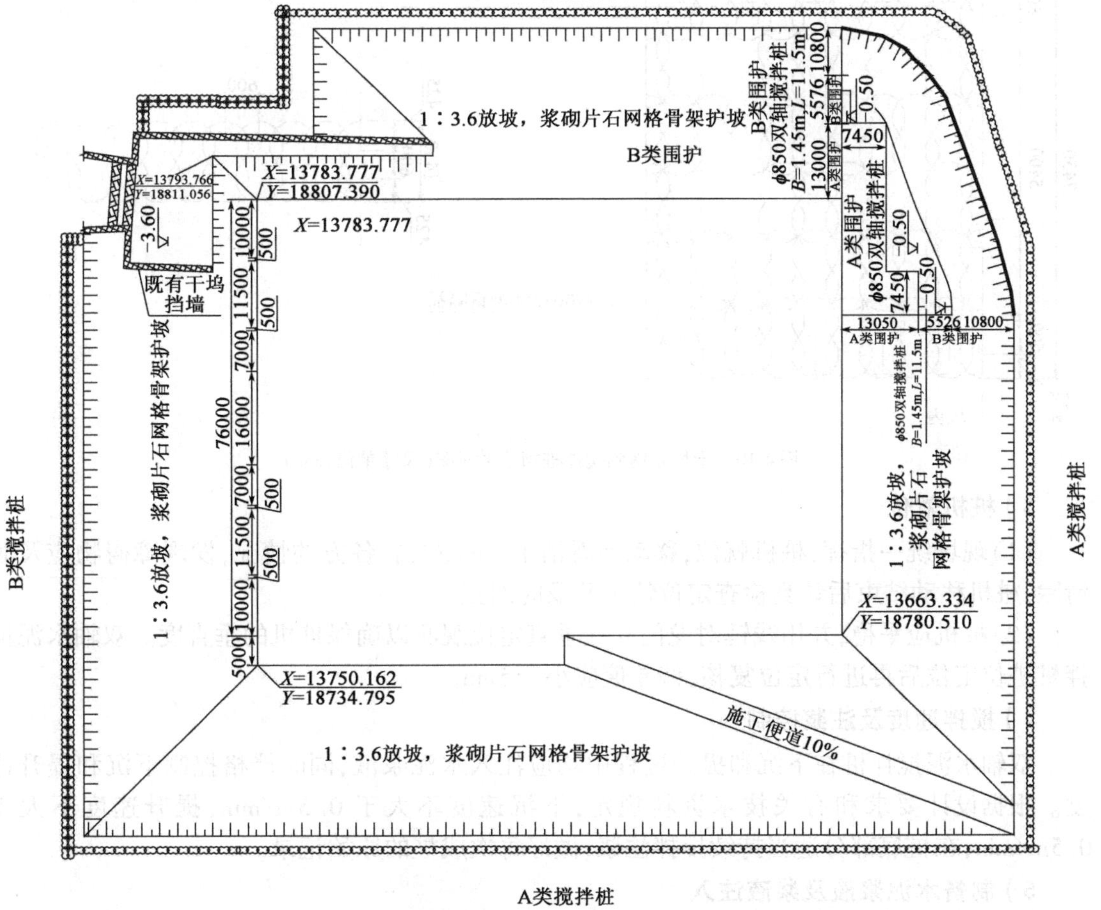

图 4-9 干坞四周搅拌桩施工平面图(尺寸单位:mm)

(2)施工材料、设备进场及报验(包括设备、仪器及测量放线等)。

2)定位

(1)根据提供的坐标基准点及水准点,按照设计图进行放样定位及高程引测工作,并做好永久及临时标志。放样定位后做好测量技术复核单,提请监理工程师进行复核验收签证,确认无误后进行搅拌施工。

(2)根据基坑围护内边控制线,采用 $0.4m^3$ 挖土机开挖沟槽,并清除地下障碍物,开挖沟槽余土应及时处理,以保证 SMW 工法桩正常施工,并达到文明工地要求。

(3)垂直沟槽方向放置两根定位型钢,规格为 HW200 × 200,长约 2.5m,再在平行沟槽方向放置两根定位型钢,规格为 HM500 ×300,长约 12m,定位型钢必须放置固定好,必要时用点焊进行相互连接固定;转角处 H 型钢采取腹板在角平分线上插入,H 型钢定位采用型钢定位卡。

局部无法放置定位型钢的地方采用定位绳,定位绳沿桩位置固定距离处固定好,并在桩位置用彩色胶带做好标记。

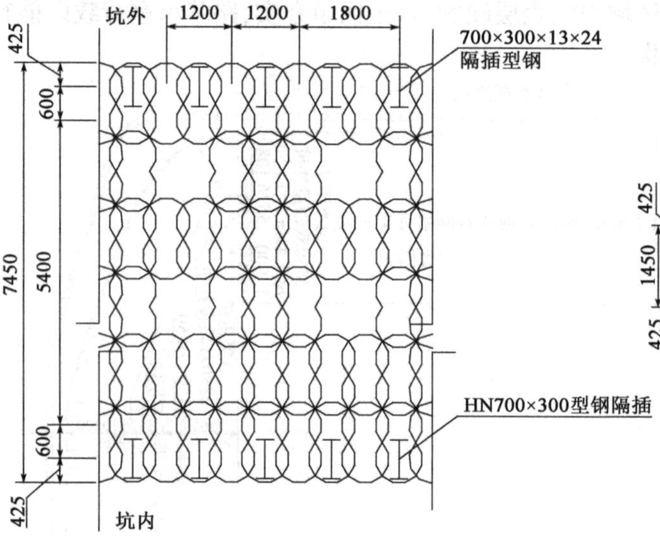

图 4-10　干坞东南侧搅拌桩挡墙平面图(尺寸单位:mm)

3)桩机就位

(1)现场统一指挥,桩机就位,移动前看清上、下、左、右各方的情况,发现障碍物应及时清除,桩机移动结束后认真检查定位情况并及时纠正。

(2)桩机应平稳,并用线锤对龙门立柱垂直定位观测以确保桩机的垂直度。双轴水泥搅拌桩桩位定位后再进行定位复核,偏差值应小于 5cm。

4)搅拌速度及注浆控制

双轴水泥搅拌桩在下沉和提升过程中均应注入水泥浆液,同时严格控制下沉和提升速度。根据设计要求和有关技术资料规定,下沉速度不大于 0.5m/min,提升速度不大于 0.5m/min,在桩底部分适当持续搅拌注浆,做好每次成桩的原始记录。

5)制备水泥浆液及浆液注入

在施工现场搭建拌浆施工平台,在开机前应进行浆液的搅制,开钻前对拌浆工作人员做好交底工作。采用等级为 32.5 的普通硅酸盐水泥,水灰比为 0.5,拌浆及注浆量以每钻的加固土体方量换算,注浆压力为 1.5 ~2.5MPa,根据浆液输送能力控制。

6)H 型钢加工及下插

双轴水泥搅拌桩施工完毕后,吊机应立即就位,准备吊放 H 型钢。若所需 H 型钢长度不够,需采用 10mm 厚钢板进行双面拼焊,焊缝应均为坡口满焊,焊好后用砂轮打磨焊缝至与型钢面一样平,如图 4-11 所示。

根据高程控制点,用水准仪引放到定位型钢上,依据定位型钢与 H 型钢顶的高度差确定吊筋长度,在型钢两腹板外侧焊好吊筋,装好吊具和固定钩,然后用 20t 起重机起吊 H 型钢,用线锤校核垂直度，必须确保垂直。

在沟槽定位型钢上设型钢定位卡，型钢定位卡必须牢固、水平，必要时用点焊与定位型钢连接固定；型钢定位卡位置必须准确，要求 H 型钢平面度平行基坑方向 $L \pm 4$cm（L 为型钢间距），垂直于基坑方向 $S \pm 4$cm（S 为型钢朝基坑面保护层）；将 H 型钢底部中心对正桩位中心，并沿定位卡靠型钢自重缓慢垂直插入水泥土搅拌桩体内，垂直度用线锤控制，偏差不大于 0.5%。

用槽钢穿过吊筋搁置在定位型钢上，待水泥土搅拌桩达到一定硬化时间后，将吊筋与沟槽定位型钢撤除。若 H 型钢插放达不到设计高程，则采用提升 H 型钢，重复下插使其插到设计高程，下插过程中始终用线锤跟踪控制 H 型钢垂直度。

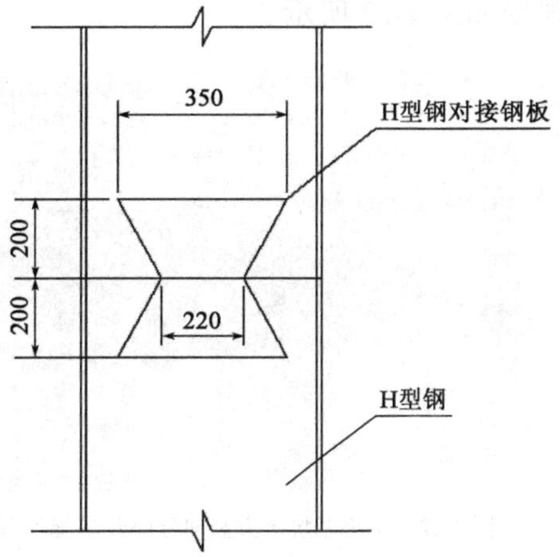

图 4-11　型钢焊接示意图（尺寸单位：mm）

7）开挖时对 SMW 工法桩和型钢的保护

干坞基坑开挖时，随着土体不断挖去，SMW 工法水泥土桩逐渐露出，为了有效保护好 SMW 工法水泥土桩，保证桩墙的稳定性和止水性，要求机械挖土至离 SMW 工法水泥土桩边 20cm 时，采用人工将水泥土桩上的土体小心剥离下来；严禁挖土机械任意碰撞水泥土桩，挖去桩体水泥土，露出型钢。

干坞东南侧搅拌桩重力式挡墙施工完成且强度达到要求后，进行基坑开挖，开挖至高程 -0.5m 时，在挡墙处预留一平台，人工清除表层 20cm 厚土石，浇筑 200cm 厚 C20 混凝土，并将重力式挡墙顶部连接成一整体。重力式挡墙范围内基坑采用垂直开挖的方法继续向下开挖至设计高程。

8）搅拌桩施工工艺及注意事项

参照 4.1.2 节内容。

4.2 海岸干坞基坑开挖技术

4.2.1　基坑开挖

1）干坞土方开挖

干坞土方开挖按“竖向分层、水平分区、先边后中”的方式进行开挖。垂直分层不大于 2.0m，开挖面坡率为 1∶2 ~ 1∶3，采用分台阶开挖，挖掘机接力倒土。土方竖向分层开挖施工现场如图 4-12 所示。

图 4-12　干坞基坑土方竖向分层开挖施工现场

水平按从中间向四周进行分区，分为四大区，并按每台挖掘机的工作区域进行每一层的细部分区。干坞开挖首先从北侧①、②区开始向南侧施工，施工中干坞中后部从东侧③区向西侧开挖，最后开挖④区。

开挖区域③部分的 A、B 类挡墙段在高程 -0.7m以上按照设计边坡坡率放坡开挖，-0.7～-0.5m 之间采用人工开挖，开挖至 -0.7m后采用20cm 厚 C20 混凝土将挡墙浇筑成整体，浇筑后混凝土面层顶高程为 -0.5m。待混凝土强度达到设计要求之后，挡墙以下部分垂直开挖至指定高程。干坞土方开挖区块划分示意如图 4-13 所示。

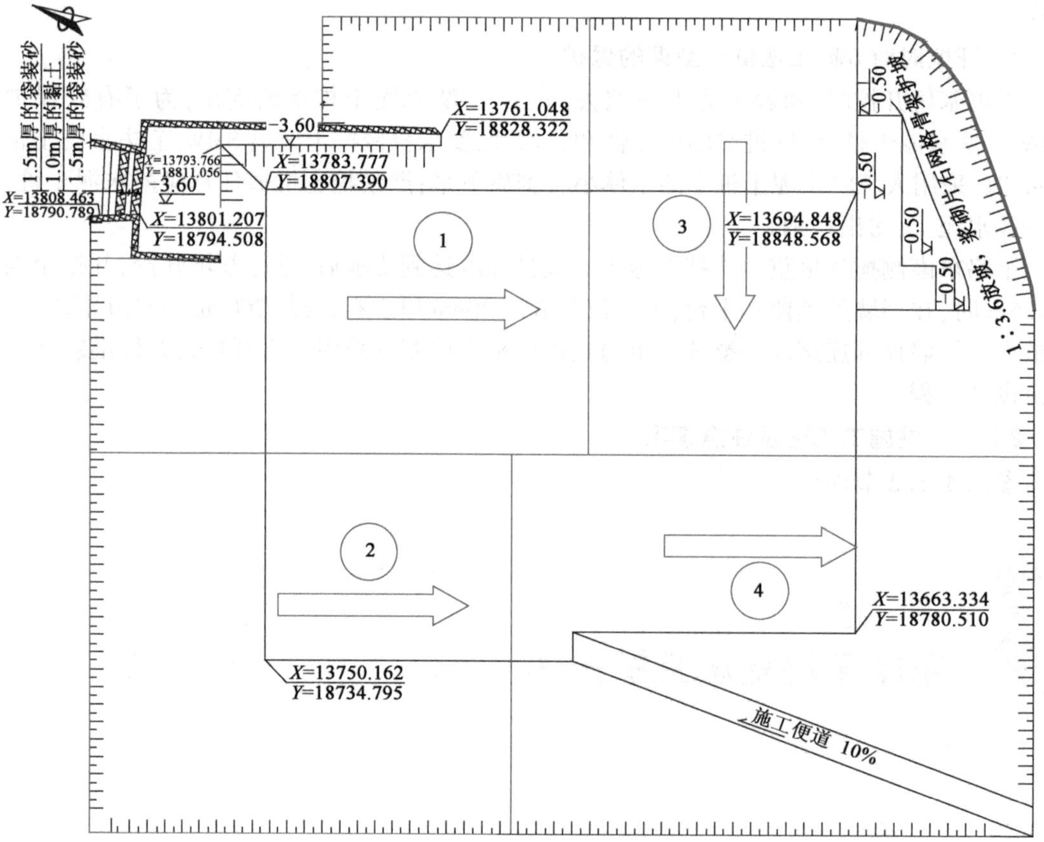

图 4-13　干坞土方开挖区块划分示意图

2）干坞基坑几个开挖控制高程

E2、E3 管节部位坞底道路开挖至高程 -6.06m，管节部位坞底开挖至高程 -6.22m；E1 管节部位坞底道路开挖至高程 -8.45m，管节部位坞底开挖至高程 -8.74m，挡墙基础底开

挖至高程 -9.51m。

上述各高程以上 30cm 部分均须采用人工开挖。

3）弃渣清运

在开挖的同时及时修好入坞便道，深层土方由出渣车通过入坞便道运出至弃渣场地。

4）注意事项

开挖距离接近基地以上 300mm 的土石方为人工开挖，以控制超挖，保持基地土体的原状结构。开挖过程中特别注意基坑尺寸控制，不能出现欠挖情况，严格控制超挖。

5）E1 管节四侧挡墙开挖回填

(1)工程基本情况

基槽开挖尺寸如图 4-14 所示。

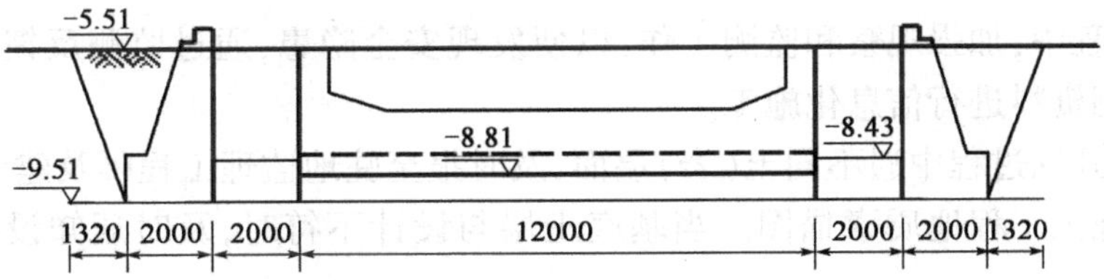

图 4-14　基槽开挖尺寸图(尺寸单位:mm)

(2)开挖方法及要求

从地质勘察报告上显示干坞地质为粉质黏土，根据计算和现场实际情况，工程放坡系数采用 1:0.33。开挖时测量员应随时测量高程，控制超挖，同时应注意边坡坡度，以保证边坡稳定及槽底尺寸。

基槽采用分层分段开挖，分三层，每层开挖深度为 1～1.5m。利用 1 台反铲挖掘机，采用沟端开挖方式，挖掘机走"S"形路线，根据已撒好的放坡线，从北侧向南侧开挖，后退挖土，自卸汽车停放在挖掘机的南侧准备运土；机械挖土启动前应空车试运转正常后再开始作业。基槽开挖至基础垫层以上 30cm。

(3)挡墙背回填

回填材料必须采用具有良好级配的砾石土，最大粒径不得大于 50mm，粒径小于 20mm 的粒料中通过 0.074mm 筛孔的细料含量不得大于 10%，其塑性指数不大于 6。

施工机械功率为 10.3kW 的振动夯。施工前首先清理台背地段的松土、杂物，对原地面进行夯实，待填土压实度符合路基填土的压实度标准后，采用装载机装料至台背，人工铺平，严格按照挂牌划线施工；填筑前必须在台背标识明确，且每层的松铺厚度采用小型机具夯实不宜超过 15cm，采用大型机具压实不宜小于 20cm。台背能用压路机碾压的地方，尽量使用压路机，对压路机不能碾压的地方，采用振动夯实。

压实后监测工作同步进行，每填一层土都要严格按规范要求进行压实度检测，控制压实度不低于 95%。台背回填前进行基坑清理及挖台阶情况拍照，照片会同监测资料一并存档。

6）干坞二期开挖

(1)沉管全部预制完毕，经过试浮检漏，二次舾装完成后即达到出坞条件。此时要对干坞北侧大堤进行开挖。

放坡开挖北侧大堤，开挖坡率为1:3.6，开挖至-5.51m高程后预留一个5m宽的平台，然后按照1:4的坡度开挖至-8.03m高程，与沉管出坞航道形成对接。

(2)基坑开挖施工方法说明及技术措施

①所有材料、设备、运输作业机械、水、电等必须进场到位。

②弃土地点必须落实，弃土线路畅通。

③降、排水系统正常运转。

④管线改移，支吊保护全部完成并落实好开挖过程中的加固保护措施。

⑤根据基坑监测设计方案，做好各种不同类型测点布置并测得各测点的初始数据。

⑥机械开挖的同时，辅以人工配合，接近基底以上300mm时以人工开挖为主，以控制超挖，保持基底土体的原状结构。

⑦开挖过程中，加强观察和监测工作，以便发现安全隐患，通过监测反馈及时调整施工方案，利用监测资料进行信息化施工。

⑧在基坑开挖过程中遇不同土(岩)层面，及时报至驻地监理工程师及建设方确认，并做好记录、绘制施工工程地质素描图。当基底土层与设计不符时，及时通知设计方及监理工程师。

(3)基坑开挖施工注意事项

①土方开挖前，先沿坞顶周边设置排水沟和集水井，防止坞外地表水灌入坞内。

②开挖坞底附近土方时，先在周边挖设排水沟和集水井，防止开挖面受水浸泡。

③开挖至基底设计高程后，应及时施工坞底结构；对于预制管段位置下的基础，应及时用混凝土封底。要求尽量减少基底地基土的暴露时间，做到挖一块施工一块，基底地基土的暴露时间最长不得超过2h。

④地基土开挖后，若受水影响产生软化或因暴露时间较长产生松动的，需将受影响的表层土清除掉。

⑤若基底设计高程位置存在可塑或更差的土层，需予以挖除。

⑥清(挖)除基底设计高程以下的土层后，必须进行回填。回填土需分层碾压密实，要求其强度和抵抗变形的能力与周围地基土接近。

7)岸控系缆柱施工

干坞四周岸控系缆柱一共分布有5处，其中干坞东西侧各1处，南侧3处。岸控系缆柱由基础钻孔桩、承台及缆柱构成，每处系缆柱有基础桩4根，单根桩长25m。岸控系缆柱在进场后即可以开始施工。由于系缆柱基础桩净距为1.6m，为防止施工时相互影响及塌孔，采取对角线跳打的顺序进行施工，如图4-15所示。干坞施工场地表层填料主要为块石、碎石等，粒径较大、透水性好，施工中易出现塌孔现象，故钢护筒埋设必须穿越该土层。

岸控系缆柱施工顺序：施工准备→定位放线→钻孔灌注桩→承台→揽柱。施工注意事项如下：

(1)钻孔桩基础施工完成，待强度达到要求后，对桩头部分进行凿除，保证钻孔桩主筋埋入承台长度不小于45d(d为主筋直径)。

(2)将承台范围内基底清理干净,采用10cm厚的砂浆进行找平。

(3)绑扎安装承台钢筋时将预埋件安设并固定牢固,最后浇筑承台混凝土。

(4)承台混凝土强度达到80%后拆除模板,并按照设计要求将缆柱安装焊接牢固,涂刷防锈漆。

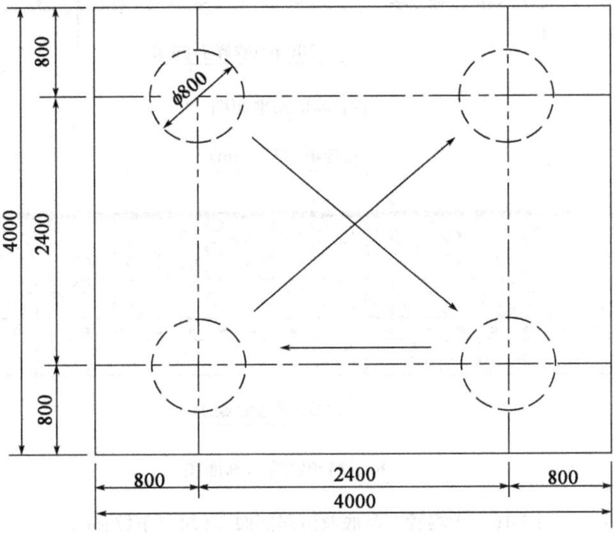

图4-15 系缆柱钻孔桩基础施工顺序图(尺寸单位:mm)

4.2.2 坞底结构施工

在干坞底部四周及每节沉管管节之间为施工路面。坞底 -5.51m 高程处道路采用200mm厚砂碎石回填+200mm厚C25钢筋混凝土路面,干坞预制管节基底采用200mm厚C25钢筋混凝土+382~483mm厚碎石+18mm厚胶合板,基底钢筋混凝土内设置 $\phi8$@150mm×150mm的钢筋网片,钢筋网片靠近混凝土上部设置,净保护层取30mm。干坞管节基底及道路剖面如图4-16所示。

1)坞底道路施工

(1)土方开挖到高程 -5.21m 附近时,先在周边挖设排水井和集水井,清除障碍物,合理安排土方运输车和材料运输的行走路线,使施工机械和材料顺利到施工位置。场地平整设置10m×10m的方格网,使开挖距接近基底以上300mm的土石方以人工开挖为主,以控制超挖,保持基底土体的原状结构。开挖过程中特别注意基坑尺寸控制,不能出现欠挖情况,严格控制超挖。

(2)坞底开挖到设计高程后,及时进行碎石铺设,人工平整,采用120kN压碾机碾压。碾压时采取慢行、先轻后重、反复碾压。

(3)将制作好的钢筋网片铺设在碎石垫层上,网片下部用砂浆垫块垫起,使其靠近混凝土路面上部,保护层不小于3cm。

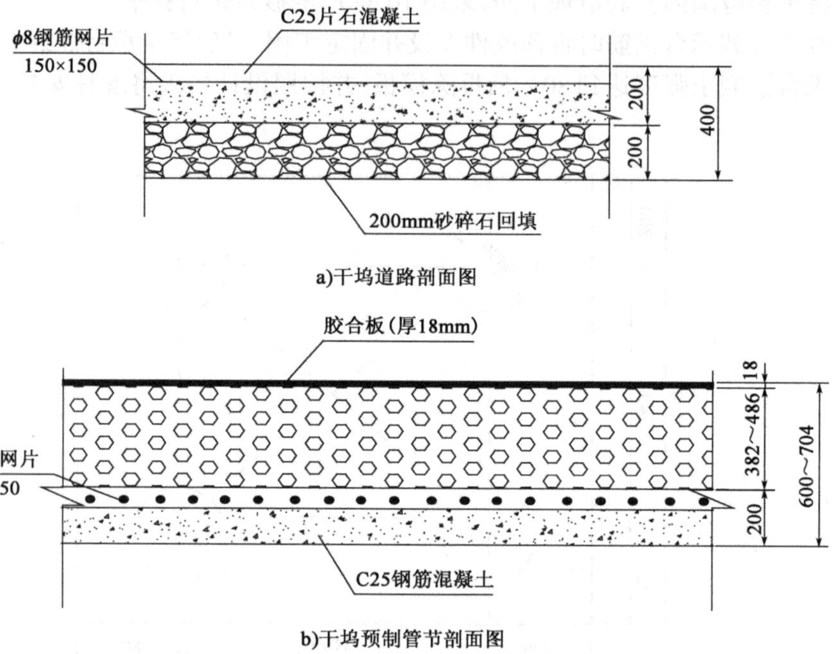

图4-16　干坞管节基底及道路剖面图(尺寸单位:mm)

(4)钢筋铺设完后即可立边模板,边模采用[20的槽钢。边模立好浇筑路面C25混凝土,平板式振动器整平,施工时严格控制混凝土路面的高程,保证混凝土路面0.3%的坡度。

2)管节坞底施工

(1)测量放线

依据测量控制桩点,在坞底准确测放点位,在坞底设置测量控制点,包括控制基线、轴线和水平基准点。控制网要避开土方机械操作及运输线路,并有保护标志。施工过程中要经常检查复测,一旦有破坏要及时进行恢复。

(2)坞底捡底

土方开挖到高程-5.21m附近时,停止机械开挖,使开挖距基底以上约200mm时以人工开挖为主,以控制超挖,保持基底土体的原状结构。开挖过程中特别注意基坑尺寸控制,不能出现欠挖情况,严格控制超挖。

(3)混凝土垫层施工

捡底施工完毕后,进行混凝土垫层施工,C25钢筋混凝土垫层为200mm厚,采用混凝土汽车输送罐车浇筑,平板式振动器平整。洒水养护,达到设计强度后进行碎石回填。为保证混凝土垫层的平整度、坡度和厚度,设置5m×5m的方格网进行控制,以达到管段基础的稳定性要求。

(4)起浮层施工

①碎石摊铺碾压

起浮层厚度为382~494.5mm,因碎石粒径较大无法达到精平要求,需首先填充350~450mm的碎石。

碎石填充时首先用推土机进行摊铺，摊铺前必须对推土机履带进行清洗，避免将泥土带入起浮层。

摊铺完毕后，用挖机进行整平，进入碎石区域前需对其履带进行清洗，人工配合整平，达到初平。

碎石初平后采用 120kN 压碾机碾压，碾压时慢行、先轻后重、反复碾压，碾压时的搭接宽度不小于 20cm，压实系数不小于 0.97。

②米石找平

碎石初平后用米石进行精确找平，局部平整度不大于 1cm，场地总体平整度不大于 2cm。

碎石找平按照分区分段分块进行，在拟施工区域用 2.5m × 2.5m 的方格网进行分块，在方格网钢筋桩上用红油漆标出高程，然后依据方格网高程进行米石摊铺，用线绳在方格网中拉线，并用 2m 长刮尺配合刮平。

大面积刮平后，由测量人员对其进行全面检查，检查后用水准仪塔尺配合进行跟踪测量，对该段区域进行精确修平，反复进行整修直到满足平整度要求，验收通过后对下一段区域进行精确找平。

③铺设胶合板

铺设胶合板时胶合板长边沿沉管走向铺设，横向接头交替铺设，使横向接缝错开，搭接长度不小于 2m。注意其接缝处质量，满足接缝平顺、密贴要求，保证沉管混凝土施工时底板无错台、不漏浆，以免影响起浮。胶合板的接缝处铺设宽度 1m、厚度 1mm 的 EVA 防水板。

3）E1 管节深槽挡墙

E1 管节深槽支护采用 M7.5 浆砌片石挡墙垂直支护。挡墙断面如图 4-17 所示。

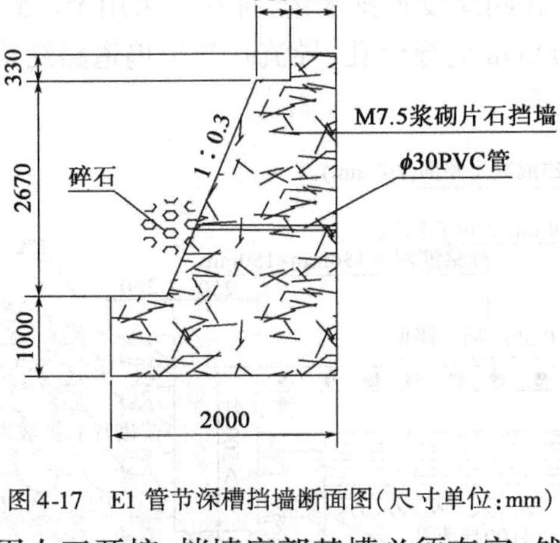

图 4-17　E1 管节深槽挡墙断面图（尺寸单位：mm）

挡墙部位土方开挖采用人工开挖，挡墙底部基槽必须夯实，然后由底部向上逐层浆砌至设计高程，逐层施工的同时对背部回填密实。浆砌片石施工工艺见第 4.1.4 节浆砌骨架护坡施工。

4）入坞便道

在干坞的南侧设置一条入坞便道，便道宽 5m，坡度 10%。道路为 100mm 厚碎石找平 + 200mm 厚 C25 混凝土路面结构，路面采用 1% 的横坡，一侧设置排水沟将水引流至干坞底部排水沟内。便道施工工艺与干坞坞底道路施工相同。入坞便道断面如图4-18所示。

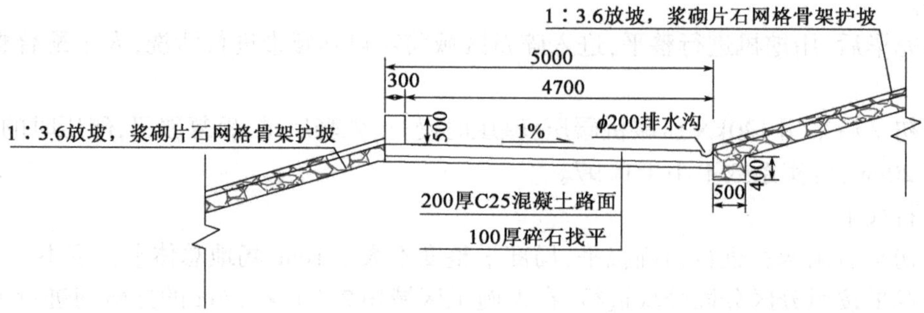

图4-18 入坞便道断面图(尺寸单位:mm)

4.2.3 坞底排水系统设置

坞底地面排水系统主要由基座起浮层、边沟以及集水井组成。管节施工、养护水、坞底降雨及渗水等由基座垫层汇集并引排至干坞边沟,再由边沟引排至集水井;干坞边坡雨水、边坡渗水主要由边沟集水后引排至集水井,由抽水机直接抽排出坞外。

干坞平面开挖面积较大,汇水面积大,而舟山地区降雨较多,尤其是大暴雨时有发生,因此在设置干坞排水系统时要充分考虑降雨因素的影响,排水系统满足排除雨水、渗漏水及施工用水的需要。土方开挖前,先沿坞顶周边设置排水沟和集水井,遇大的降雨还需沿干坞顶部四周设置50cm高的草袋围堰,防止坞外地表水灌入坞内。

具体排水措施为:在坞底四周设置排水沟,排水沟采用M7.5浆砌片石砌筑,排水沟侧壁按纵向1m的间距设置ϕ100mm的导流孔,导流孔与干坞道路结构中的砂碎石垫层贯通。坞底排水沟形式如图4-19所示。

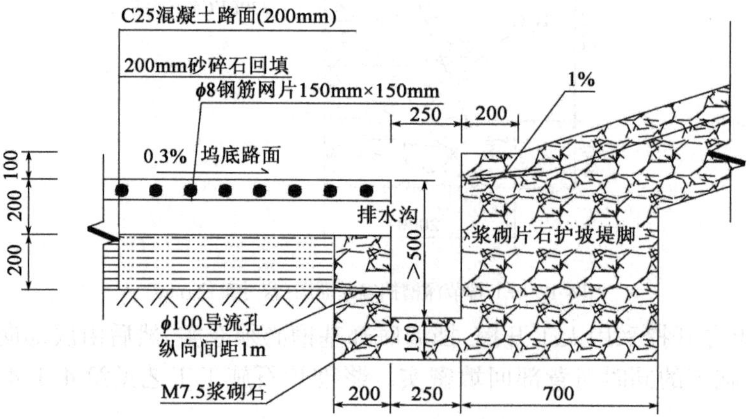

图4-19 干坞底部排水沟断面图(尺寸单位:mm)

干坞底部四角及E1管节深槽四角分别设置集水井,集水井上部设置导流孔;干坞内的水通过排水沟汇集到集水井,再通过水泵抽至坞外并排入港内。集水井侧墙及底板采用

C25 钢筋混凝土浇筑,盖板采用 C25 钢筋混凝土预制板,板厚 10cm。排水沟和集水井必须定时检查和维护,确保基坑内排水畅通。集水井构造如图 4-20 所示。

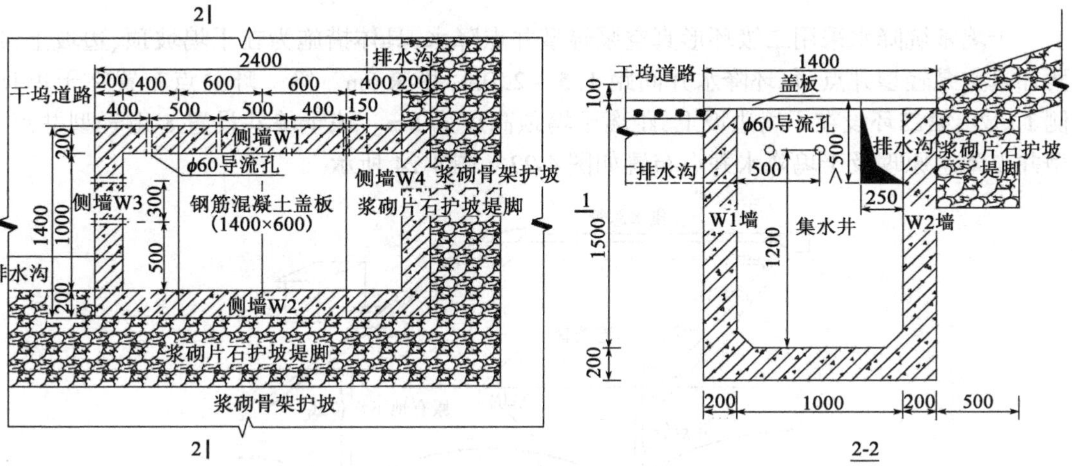

图 4-20 干坞集水井构造图(尺寸单位:mm)

干坞坞底道路及管节底部钢筋混凝土均设置有 0.3% 坡度,以便将水引排至四边的排水沟内,汇集到集水井集中抽至干坞外。干坞坞底坡度设置如图 4-21 所示。

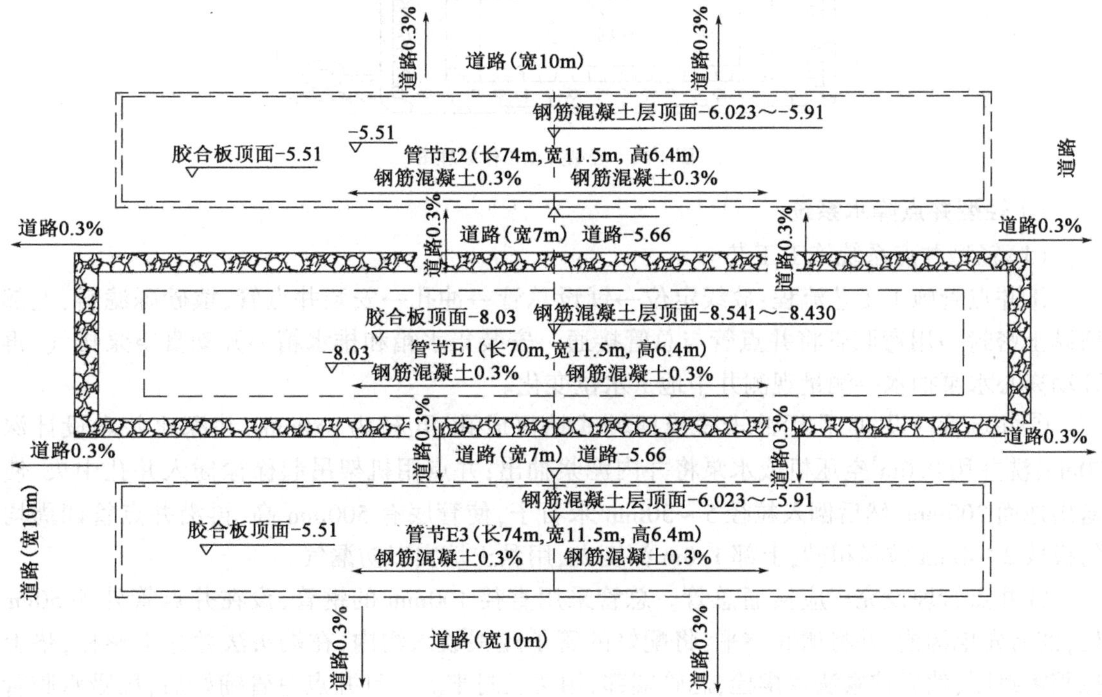

图 4-21 干坞坞底坡度布置图

4.2.4 干坞基坑降水技术

干坞基坑降水采用二级环形真空泵轻型井点降水，具体措施为在干坞坡顶、边坡上设置两环真空泵轻型井点，每环降水井间距1.5～2.0m，井深6m。第一环井点布置在干坞顶外侧1m处，第二环设在干坞边坡上，距离干坞顶高度为5m。该干坞共设置8组轻型井点，轻型井点降水原理及干坞降水井点布置如图4-22～图4-24所示。

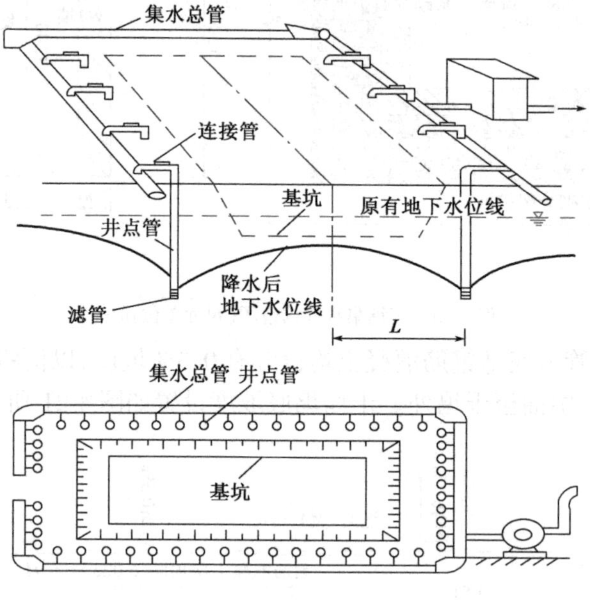

图4-22 轻型井点工作原理图

1）轻型井点降水系统

(1)轻型井点系统施工工艺

①井点管施工工艺流程：放线定位→铺设总管→冲孔→安装井点管、填砂砾滤料、上部填黏土密封→用弯联管将井点管与总管接通→安装集水箱和排水箱→开动真空泵排气，再开动离心水泵抽水→测量观测井中地下水位变化。

②井点管埋设：成孔用冲击式或回转式钻机成孔，孔径为380mm，井深比井点设计深50cm；洗井用0.6m^3空压机或水泵将井内泥浆抽出；井点用机架吊起徐徐插入井孔中央，使露出地面200mm，然后倒入粒径5～30mm米石子，使管底有500mm高，再沿井点管四周均匀投放2～4mm粒径粗砂，上部1.0m深度内，用黏土填实以防漏气。

③井点管埋设完毕应接通总管。总管采用直径100mm的钢管，设在井点管外侧50cm处，铺前先挖沟槽，并将槽底整平，将配好的管子逐根放入沟内，在端头法兰穿上螺栓，垫上橡胶密封圈，然后拧紧法兰螺栓，总管端部，用法兰封牢。一旦井点总管铺好后，用吸水胶管将井点管与总管连接，并用8号铁丝绑牢。一组井点管部件连接完毕后，与抽水设备连通，接通电源，即可进行试抽水，检查有无漏气、淤塞情况，出水是否正常，如有异常情况，应检修

后方可使用,如压力表读数为 0.15 ~ 0.20MPa,真空度在 93.3kPa 以上,表明各连接系统无问题,即可投入正常使用。

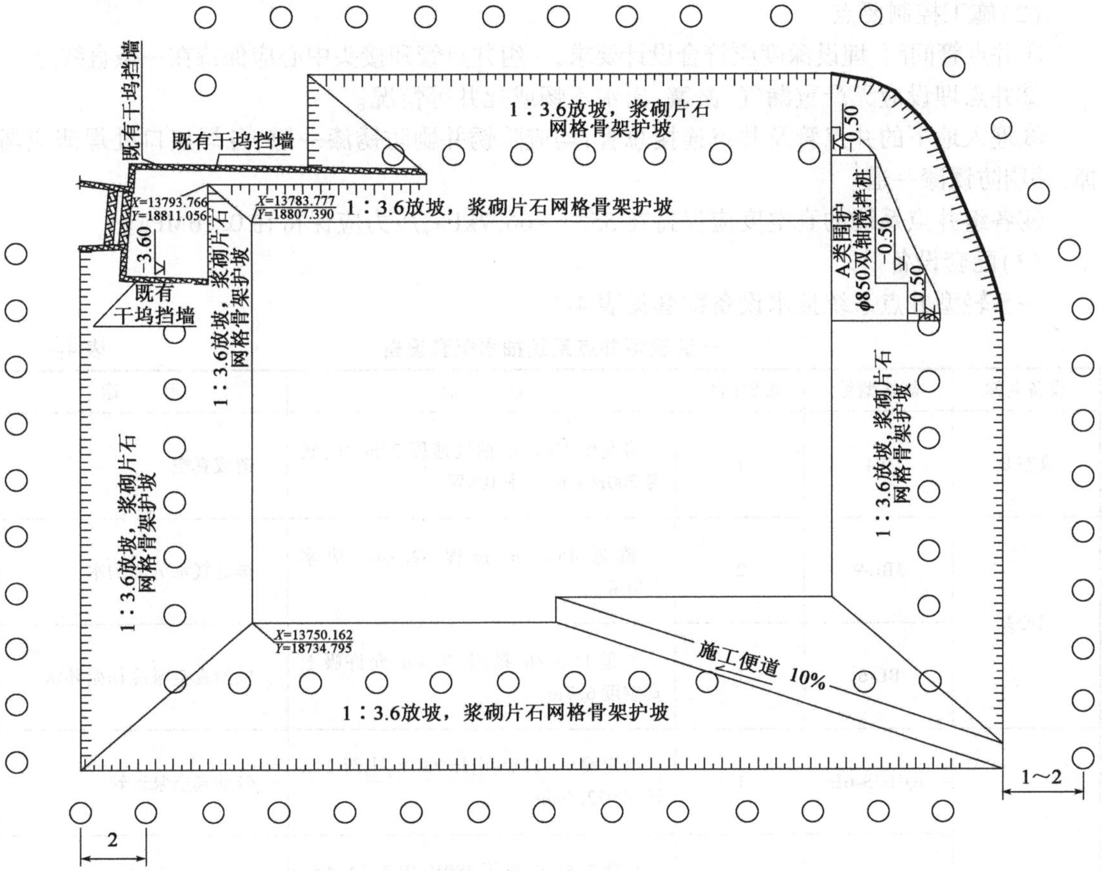

注：○ 为孔径380mm的轻型井点。

图 4-23 轻型井点平面布置示意图(尺寸单位:m)

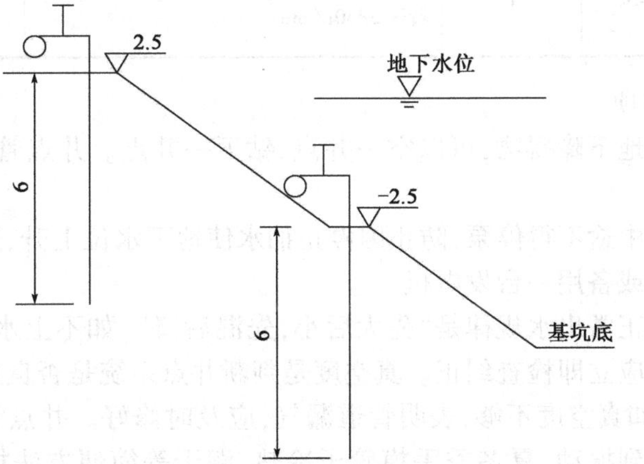

图 4-24 二级井点降水示意图(尺寸单位:m)

④井点使用时，应保持连续不断抽水，并配用双电源以防断电。一般抽水3～5d后水位降落漏斗基本趋于稳定。

(2)施工控制要点

①井点管间距、埋设深度应符合设计要求，一组井点管和接头中心应保持在一条直线上。

②井点埋设应无严重漏气、淤塞、出水不畅或死井等情况。

③埋入地下的井点管及井点连接总管，均应除锈并刷防锈漆一道，各焊接口处焊渣应凿掉，并刷防锈漆一道。

④各组井点系统的真空度应保持在55.3～66.7kPa，压力应保持在0.16MPa。

(3)配套设备

一套轻型井点系统抽水设备配套见表4-3。

一套轻型井点系统抽水配套设备 表4-3

设备名称	规格型号	数量(台)	性能	用途
真空泵	W4	1	真空度100kPa，抽气速度75m^3/h，转速200r/min，功率10kW	造成真空
离心泵	3BL-9	2	流量45m^3/h，扬程32.6m，功率7.5kW	排送气水分离的水
	BL-6	1	流量11m^3/h，扬程17.4m，允许吸上真空度6.7m	供给真空泵冷却循环水
电动机	JQ160S-6L	1	额定输出11kW，电压380V，电流24A转速972r/min	带动真空泵运转
	J02-42-2	2	功率7.5kW，电压380V，电流14.4A，转速200r/min	带动水泵运转
	J02-90-S2	1	功率2.2kW，电压380V，电流4.85A，转速2850r/min	带动BL-6泵运转

(4)施工注意事项

①成孔时，如遇地下障碍物，可以空一井点，钻下一井点。井点管滤水管部分必须埋入含水层内。

②井点使用后，中途不得停泵，防止因停止抽水使地下水位上升，造成淹泡基坑的事故，一般应设双路供电，或备用一台发电机。

③井点使用时，正常出水规律是“先大后小，先混后清”，如不上水，或水一直较混，或出现清后又混等情况，应立即检查纠正。真空度是判断井点系统是否良好的尺度，一般应不低于55.3～66.7kPa，如真空度不够，表明管道漏气，应及时修好。井点管淤塞，可通过听管内水流声，手扶管壁感到振动，夏冬季手摸管子冷热、潮干等简便方法检查；如井点管淤塞太多，严重影响降水效果，应逐个用高压水反复冲洗井点管或拔出重新埋设。

④在土方开挖后，应保持降低地下水位在基底 2000mm 以下，以防止地下水扰动地基土体。

⑤如果井点降水引起围护结构外侧失水较多，并影响周边建筑物及树木的给养，应采用井点回灌技术补充基坑外侧的地下水。井点回灌技术按照监测结果在影响范围内进行，沿基坑外 7m 范围内布点，孔间距 15m，孔深 5～8m，灌水压力 0.5bar（1bar＝0.1MPa）。

2）深井井点降水

除采用轻型井点降水系统外，在干坞基坑内部局部地段设置管径 600mm 的深井井点降水。

（1）机械配备

采用 GJD-120 型钻机成孔，汽车式起重机下放井管，潜水泵抽水，射流真空泵配备降低管井内气压。

（2）降水井施工

降水井施工工艺流程：测量定位→人工挖探井→钻机就位→成孔→换浆→下井管→填滤料→洗井→埋设排水联络管线及配电电缆→下泵抽水→盖井盖→清理施工现场→降水管理→降水任务完成，如图 4-25 所示。

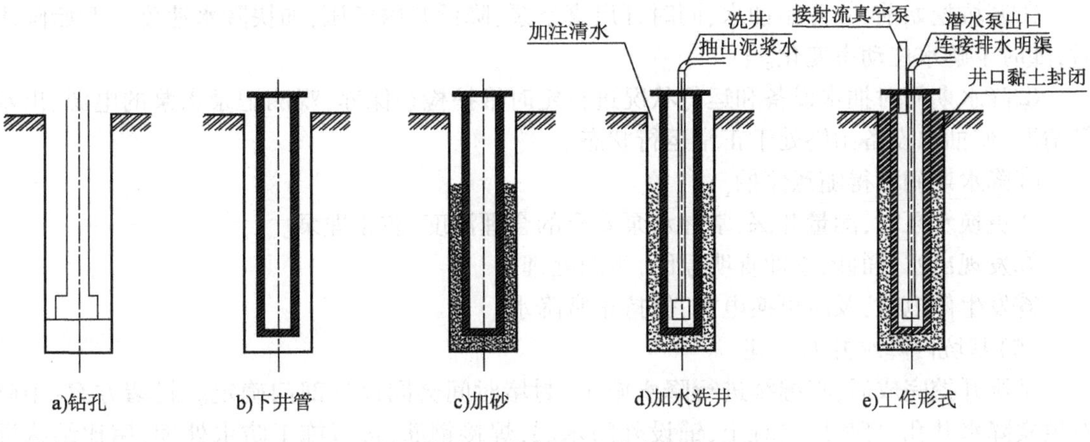

图 4-25　降水井施工工艺流程图

（3）施工方法

①钻机就位

钻机就位前场地应平整夯实，防止钻机不均匀下沉；钻机就位时要平稳牢固、勾头、磨盘、孔位三对中，对中误差不大于 5cm。

②钻孔

套管垂直钻进，垂直度控制在 1% 内，孔身应圆正，钻进过程中对水位、涌砂、气体逸出等情况进行观察、记录；钻至设计深度后，通知技术人员验收，并填写相关原始记录。

③清孔换浆

当钻孔至设计孔深后为防止泥浆沉淀和井孔坍塌，应及时清孔换浆，置换的泥浆含砂量不大于 5%，孔底沉渣厚度不大于 20cm。清孔换浆后吊放井管。

④井管安装

井管采用水泥砾石滤水管，采用汽车式起重机分节下放，每节长度为4.0m，外包缠1层尼龙网，接头处用尼龙网裹严。安装前采用导向器进行探孔，最下面一节管底部采用钢板封底，井管上端口应高出地面至少50cm。安装井管时每隔4m应设置扶正器，严禁强行将管井压入井孔。

⑤回填滤料

填料前应采用适当的材料封闭井管上部管口，稀释孔内泥浆。填料时井管必须居中，采用循环水填料法。滤料采用粒径为0.8～1.6mm的砂，用铁锹均匀抛撒在井管四周，填料至距地面0.5m范围，上面0.5m采用黏土回填密实。

⑥洗井

填料完成后采用活塞洗井或空气压缩机联合洗井。洗井结束后，出水含砂量应小于1/10000，井内的沉渣厚度不得超过20cm。洗井时间一般在成井8h内进行，洗井时间不小于4h。

⑦盖井盖

用钢筋混凝土块保护井口，井口周边砌砖。

(4)抽降水管理

降水井施工结束后，是较长时间的维持降水阶段，抽降水管理的要点是：

①基坑挖始前7d开始抽水，同时开启真空泵，降低井内气压，加快降水速度。开始降水后，随时了解水位动态变化。

②降水期间对抽水设备和运行状况进行定时维护检查保养，观测记录水泵的电源、出水等情况，使抽水设备始终处于正常运行状态。

③降水期间不得随意停抽。

④更换水泵时，测量井深，掌握水泵安全的合理深度，防止埋泵。

⑤发现出水、涌砂，立即查明原因，组织处理。

⑥发生停电时，及时更换电源，保持正常降水。

(5)基坑内降水井的处理

基坑开挖完成后，将继续进行降水施工，封堵时间会同设计部门确定。封堵方案：用碎石填实降水井孔，打垫层混凝土，铺设外防水层，焊接钢筋，进行施工防水处理，用比结构混凝土高一个等级的微膨混凝土将其浇筑密实。

(6)降水井常见问题及处理办法

井管井点降水常见问题、预防措施及处理方法见表4-4。

降水井常见问题及处理办法 表4-4

常见问题	产生原因	预防措施及处理方法
地下水位降不下去(井泵的排水能力有余，但井的实际出水量很少)	洗井质量不良，砂滤层含泥量过高，孔壁泥皮在洗井过程中尚未破坏掉，孔壁附近土层在钻孔时遗留下来的泥浆没有除净，结果使地下水向井内渗透的通道不畅，严重影响单井集水能力	在井点管四周灌砂滤料后立即洗井，一般在抽筒清理孔内泥浆后，用活塞洗井，或用泥浆泵冲清水与拉活塞相结合洗井，借以破坏深井孔壁泥皮，并把附近土层内未吸净的泥浆依靠地下水不断向井内流动而清洗出来
	滤网和砂滤料规格未按照土层实际情况选用	需要疏干的含水层均应设置滤管，滤网和砂滤料规格应根据含水土层土质颗粒分析选定

续上表

常见问题	产生原因	预防措施及处理方法
地下水位降不下去(井泵的排水能力有余,但井的实际出水量很少)	水文地质资料与实际情况不符,井点滤管实际埋设位置不在透水性较好的含水层中	在土层复杂或缺少确切水文地质资料时,应按照降水要求进行专门钻探,钻探过程中对每一个井孔取样,核对原有的地质资料;在下井管前,应复测井孔实际深度,结合设计要求和实际水文地质情况配置井管和滤管
	井深、井径和垂直度不符合要求,井内沉淀物过多,井内淤塞	在井孔内安装或调换水泵前,应测量井孔的实际深度和井底沉淀物的厚度,如果井深不足或沉淀物过厚,需对井孔进行冲洗,排除沉渣
地下水位降深不足(观测孔水位未降低到设计要求)	基坑局部地段的井点根数不足	按照实际水文地质资料计算降水范围总用水量、管井单位降水能力、抽水时所需过滤部分总长度、井点根数、间距及单井出水量;复核井点过滤部分长度、井点进出水量及特定点降深要求
	井泵型号选用不当,井点排水能力太低	选择井泵时应考虑到满足不同降水阶段的涌水量和降深要求
	单井排水能力未能充分发挥	改善和提高单井排水能力,根据含水层条件设置必要长度的滤水管,增大滤层厚度
	水文地质资料不确切,基坑实际涌水量超过计算用水量	在降水深度不够的部位增设降水井点
	水量过大,排水不及时	在单井最大集水能力的许可范围内,更换排水能力较大的井泵
	集水能力较低	洗井不合格时应重新洗井,以提高单井滤管的集水能力

3)降水监测

降水监测包括水位观测和对周围环境影响监测。

(1)水位观测

①降水开始前全面进行一次自然水位的测量。

②抽水开始后,在水位未达到设计降水深度以前,每天观测 3 次水位。

③当水位已达到设计降水深度,且趋于稳定时,每天观测 1 次水位。

④在雨季时,每日观测 3 次水位。

⑤水位观测精度为±1cm。

⑥及时整理水位观测记录,绘制水位降深值 s 与时间 t 的过程曲线图,分析水位下降趋势,预测达到设计降水深度所需时间。

⑦根据水位观测记录查明降水过程中的不正常状况及其产生的原因,及时提出调整补充措施,确保达到降水深度。

(2)环境监测

①在降水开始前布设地表沉降、管线沉降、建筑物沉降和倾斜测点,并协同监理单位、建

设单位和有关管理部门做好周围环境原始状况记录。

②抽水开始前3d初测3次，取其平均值作为初始值。

③抽水开始后，在水位未达到设计降水深度以前，每天进行3次沉降监测。

④当水位已达到设计降水深度，且趋于稳定时，每天观测1次沉降量。

⑤沉降监测精度为±0.1mm。

⑥及时整理监测结果，绘制沉降值 s 与时间 t 的过程曲线图，分析沉降趋势，分析降水施工对周围环境的影响程度和范围。

⑦根据监测结果调整降水方案，必要时采取补救措施，确保地下管线和周围建筑物的安全和正常使用。

4.2.5 干坞回填及大堤恢复

干坞及大堤恢复回填采用吹填法，回填至2.50m高程。

吹填法施工要点：一是填高控制每层为1.2m，不得超过；二是经常移动吹填砂的管口；三是水下部位，即一般涨潮可达到之处，用吹填法，可不必碾压；四是水上部位，即一般涨潮达不到之处，以吹填法为主，辅之碾压法，尤其是距吹沙管口远处或边角处，一定要加水碾压。用16t以上振动碾，碾压6遍，其中振碾4遍。

待大堤按设计坡度回填至设计高程后，及时对大堤坡面进行防护，防护采用250mm厚M7.5浆砌片石护坡及抛填片石护脚。

大堤上施作 ϕ800mm搅拌桩对大堤进行加固，其施工工艺参照干坞基底加固双轴施工工艺。

干坞回填及大堤恢复形式如图4-26所示。

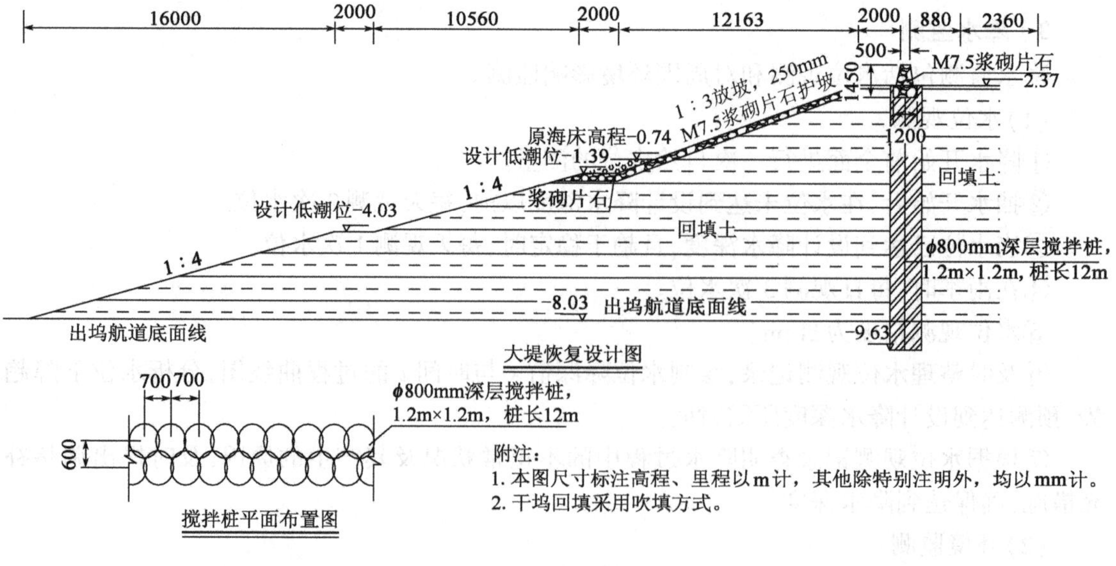

图4-26 干坞回填及大堤恢复图(尺寸单位：mm)

第5章

管节预制施工技术

Construction Technology of Subsea Buried Tunnel Under Complicated Geological Conditions

面向挑战的
隧道及地下工程

Construction Technology of Subsea Buried Tunnel Under Complicated Geological Conditions

沈家门港海底隧道采用开挖后下沉预制管节施工方法施工。主隧道沉管段由北暗埋段、沉管段和南暗埋段组成。主隧道断面结构尺寸为宽 11.5m、高 6.40m，沉管段顶部最低高程为 -9.16m。北岸段包括明挖段、东西双向上下阶梯和主隧道北暗埋段，施工采用围护结构支护开挖，结构底高程低于滨港路面 11.67m、高程为 -9.432m。南岸段为一单向坡道，坡度为 1:5，由主隧道南暗埋段、长 8.75m 的坡道暗埋段和长 28.5m 的坡道敞开段构成，结构最低高程为 -7.302m。

该工程的沉管管段共分 3 段（E1、E2、E3），宽度为 11.5m，高度为 6.4m，长度分别为 70m、74m 和 74m，一次在干坞内预制三段管节。主要工程数量：沉管段混凝土总量为 6032m^3，钢筋为 1514.7t，端头钢壳为 71.5t。

5.1 大体积混凝土管节施工温度应力分布

5.1.1 大体积混凝土定义

大体积混凝土指的是最小断面尺寸大于 1m 以上的混凝土结构，其尺寸已经大到必须采用相应的技术措施妥善处理温度差值，合理解决温度应力并控制裂缝开展的混凝土结构。由于大体积的混凝土在其硬化的过程中，产生的混凝土温度应力很难释放出去，如果在施工过程中不采取措施的话，很容易出现裂缝。

5.1.2 温度应力

应力的定义是单位面积上物体所承受的附加内力，温度应力也叫“热应力”，指的是物体体积不能够随着温度的上升或者下降自由地伸缩，物体的结构或构件内部由此产生的应力就是温度应力。

5.1.3 混凝土浇筑期温度及应力变化概述

混凝土浇筑期由于水化热的作用，混凝土温度升高，但随着散热的完成，温度逐渐降低。当混凝土散热完成后，混凝土的温度已与初始条件无关，只与外界接触介质的温度有关。根据分析可知，当建筑物厚度超过 30m 时，外界温度变化对内部点的温度基本无影响，温度值趋于稳定，成为稳定温度 T_f；当建筑物厚度没有超过 30m，内部温度随外界温度变化，称为准稳定温度。其浇筑期与运行期温度变化过程如图 5-1、图 5-2 所示。

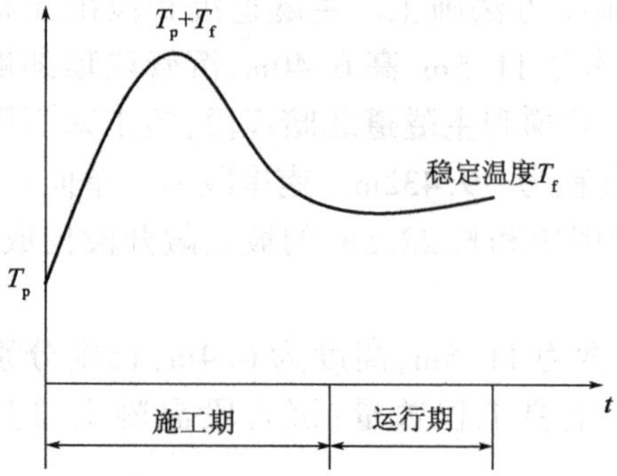

图 5-1　混凝土温度过程变化图(1)

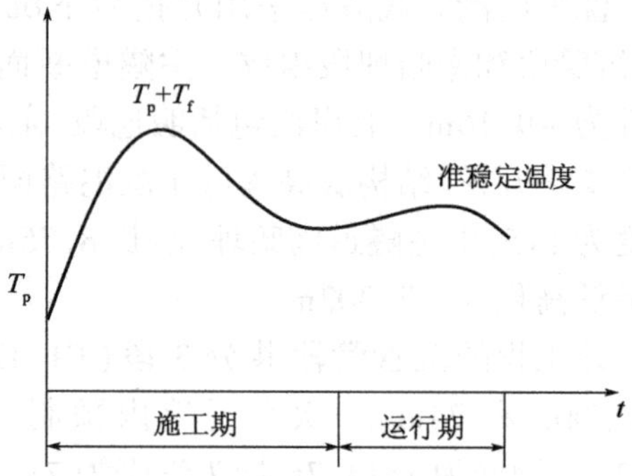

图 5-2　混凝土温度过程变化图(2)

对于混凝土结构而言,其温度变化主要集中在浇筑期间。浇筑初期,由于水泥水化反应剧烈,混凝土内部的产热率高于混凝土的散热率,混凝土温度持续升高,随着水泥水化反应趋于平稳,其产热率逐渐降低,当其等于混凝土散热率时,混凝土温度值达到极值,随后混凝土温度逐渐降低至运行期温度。可见,混凝土在浇筑期温度变化剧烈,运行相对较为平稳,再加上混凝土在浇筑期抗拉强度和弹性模量较低,易产生温度裂缝,因此,对浇筑期的混凝土温度场和温度应力的研究是控制大体积混凝土温度裂缝的关键。

5.1.4　温度应力分析

1)模型建立

利用 ANSYS 软件,采用三维有限单元方法对预制管段施工过程中的温度应力进行仿真计算分析。

计算结构段选取具有代表性的隧道长度 8m 的结构段,规定沿隧道洞口轴线往洞外为 Y 轴正向,垂直边墙向右为 X 轴正向,铅直向上为 Z 轴正向,建立三维坐标系。

该分析采用 SOLID70 单元,SOLID70 具有三个方向的热传导能力。该单元有 8 个节点且每个节点上只有一个温度自由度,可以用于三维静态或瞬态的热分析。该单元能实现匀速热流的传递。此外,该单元能够用等效的结构单元(如 SOLID45 单元)代替,从而进一步进行结构分析。ANSYS 分析中混凝土及基岩各项基本属性取值见表 5-1。

混凝土及基岩各项基本属性取值　　表 5-1

材　　料	密度 (kg/m^3)	导热系数 [W/(m·k)]	比热 [J/(kg.k)]	弹性模量 (N/m^2)	泊松比	热膨胀系数	参考温度 (℃)
混凝土材料	2400	300.89	0.94500	随时间变化	0.167	9×10^{-4}	20
基岩材料	2600	300.89	0.94500	0.208×10^{11}	0.167	9×10^{-4}	—

网格划分控制能控制网格单元的形状、中间节点位置、单元大小等。在整个分析中最为重要。本分析中模型的网格划分,其混凝土隧道部分按尺寸 250mm 进行划分,下部基岩部分按尺寸 500mm 进行划分。网格模型如图 5-3 所示。

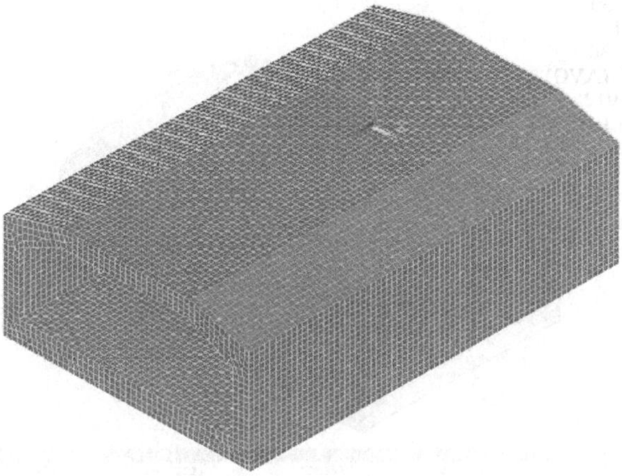

图 5-3　预制管节有限元模型

该工程考虑两种计算工况。工况一根据工程的实际预制情况进行仿真模拟；工况二则考虑环境温度 45℃、环境湿度 70% 的施工环境，以模拟混凝土浇筑后养护不良的情况，与实际施工情况进行对比。具体的计算参数见表 5-2。

计 算 参 数 表　　表 5-2

项 目 分 类	环境温度(℃)	环境湿度(%)	热交互系数[W/(m.k)]
工况一	30	85	9.9
工况二	45	70	1.33

2）主拉应力分析

从主拉应力三维图(图 5-4 ~ 图 5-7)可以看出，管节内的主拉应力分布不均匀，在靠近拐角的地方主拉应力最大，主拉应力数值随时间逐渐提高，在 30d 最高已达 2.89MPa，已超过 C50 混凝土的抗拉强度，会引起混凝土结构开裂。

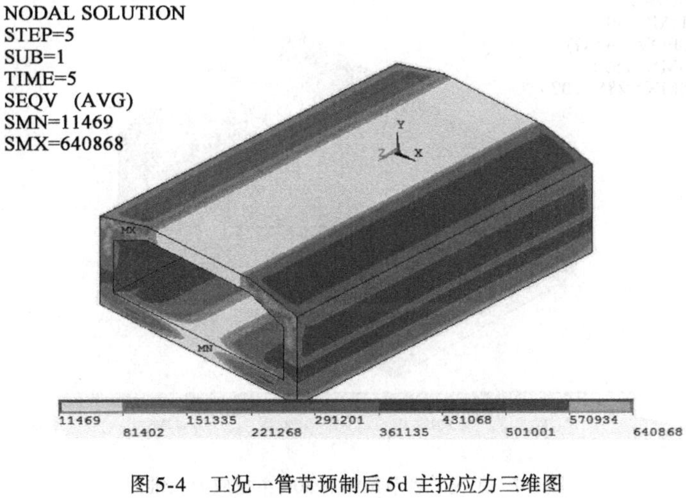

图 5-4　工况一管节预制后 5d 主拉应力三维图

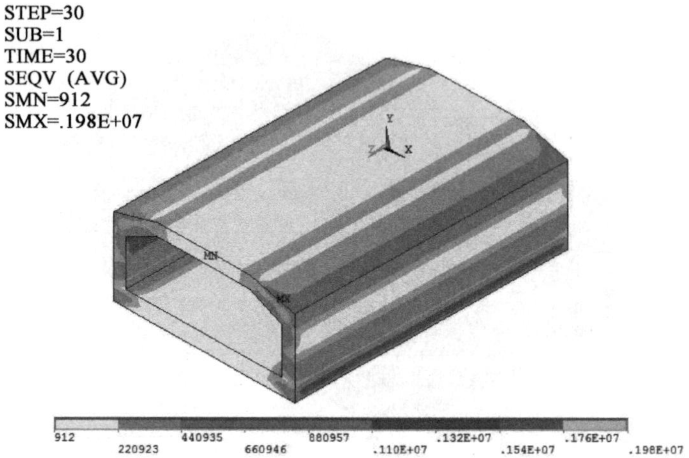

图 5-5　工况一管节预制后 30d 主拉应力三维图

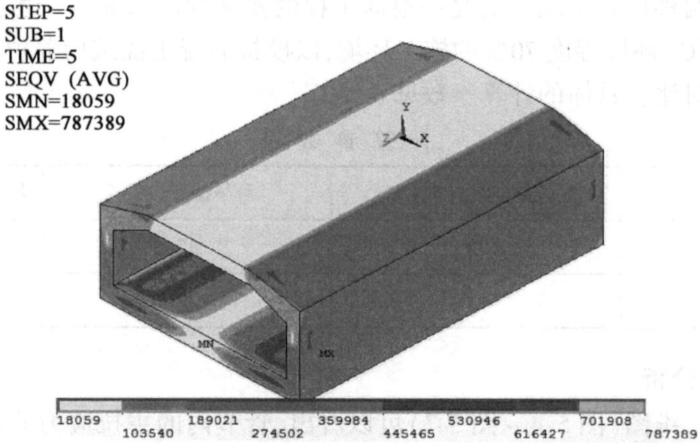

图 5-6　工况二管节预制后 5d 主拉应力三维图

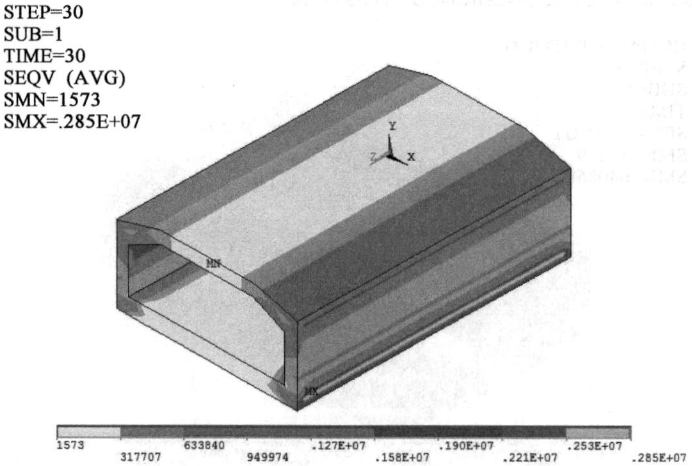

图 5-7　工况二管节预制后 30d 主拉应力三维图

3）主压应力分析

选取 6 个控制位置处的控制点进行主压应力分析，如图 5-8、图 5-9 所示。图中纵坐标压应力为“负”，拉应力为“正”。

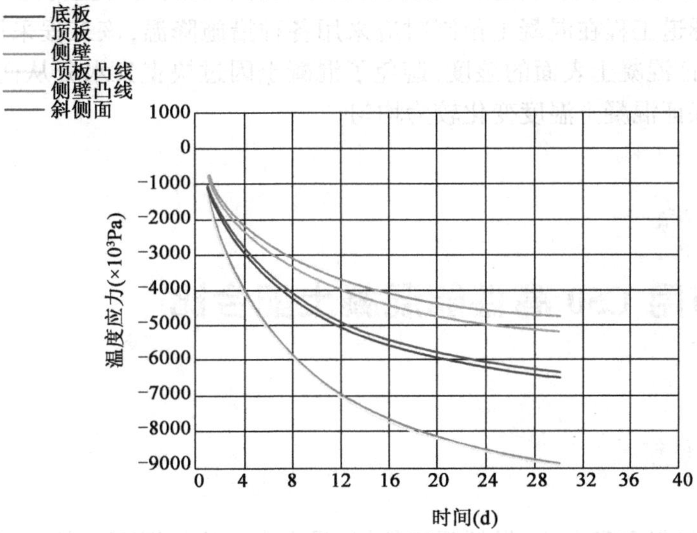

图 5-8　工况一管节预制后主压应力曲线图

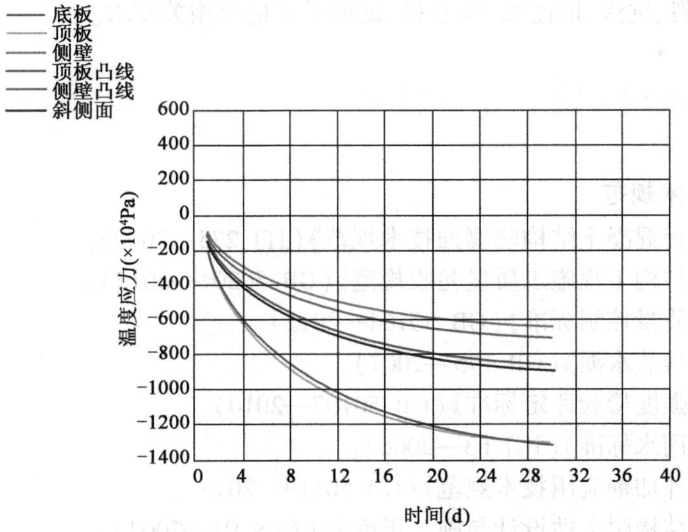

图 5-9　工况二管节预制后主压应力曲线图

从图中可以看出，混凝土内部的主压应力随时间逐渐增长，最高可以达到 14MPa。其中顶板的压应力增长得最为迅速。

4）结论

隧道管节在混凝土预制后，由于水泥水化热引起混凝土浇筑内部温度不均匀变化，导致结构出现温度应力，这是混凝土产生裂缝的主要原因。研究结果表明：

(1)由于外部约束管节内部会出现较高的主拉应力,30d 最高已超过混凝土抗拉强度,将导致结构开裂。

(2)混凝土内的主压应力随时间不断增长,其中顶板的主压应力增长最为明显。

(3)对比研究发现,环境的温度和湿度明显影响管节预制后的温度应力。

因此,海底隧道工程在混凝土预制时应采用各种措施降温,该工程采用蓄水湿养护、薄膜保湿等措施保证混凝土表面的湿度,避免了混凝土因过快丧失水分从而导致内部产生较大的温度应力,保证混凝土温度变化较为均匀。

5.2 管节用 C50 高性能混凝土配合比

5.2.1 概述

混凝土的原材料和配合比、最低强度等级、最大水灰比和混凝土的水泥用量等应符合耐久性要求,尤其是要满足管段起浮要求;首先需要满足起浮重度要求,保证顺利起浮,与此同时还需要满足抗裂、抗渗、抗侵蚀、电通量、氯离子含量等相关要求。

5.2.2 混凝土配合比设计要求

1)采用的技术规范

(1)《海港工程混凝土结构防腐蚀技术规范》(JTJ 275—2000)。

(2)《混凝土结构工程施工质量验收规范》(GB 50204—2015)。

(3)《混凝土质量控制标准》(GB 50164—2011)。

(4)《通用硅酸盐水泥》(GB 175—2007)。

(5)《混凝土强度检验评定标准》(GB 50107—2010)。

(6)《混凝土用水标准》(JGJ 63—2006)。

(7)《混凝土外加剂应用技术规范》(GB 50119—2013)。

(8)《混凝土结构耐久性设计与施工指南》(CCES 01—2004)。

(9)《混凝土结构耐久性设计标准》(GB/T 50476—2019)。

2)混凝土配合比设计要求

(1)混凝土配合比设计执行《普通混凝土配合比设计规程》(JGJ 55—2011)。

(2)混凝土结构重度控制范围为 24.75 ~ 25.0kN/m^3,用假定重度法设计(细石混凝土不要求)。

(3)混凝土用普通硅酸盐水泥,强度等级不得低于 42.5 级,水泥中铝酸三钙的含量不得大于5%。严格控制水泥最小用量,不得小于 $360kg/m^3$。

(4)水胶比的最大限值为0.36,控制拌和用水不宜高于 $150kg/m^3$。混凝土中最大氯离子含量为0.06%;且混凝土中氯离子的扩散系数不大于 $4\times10^{-12}m^2/s$;电量指示要求56d小于800C(应满足规范要求);混凝土中最大碱含量为 $2.0kg/m^3$,且不宜超过水泥质量的0.6%。

(5)采用双掺技术:掺入粉煤灰和矿粉。粉煤灰应用一级或二级灰,烧失量尽可能低,并不大于4%。三氧化硫(SO_3)含量不大于3%,最大掺量不得大于30%。

(6)集料要求:粗集料压碎指标不大于7%,吸水率不大于2%;粗、细集料的含泥量分别低于0.7%和1.0%;水溶性氯离子含量均不超过集料的0.2%;硫酸根离子含量均不超过集料重的0.5%。

(7)外加剂:阻锈剂、减水剂、膨胀剂(以补偿混凝土收缩)。膨胀混凝土其性能要求:14d竖向自由膨胀率0.1%,6个月干缩后剩余竖向自由膨胀率0.05%。

(8)混凝土种类:C50P12普通混凝土;C50P12防水钢筋混凝土;C50P12防水无收缩混凝土(加膨胀剂补偿混凝土收缩);C50P12防水钢纤维混凝土;C50P12无收缩、易流动的细石混凝土,细石粒径2~5mm(加膨胀剂补偿混凝土收缩)。

(9)坍落度:140mm±20mm;和易性、保水性均好;不泌水,易泵送。

3)原材料技术要求

(1)粗集料含泥量小于0.5%,泥块含量小于0.25%,粒径不大于25mm。

(2)细集料采用中砂,含泥量小于2%,泥块含量小于0.5%。

(3)采用饮用水。

(4)水泥采用强度等级52.5级P·Ⅱ型硅酸盐水泥,高性能混凝土为胶凝材料,在施工中要严格控制质量,确保胶凝材料和水泥的稳定性。

(5)粉煤灰要求采用Ⅰ级粉煤灰,粉煤灰的活性指数、需水量比、体积安定性、细度测试方法遵照国家标准《用于水泥和混凝土中的粉煤灰》(GB/T 1596—2017)进行。具体技术指标为:细度不大于12%;烧失量不大于5%;需水量比不大于95%;SO_3 含量不大于3%。

(6)矿粉要求采用S95以上粒化高炉矿渣粉。

(7)减水剂要求采用聚羧酸高效减水剂。

(8)阻锈剂的使用要满足相关规范的技术要求。

5.2.3 管节高性能混凝土配制

1)技术路线

为满足海底隧道工程混凝土的性能基本要求,从以下几个方面进行混凝土的配合比设计和混凝土配制。

(1)选用优质、适用和经济合理的原材料,并控制原材料的质量波动,以保证混凝土的性能和经济性。

(2)使用粉煤灰、磨细矿渣(矿粉)等活性矿物材料作为掺合料,并保证一定的掺量,大幅度提高混凝土的内部结构致密性,降低混凝土渗透性,增加耐久性能。建议使用复合掺合材料。混合材料:粉煤灰掺量不大于胶凝总量的50%,磨细高炉矿渣的比表面积控制在360~440m²/kg,硅灰掺量不超过8%,混合掺料时采用预先在工厂加工成复合材料,或采用现场搅拌的方式实施。

(3)选择合理的粗集料最大粒径和粒径范围。

(4)使用高性能混凝土减水剂,并与水泥等胶凝材料之间具有较好的适应性,保证混凝土拌合物有良好的工作性,降低用水量。

(5)降低混凝土水胶比。

(6)保证一定的胶凝材料用量。

(7)高性能混凝土配合比确定前必须进行反复试配和性能验证。

2)原材料性能指标

水泥、高效减水剂、阻锈剂、粉煤灰、矿粉、砂、碎石、膨胀剂等原材料的各项性能指标见表5-3~表5-10。碎石的筛分试验结果如图5-10所示。原料中碎石分为大小碎石两种,经筛分试验,确定大石:小石按6.5:3.5的比例混合,合成5~25mm连续级配碎石,满足海底隧道工程混凝土配制的技术要求。黄砂的筛分结果见表5-11,根据检测结果,黄砂属于Ⅰ区,细度模数3.3,基本满足该工程要求。

水泥的物理、力学性能 表5-3

水泥品种	初凝时间(min)	终凝时间(min)	安定性	标准稠度(%)	抗折强度(MPa)		抗压强度(MPa)	
					3d	28d	3d	28d
P.O 52.5	177	234	合格	27.6	5.6	8.2	30.3	55.1

粉煤灰物理、力学性能指标 表5-4

掺合料	SO_3(%)	细度(%)	烧失量(%)	需水量比(%)	活性指数(%)	
					7d	28d
FA Ⅱ	0.85	8.7	3.26	98	75	88

矿渣粉物理、力学性能指标 表5-5

掺合料	密度(g/cm^3)	比表面积(m^2/kg)	含水率(%)	活性指数(%)	
				7d	28d
BFS	2.91	424	0.2	75	102

高效减水剂性能指标 表5-6

减水剂	固体物质含量(%)	密度(g/cm^3)	碱含量(%)	pH值	氯离子含量(%)	减水率(%)
RP25	18.70	1.039	0.36	6.12	0.044	20.5
RP25R	22.04	1.054	0.42	5.72	0.048	20.0

钢筋阻锈剂性能指标 表 5-7

阻锈剂	含固量（%）	密度（g/m^3）	pH 值	钢筋		凝结时间差(min)		抗压强度比	
				耐盐水浸渍性能	耐腐蚀性能	初凝	终凝	7d	28d
RH222 +	15.96	0.997	11.82	无腐蚀	无腐蚀	-76	+36	0.93	0.92

膨胀剂性能指标 表 5-8

膨胀剂	总碱量（%）	氯离子含量（%）	初凝时间（min）	终凝时间（h）	限制膨胀率（%）		
					水中		空气中
					7d	28d	21d
SY-G	0.41	0.010	172	4.07	0.070	0.094	0.034

黄 砂 性 能 指 标 表 5-9

表观密度（kg/m^3）	堆积密度（kg/m^3）	含泥量（%）	泥块含量（%）	氯离子含量（%）	细度模数
2630	1590	0.4	0.1	0.00036	3.3

碎 石 性 能 指 标 表 5-10

碎石粒径	表观密度（kg/m^3）	堆积密度（kg/m^3）	含泥量（%）	针片状颗粒含量（%）	泥块含量（%）	压碎指标（%）	碱活性膨胀率（%）
5～25mm	2670	1340	0.4	9	0.1	7	0.086

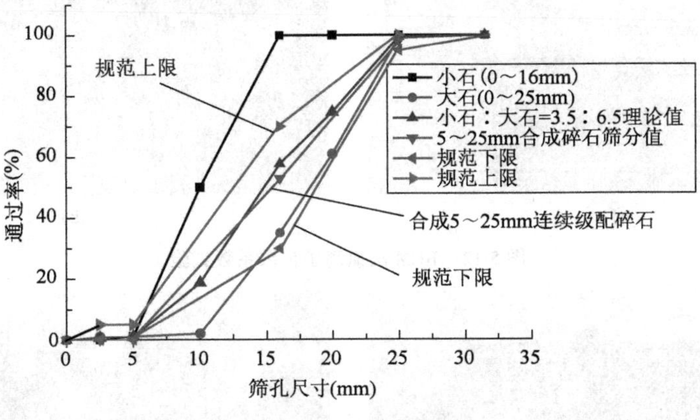

图 5-10 碎石筛分试验结果

黄砂的筛分结果 表 5-11

筛孔直径(mm)			5.00	2.50	1.25	0.630	0.315	0.160	细度模数
级配区	标准累计筛余（%）	Ⅰ	10～0	35～5	65～35	85～71	95～80	100～90	3.3
		Ⅱ	10～0	25～0	50～10	70～41	92～70	100～90	—
		Ⅲ	10～0	15～0	25～0	40～16	85～55	100～90	级配区
实际累计筛余（%）			4	22	51	73	88	99	—

3）高性能混凝土配合比试验情况

图 5-11 ~ 图 5-14 是部分试验情况照片，图 5-11 是掺膨胀剂混凝土的限制膨胀率试验，图 5-12 是利用混凝土氯离子扩散系数快速测定方法（RCM 法）进行混凝土氯离子扩散系数试验，图 5-13 是混凝土的抗水渗透试验，图 5-14 是 ASTMC1202 方法混凝土的快速氯离子渗透的 6h 电量试验。

a)　　b)

图 5-11　混凝土限制膨胀率试验

a)　　b)

图 5-12　RCM 法氯离子扩散系数试验

a)　　b)

图 5-13　混凝土的抗水渗透试验

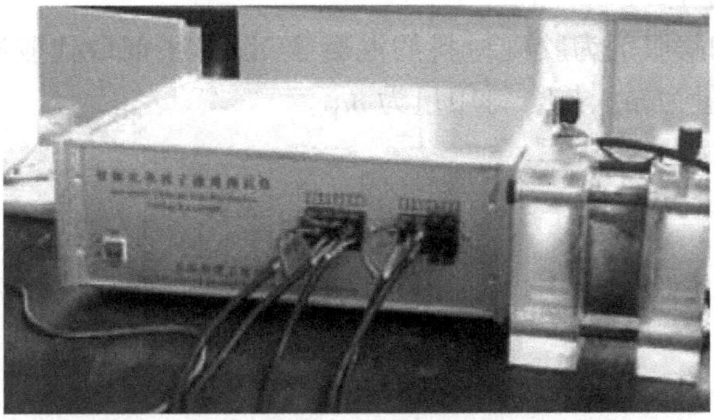

图 5-14　ASTMC/202 法快速氯离子渗透试验

4）高性能混凝土的配合比设计

考虑到海底隧道工程的技术要求，配制混凝土的坍落度初步定为 140mm ± 20mm，即 120 ~ 160mm，混凝土拌合物的工作性要满足施工要求，配合比的设计计算按照《普通混凝土配合比设计规程》（JGJ 55—2011）、《水运工程混凝土质量控制标准》（JTS 202-2—2011）及《海港工程混凝土结构防腐蚀技术规范》（JTJ 275—2000）的规定进行。

已知：粗集料粒径 5 ~ 25mm，表观密度 2670kg/m^3；细集料表观密度 2630kg/m^3；试验水泥的表观密度 3150kg/m^3，28d 抗压强度为 55.1MPa。按以下步骤计算确定配合比。

（1）计算试配强度

$$f_{cu,0} = f_{cu,k} + 1.645\sigma = 50 + 1.645 \times 5.5 = 59\text{MPa}$$

式中，强度标准值保证率取 95%，σ 按照规范（JTS 202-2—2011）表 4.2.4 取 5.5MPa。

（2）计算水灰比（水胶比）

$$W/C = \frac{A \times f_{ce}}{f_{cu,0} + A \times B \times f_{ce}} = (0.46 \times 52.5)/(59 + 0.46 \times 0.07 \times 52.5) = 0.39$$

式中，A、B 为回归系数，按照规范（JGJ 55—2011）表 5.0.4 分别取 0.46 和 0.07。

（3）确定水灰比（水胶比）

按照 JTJ 275—2000 表 6.2.1 规定，水胶比不大于 0.35；根据工程设计要求水胶比的最大限值为 0.36。

（4）确定单位用水量

按照要求混凝土坍落度为 120 ~ 160mm，减水剂的减水率为 20%，根据外加剂的性能，并考虑混凝土耐久性要求，选取混凝土单位用水量 M_{wo} 为 140 ~ 160kg，进行试配。

（5）计算单位胶凝材料用量

选取单方胶凝材料 430 ~ 470kg 进行试验。

（6）矿物掺合料的使用和掺量

试验选用粉煤灰作为矿物掺合料，粉煤灰与矿粉总掺量控制在胶凝材料的 30.0% 以内。

（7）砂率

参照《水运工程混凝土质量控制标准》（JTS 202-2—2011）砂率应控制在 38% ~ 45%，根据集料的情况和初步试配，确定砂率在 42% 左右较为适宜。

(8)掺膨胀剂混凝土

以水泥、掺合料和膨胀剂为胶凝材料的混凝土，设膨胀剂取代胶凝材料为 K，设基准混凝土配合比中水泥用量为 $m_{c'}$，掺合料用量为 $m_{F'}$。

膨胀剂用量：

$$m_E = m_{C'} + m_{F'} \times K \tag{5-1}$$

掺合料用量：

$$m_F = m_{F'} \times (1 - K) \tag{5-2}$$

水泥用量：

$$m_C = m_{C'} \times (1 - K) \tag{5-3}$$

5）前期确定的初步配合比及各项性能指标

根据前期进行的大量试验，优选出该工程隧道管节 C50P12 混凝土初步配合比见表 5-12，混凝土配合比参数及各项性能指标分别见表 5-13、表 5-14。

混凝土初步配合比 表 5-12

水 (kg/m³)	水泥 (kg/m³)	粉煤灰 (kg/m³)	矿粉 (kg/m³)	膨胀剂 (kg/m³)	砂 (kg/m³)	小石 (kg/m³)	大石 (kg/m³)	RP25 (kg/m³)	RH222 + (kg/m³)	钢纤维 (kg/m³)
150	304	78	52	0	771	372	692	4.34	0	0

混凝土配合比参数 表 5-13

粉煤灰 (%)	矿粉 (%)	膨胀剂 (%)	钢纤维	用水量 (kg/m³)	胶凝材料 (kg/m³)	水胶比	砂率	减水剂 (%)	阻锈剂
18	12	—	—	150	434	0.35	0.42	1.00	—

混凝土各项性能指标 表 5-14

坍落度 (mm)	抗压强度(MPa)			电量(C)		RCM(10^{-12}m²/s)		抗渗等级
	1d	7d	28d	28d	56d	28d	56d	
160	39.4	58.4	65.7	922	756	1.82	0.95	S12

6）工地试验室中试验结果

在经过大量室内试验确定了混凝土配合比之后，开始在工地试验室内进行配合比的验证工作，混凝土重度和强度测试结果见表 5-15。

混凝土重度和强度测试结果 表 5-15

试验编号	拌合物重度 (kg/m³)	3d 重度 (kg/m³)	7d 重度 (kg/m³)	28d 重度 (kg/m³)	3d 强度 (MPa)	7d 强度 (MPa)	28d 强度 (MPa)
A	2499	2459	2459	2467	44.2	56.7	66.2
B	2543	2444	2456	2458	45.8	54.5	62.2
C	2542	2444	2423	2450	38.7	48.2	59.6
D	2380	2489	2468	2499	44.8	50.3	61.6

续上表

试验编号	拌合物重度 (kg/m³)	3d 重度 (kg/m³)	7d 重度 (kg/m³)	28d 重度 (kg/m³)	3d 强度 (MPa)	7d 强度 (MPa)	28d 强度 (MPa)
E	2165	2193	2192	2222	42.8	48.3	61.6
F	2373	2415	2414	2443	45.9	57.1	63.7
G	2450	2471	2477	2470	48.8	57.4	62.8

根据试验结果,混凝土原料比前期室内试配时原料差,混凝土的水胶比、单方用水量有所增大,强度的富裕量有所降低,而且混凝土的重度为 2450kg/m³,设计要求混凝土重度控制在 2400kg/m³以下,因此需要降低混凝土的重度。经充分研讨,考虑在混凝土中额外添加引气剂增大混凝土的含气量,以达到有效降低混凝土重度的目的。

7)掺引气剂调整重度试验研究

根据类似工程混凝土质量控制标准,混凝土的含气量需要控制在一个合理的范围才能保证混凝土质量。海底隧道工程隧道沉管结构混凝土与高铁工程箱梁 C50 混凝土类似,箱梁 C50 混凝土的含气量一般控制在 2.0% ~4.0% 较为合理。由于该工程情况特殊,设计要求 C50 混凝土重度控制在 2400kg/m³以下。通过进行大量试验,得到含气量与混凝土重度的关系,如图 5-15 所示。

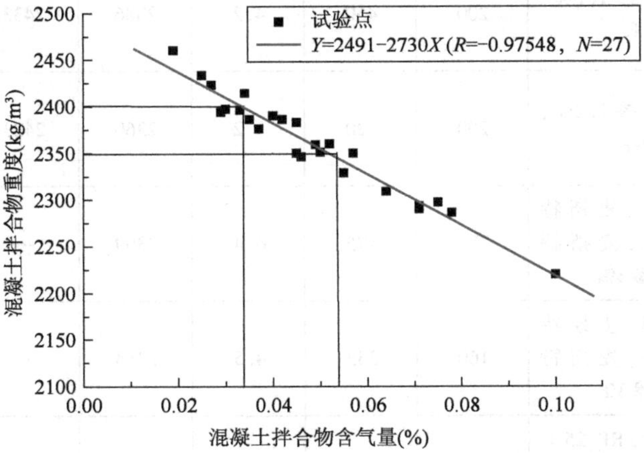

图 5-15 混凝土重度与含气量关系

$Y = 2491 - 2730X(R = -0.97548, n = 27)$($X$ 为拌合物的含气量)

根据上述试验研究,含气量对重度的影响很大,随含气量增大混凝土重度降低。根据该工程的技术要求,C50 混凝土重度 2400kg/m³以下,混凝土拌合物含气体量在 4% ~5% 较为合理。

掺引气剂后混凝土的各项性能指标试验结果见表 5-16。由表 5-16 可知,掺引气剂带来了新的问题,含气量增大对抗压强度影响很大,随含气量增大混凝土抗压强度降低。含气量由 2.5% 增大到 5.7%,混凝土 3d 抗压强度降低 4%。RZ-3 混凝土含气量大于 10%,重度小于 2100kg/m³,混凝土抗压强度仅有 14.7MPa,强度下降严重,不可接受。因此,通过掺引气剂提高混凝土含气量、降低混凝土重度必须慎重,工程中不可引气过量,否则会出事故。

掺引气剂后混凝土各项性能指标试验结果 表5-16

编号	配方情况	坍落度(mm)	扩展度(mm)	含气量(%)	重度(kg/m^3)	混凝土表观密度(kg/m^3)	3d龄期抗压强度(MPa)	7d龄期抗压强度(MPa)
RZ-1	麦斯特RP25掺1.2%,无引气剂	70	—	2.5	2433	2441	41.5	57.3
RZ-2	55%P.O5.25+27%Slag+18%FA,RP25掺1.2%,无引气剂	170	400	1.9	2460	2476	40.7	58.7
RZ-3	50%P.O5.25+20%Slag+30%FA,RP25掺1.2%,西卡引气剂掺10‰	240	515	>10%	2015	2081	14.7	24.1
RZ-4	麦斯特RP25掺1.2%,西卡引气剂掺4‰	220	495	5.7	2350	2360	39.8	54.0
RZ-5	麦斯特RP25掺1.2%,西卡引气剂掺2‰	160	385	2.7	2423	2435	37.1	51.3
RZ-5*	麦斯特RP25掺1.2%,西卡引气剂掺2‰	200	450	4.2	2386	2433	40.5	53.2
RZ-6	麦斯特RP25掺1.2%,西卡引气剂掺3‰	200	420	5.2	2360	2423	38.0	52.1
RZ-7	科研所黄砂,麦斯特RP25掺1.1%,麦斯特AIR202引气剂掺3‰	205	475	6.4	2309	—	35.0	—
RZ-8	科研所黄砂,麦斯特RP25掺0.9%,麦斯特AIR202引气剂掺3‰	160	335	4.5	2383	—	39.6	—
RZ-9	科研所黄砂,RP 25:AIR202=40:1复合减水剂,掺0.9%	180	410	5.0	2351	2357	20.7	—
RZ-10	科研所黄砂,RP 25:AIR202=40:1复合减水剂,掺0.9%	170	375	4.6	2346	—	31.1	—
RZ-11	科研所黄砂,RP 25:AIR202=30:1复合减水剂,掺0.9%	120	250	3.4	2414	—	34.5	—
X-1	工地材料,麦斯特RP 25掺1.2%,麦斯特AIR202引气剂掺2‰	205	495	2.9	2394	—	—	—

续上表

编号	配方情况	坍落度(mm)	扩展度(mm)	含气量(%)	重度(kg/m^3)	混凝土表观密度(kg/m^3)	3d 龄期抗压强度(MPa)	7d 龄期抗压强度(MPa)
X-1*	工地材料,麦斯特 RP25 掺 1.1%,麦斯特 AIR202 引气剂掺 2‰	190	400	3.7	2376	2405	38.2	52.8
X-2	工地材料,麦斯特 RP25 掺 1.1%,麦斯特 AIR202 引气剂掺 2.5‰	170	405	4.9	2359	2391	39.4	51.1
K1	工地材料,麦斯特 RP25 掺 1.2%,麦斯特 AIR202 引气剂掺 1.0‰	—	—	4.5	2350	2386	33.7	—
K2	工地材料,麦斯特 RP25 掺 1.2%,麦斯特 AIR202 引气剂掺 2.0‰	—	—	3.5	2386	2311	30.2	—
K3	工地湿砂,麦斯特 RP25 掺 1.2%,麦斯特 AIR202 引气剂掺 1.5‰	240	580	>10	—	2376	39.6	—
K4	工地湿砂,麦斯特 RP25 掺 1.2%,麦斯特 AIR202 引气剂掺 1.0‰	230	535	5.5	2329	—	—	—
5 号系缆	现场混凝土过稀,含气量过大,8%左右,搅拌站水没控制好	—	—	—	—	2241	20	—
7 号试拌	打地坪,混凝土状态好,含气量 7%左右,重度偏低	—	—	—	2344	2347	35.6	—

8)施工现场大样试验

(1)系缆墩试验段试验情况

正式浇筑管段混凝土前,采用系缆墩作为试验段进行试验浇筑,以测试其各项技术指标。掺引气剂的隧道沉管 C50 混凝土配合比见表 5-17。

掺引气剂的隧道沉管 C50 混凝土配合比 表 5-17

水(kg/m^3)	水泥(kg/m^3)	粉煤灰(kg/m^3)	矿粉(kg/m^3)	砂(kg/m^3)	小石(kg/m^3)	大石(kg/m^3)	RP25(kg/m^3)	引气剂
146	304	78	52	771	372	692	4.77	9.98

注:引气剂为 Micro Air202,工地现场稀释成浓度为 1% 的溶液。

按照表 5-17 配合比进行现场搅拌楼实际搅拌混凝土,初始状态工作性偏大,后不断进行调整,不断降低用水量并将搅拌时间控制在 120s,Micro Air 202 按 ZS-6 配方掺 2.3‰,混凝土泵出料口的混凝土坍落度为 200~220mm,扩展度为 500~600mm,含气量为 7%~9%,混凝土重度 2300kg/m^3左右。留样混凝土重度为 2241kg/m^3,3d 抗压强度为 20MPa。现场混凝土含气量明显超出预期，本次试验块的浇筑没有达到预期 4.5% 含气量、重度 2350 ~ 2400kg/m³、坍落度 160 ~ 180mm 的预期目标，强度也过低，不满足要求。因此 0.5m³ 机大样试验结果与小搅拌机试验结果区别较大，在施工时一定以现场实测含气量为控制依据。

(2)工地试验与浇筑地坪混凝土试验情况

通过在试验室进行大量的试验发现，掺引气剂混凝土含气量和工作状态受搅拌时间影响很大，搅拌时间越长含气量越大。0.5m³ 混凝土搅拌 120s 的效果远远好于试验室内 25L 料搅拌 120s 的效果。第二日和第三日分别在搅拌楼试拌混凝土浇筑地坪，实测混凝土坍落度和含气量过大则在搅拌楼降低用水量，并适当降低引气剂掺量，取得一定效果。第三日浇筑地坪混凝土含气量在 7% 左右，混凝土 3d 强度为 35.6MPa，较前期进行配合比设计时强度的富裕降低很多。

9）引气剂使用及混凝土含气量控制的施工注意事项

由于引气剂的掺量很小，一般为胶凝材料的万分之几，而减水剂的掺量一般为胶凝材料的百分之几，两者掺量相差两个数量级别。因此引气剂采用在施工现场后掺的方式对搅拌站的计量设备要求较高，而根据对该工程工地搅拌站的考察，搅拌站不具备这样的条件。因此只能通过将引气剂加水稀释后通过拌合水进入混凝土。具体实施方案如下：

(1)1% 浓度引气剂的稀释

需要施工前一天配制，并严格按照引气剂使用说明稀释，精确配制，专人负责。

(2)混凝土坍落度的控制

在调整入模混凝土含气量之前，先调整混凝土入模的坍落度。根据该工程的技术要求和施工特点，入模坍落度在满足泵送的前提下，入模坍落度应尽可能降低。在满足料斗处入混凝土罐车的前提下，施工中在搅拌楼尽可能降低用水量，降低混凝土的坍落度。

(3)混凝土含气量的控制

该工程混凝土含气量的控制至关重要。在施工现场需要安排专人测试混凝土含气量。混凝土含气量的控制以入模前混凝土的含气量实测值为准，含气量控制在 4.5% 左右为宜，不得超过 5%。混凝土含气量的检测贯穿混凝土浇筑过程，不得间断。

(4)关于含气量的调整建议

施工中由于影响因素较多，混凝土含气量控制难度较大。如果入模混凝土含气量超过 5%，则马上在搅拌楼降低引气剂掺量，粗调每次调整 0.5%，微调每次调整 0.2%，直到混凝土入模含气量控制在 4% ~5% 停止调整。

(5)关于留样混凝土建议

混凝土的留样在混凝土浇筑现场完成，每次留样务必等混凝土含气量调整到 4.0% ~ 5.0% 范围内方可进行，含气量过大不得留样。

10）管节用混凝土配合比的确定

考虑到以下几个因素：

(1)掺入引气剂后混凝土强度有所下降。

(2)考虑施工时期的相关条件，进入 12 月中下旬施工温度降低。

(3)前期配合比设计重度 2425kg/m³，调整到 2390kg/m³。

因此，将原有配方混凝土做一些必要调整，调整前后的配方见表 5-18。调整后的混凝土设计重度为 2390kg/m^3，胶凝材料重度为 450kg/m^3，砂率为 0.42，减水剂用量为 1.1%，引气剂掺量为 1.5‰。

管节用混凝土配合比 表 5-18

配　方	水 (kg/m^3)	水泥 (kg/m^3)	粉煤灰 (kg/m^3)	矿粉 (kg/m^3)	砂 (kg/m^3)	小石 (kg/m^3)	大石 (kg/m^3)	RP25 (kg/m^3)	引气剂
原配方	150	304	78	52	771	372	692	4.77	—
新配方	151	315	81	54	749	362	671	4.95	6.75

5.3 混凝土管节预制施工

5.3.1 施工工艺

1）底板施工工艺流程

干坞起浮板平整→底板放样→18mm 胶合板铺设→底板钢筋安装、预埋件、预埋盒安装→止水带安装→转角模、侧模、端头模板安装→结构尺寸校核→质量验收→浇筑混凝土→养护。

2）侧墙及顶板施工工艺流程

施工缝凿毛、高压水清理→台车及内模板安装→高度、宽度校核→侧墙、顶板钢筋安装、预埋件、预埋盒安装→止水带安装→倒角模、外侧模、端头模板安装→结构尺寸校核→质量验收→浇筑混凝土→养护。

3）管节施工顺序

管节施工顺序如图 5-16 所示。

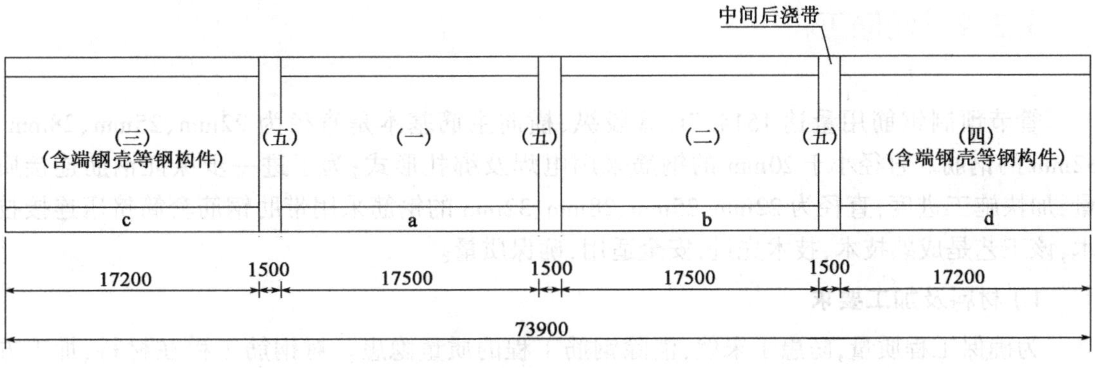

图 5-16　管节施工顺序示意图(尺寸单位:mm)

图中主要考虑了基础隆起因素,采用跳节施工技术,便于基础沉降、隆起、变形的控制。管节施工顺序三维示意图如图 5-17 所示。

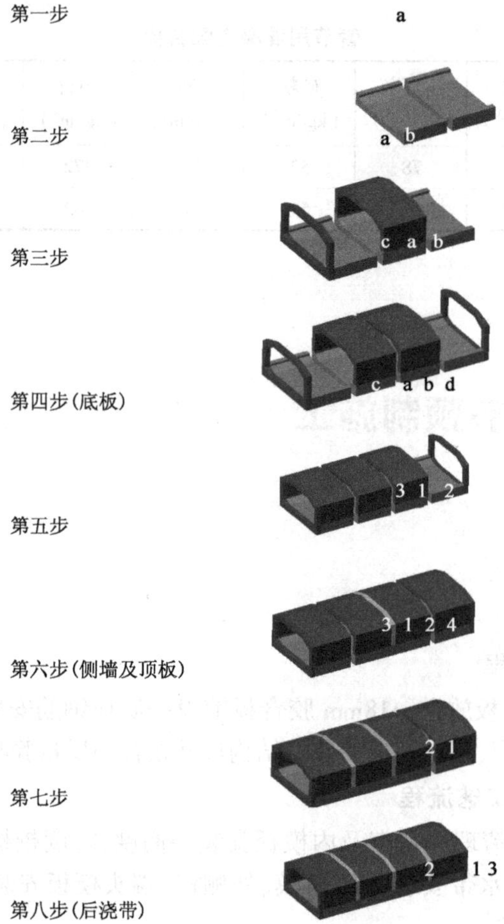

图 5-17　管节施工顺序三维示意图

5.3.2　钢筋工程

管节预制钢筋用量达 1514.7t,管段纵、横向主筋基本是直径为 22mm、25mm、28mm、32mm 的钢筋。直径小于 20mm 的钢筋采用电焊及绑扎形式;为了进一步保证钢筋连接质量,加快施工进度,直径为 22mm、25mm、28mm、32mm 的钢筋采用带肋钢筋套筒挤压连接技术,该工艺是成熟技术,技术先进,安全适用,确保质量。

1)材料及加工要求

为确保工程质量,防患于未然,消除钢筋工程的质量隐患。对钢筋工程在材料、加工方面的控制提出要求。

(1)材料要求及外观检查

钢筋进厂时应具有出厂质量证明书及检测报告,特别要注意鉴别质保书和批号的真伪;材料进场时,按品种、规格、炉号分批检查,对钢材还要进行外观检查验收,包括锈蚀情况,有无缩颈断裂、起皮、油污、损伤等。外观检查或检测不合格的钢材不得下料施工。

(2)试验检测

按现行国家《钢筋混凝土用钢》(GB 1499)的规定及时取样送试验室检验,抽取试样作力学性能试验。钢筋加工过程中如发生脆断,连接性能不正常或机械性能显著不正常,应进行化学成分检验及其他专项检验。待检验合格后,方可使用。

(3)钢筋配料

由专业班组根据钢筋加工配料单,使用机械统一加工,根据品种、型号、规格分别挂牌堆放。加工成形的钢筋应分类堆放,经过半成品检查合格后,统一领料,分部位、构件,吊运至现场由人工绑扎成型入模。

(4)钢筋调直

小于 ϕ12mm 的盘圆钢筋,使用冷拉调直,HPB235 级钢筋冷拉率不宜大于 4%,HRB335、HRB400、RRB400 级钢筋冷拉率不宜大于 1%;大于 ϕ12mm 的钢筋应进尺钢筋,采用机械切断、弯曲。

(5)钢筋弯折

HPB235 级钢筋末端应作 180°弯钩,其弯弧内直径不应小于钢筋直径的 2.5 倍,弯钩的弯后平直部分长度不应小于钢筋直径的 3 倍;当设计要求钢筋末端需作 135°弯钩时,HRB335 级、HRB400 级钢筋的弯弧内直径不应小于钢筋直径的 4 倍,弯钩的弯后平直部分长度应符合设计要求;钢筋弯折不大于 90°时,弯折处的弯弧内直径不应小于钢筋直径的 5 倍;箍筋弯钩弯折角度焊接不应小于 90°;对于抗震结构弯钩弯折角应为 135°。平直部分不小于箍筋直径的 5 倍;对于抗震结构不小于箍筋直径的 10 倍。

2)钢筋连接要求

钢筋连接方式,可分为绑扎搭接、焊接、机械连接等。由于钢筋通过连接接头传力的性能总不如整根钢筋,因此设置钢筋连接原则为:钢筋接头宜设置在受力较小处,同一根钢筋上宜少设接头,同一构件中的纵向受力钢筋接头宜相互错开。

(1)接头使用规定

①直径大于 12mm 以上的钢筋,应优先采用焊接接头或机械连接接头。

②当受拉钢筋的直径大于 28mm 及受压钢筋的直径大于 32mm 时,不宜采用绑扎搭接接头。

③轴心受拉及小偏心受拉杆件(如桁架和拱的拉杆)的纵向受力钢筋不得采用绑扎搭接接头。

④直接承受动力荷载的结构构件中,其纵向受拉钢筋不得采用绑扎搭接接头。

(2)接头面积允许百分率

同一连接区段内,纵向钢筋搭接接头面积百分率为该区段内有搭接接头的纵向受力钢筋截面面积与全部纵向受力钢筋截面面积的比值。

①钢筋绑扎搭接接头连接区段的长度为 $1.3l_1$（l_1 为搭接长度），凡搭接接头中点位于该连接区段长度内的搭接接头均属于同一连接区段，如图 5-18 所示。同一连接区段内，纵向受拉钢筋搭接接头面积百分率应符合设计要求；当设计无具体要求时，应符合以下规定：

a. 对梁、板类及墙类构件，不宜大于 25%；

b. 对柱类构件，不宜大于 50%；

c. 当工程中确有必要增大接头面积百分率时，对梁类构件不应大于 50%；

d. 对其他构件，可根据实际情况放宽；纵向受压钢筋搭接接头面积百分率，不宜大于 50%。

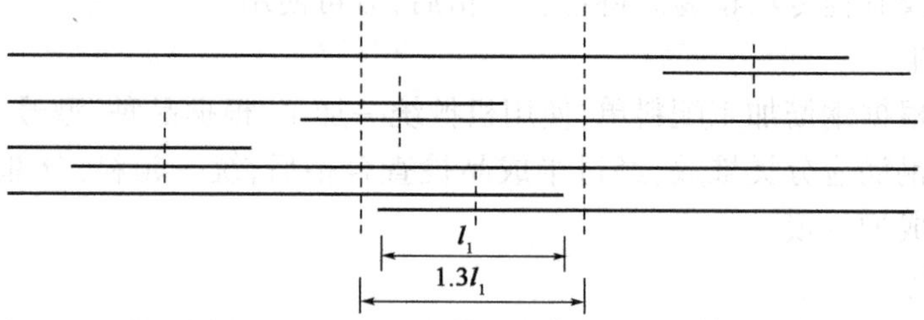

图 5-18　同一连接区段内的纵向受拉钢筋绑扎搭接接头

②钢筋机械连接与焊接接头连接区段的长度为 $35d$（d 为纵向受力钢筋的较大直径），且不小于 500mm。同一连接区段内，纵向受力钢筋的接头面积百分率应符合设计要求；当设计无具体要求时，应符合以下规定：

a. 受拉区不宜大于 50%；受压区不受限制；

b. 接头不宜设置在有抗震设防要求的框架梁端、柱端的箍筋加密区；当无法避开时，对等强度高质量机械连接接头，不应大于 50%；

c. 直接承受动力荷载的结构构件中，不宜采用焊接接头；当采用机械连接接头时，不应大于 50%。

(3) 绑扎接头搭接长度

①纵向受拉钢筋绑扎搭接接头的搭接长度应根据位于同一连接区段内的钢筋搭接接头面积百分率按下列公式计算：

$$l_1 = \xi l_a \tag{5-4}$$

式中：ξ——纵向受拉钢筋搭接长度修正系数，见表 5-19；

l_a——纵向受拉钢筋的锚固长度。

纵向受拉钢筋搭接长度修正系数表　　表 5-19

纵向钢筋搭接接头面积百分率(%)	≤25	50	100
ξ	1.2	1.4	1.6

②构件中的纵向受压钢筋，当采用搭接连接时，其受压搭接长度不应小于纵向受拉钢筋搭接长度的 0.7 倍，且在任何情况下不应小于 200mm。

③在梁、柱类构件的纵向受力钢筋搭接长度范围内，应按设计要求配置箍筋。当设计无具体要求时，应符合以下规定：

a. 箍筋直径不应小于搭接钢筋较大直径的 0.25 倍；

b. 受拉搭接区段的箍筋间距不应大于搭接钢筋较小直径的 5 倍，且不应大于 100mm；

c. 受压搭接区段的箍筋的间距不应大于搭接钢筋较小直径的 10 倍，且不应大于 200mm；

d. 当柱中纵向受力钢筋直径大于 25mm 时，应在搭接接头两个端面外 100mm 范围内各设置两个箍筋，其间距宜为 50mm。

3）钢筋安装

（1）钢筋现场绑扎（点焊）

①准备工作

核对成品钢筋的钢号、直径、形状、尺寸和数量等是否与料单、料牌相符。如有错漏，应纠正增补。

准备绑扎用的铁丝、绑扎工具（如钢筋钩、带扳口的小撬棍）、绑扎架等。

钢筋绑扎用的铁丝，可采用 20～22 号铁丝，其中 22 号铁丝只用于绑扎直径 12mm 以下的钢筋。铁丝长度可参考表 5-20。因铁丝是成盘供应的，故习惯上是按每盘铁丝周长的几分之一来切断。

钢筋绑扎铁丝长度参考表（mm） 表 5-20

钢筋直径（mm）	3～5	6～8	10～12	14～16	18～20	22	25	28	32
3～5	120	130	150	170	190	—	—	—	—
6～8	—	150	170	190	220	250	270	290	320
10～12	—	—	190	220	250	270	290	310	340
14～16	—	—	—	250	270	290	310	330	360
18～20	—	—	—	—	290	310	330	350	380
22	—	—	—	—	—	330	350	370	400

②准备控制混凝土保护层用的水泥砂浆垫块或塑料卡

水泥砂浆垫块的厚度应等于保护层厚度。垫块的平面尺寸：当保护层厚度不大于 20mm 时为 30mm×30mm；大于 20mm 时为 50mm×50mm。当在垂直方向使用垫块时，可在垫块中埋入 20 号铁丝。

塑料卡的形状有塑料垫块和塑料环圈两种，如图 5-19 所示。塑料垫块用于水平构件（如板），在两个方向均有凹槽，以便适应两种保护层厚度；塑料环圈用于垂直构件（如墙），使用时钢筋从卡嘴进入卡腔，塑料环圈有弹性，可使卡腔的大小能适应钢筋直径的变化。

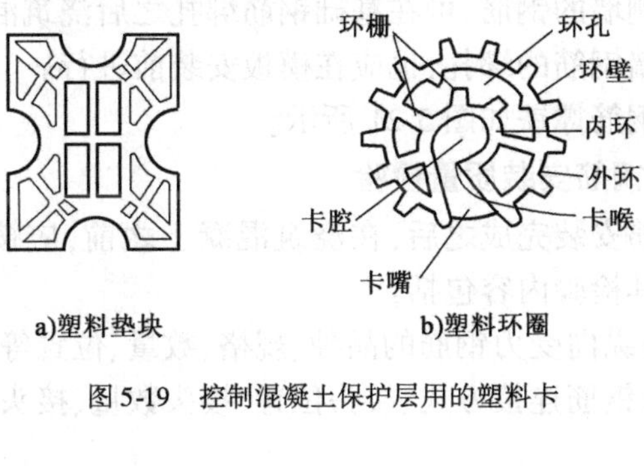

图 5-19 控制混凝土保护层用的塑料卡

③划出钢筋位置线。底板或侧墙的钢筋,在模板上划线;底板的钢筋,在两向各取一根钢筋划点或在垫层上划线。

钢筋接头的位置,应根据来料规格,结合对有关接头位置、数量的规定,使其错开,在模板上划线。

④绑扎形式复杂的结构部位时,应先研究逐根钢筋穿插就位的顺序,并与模板工联系讨论支模和绑扎钢筋的先后次序,以减少绑扎困难。

(2)底板钢筋绑扎

①钢筋网的绑扎。四周两行钢筋交叉点应每点扎牢,中间部分交叉点可相隔交错扎牢,但必须保证受力钢筋不位移。双向主筋的钢筋网,则须将全部钢筋相交点扎牢。绑扎时应注意相邻绑扎点的铁丝扣要成“八”字形,以免网片歪斜变形。

②基础底板采用双层钢筋网时,在上层钢筋网下面应设置钢筋撑脚或混凝土撑脚,以保证钢筋位置正确。

钢筋撑脚的形式与尺寸如图 5-20 所示,每隔 1m 放置一个。板厚 $h>50$cm 时,采用直径 16~18mm 钢筋。

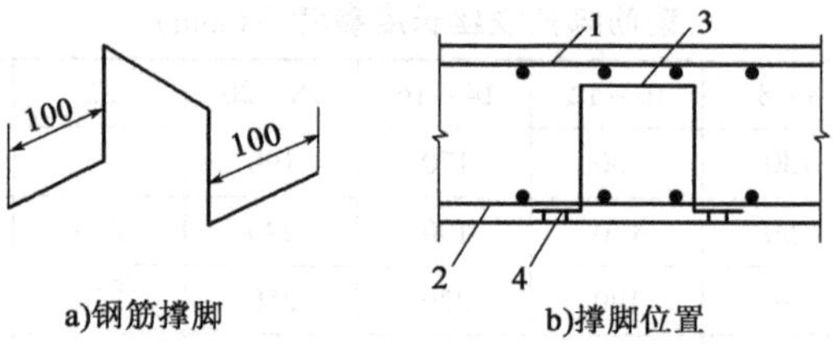

图 5-20　钢筋撑脚图(尺寸单位:mm)

1-上层钢筋网;2-下层钢筋网;3-钢筋撑脚;4-水泥垫块

③钢筋的弯钩应朝上,不要倒向一边;但双层钢筋网的上层钢筋弯钩应朝下。

(3)侧墙钢筋绑扎

①侧墙的垂直钢筋每段长度不宜超过 4m(钢筋直径不大于 12mm)或 6m(直径大于 12mm),水平钢筋每段长度不宜超过 8m,以利绑扎。

②侧墙的钢筋网绑扎同基础,钢筋的弯钩应朝向混凝土内。

③采用双层钢筋网时,在两层钢筋间应设置撑铁,以固定钢筋间距。撑铁可用直径 6~10mm 的钢筋制成,长度等于两层网片的净距,间距约为 1m,相互错开排列。

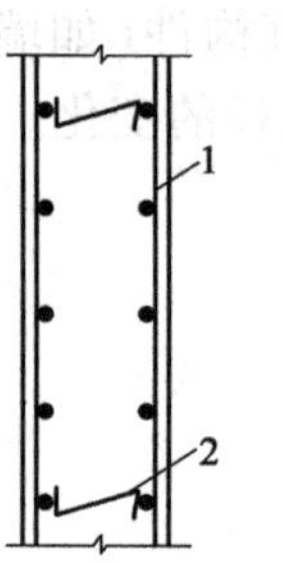

图 5-21　墙钢筋的撑铁图

1-钢筋网;2-撑铁

④侧墙的钢筋,可在基础钢筋绑扎之后浇筑混凝土前插入基础内。

⑤墙钢筋的绑扎,也应在模板安装前进行。

墙钢筋撑铁如图 5-21 所示。

4)钢筋安装质量检验

钢筋安装完成之后,在浇筑混凝土之前,应按验标进行钢筋隐蔽工程验收。其检验内容包括:

(1)纵向受力钢筋的品种、规格、数量、位置等。

(2)钢筋连接方式、接头位置、接头数量、接头面积百分率等。

(3)箍筋、横向钢筋的品种、规格、数量、间距等。

(4)预埋件的规格、数量、位置等。

钢筋隐蔽工程验收前,应提供钢筋出厂合格证与检验报告及进场复验报告,钢筋焊接接头和机械连接接头力学性能试验报告。

5)钢筋套筒挤压连接技术

带肋钢筋套筒挤压连接是将两根待接钢筋插入钢套筒,用挤压连接设备沿径向挤压钢套筒,使之产生塑性变形,依靠变形后的钢套筒与被连接钢筋纵、横肋产生的机械咬合成为整体的钢筋连接方法,如图 5-22 所示。

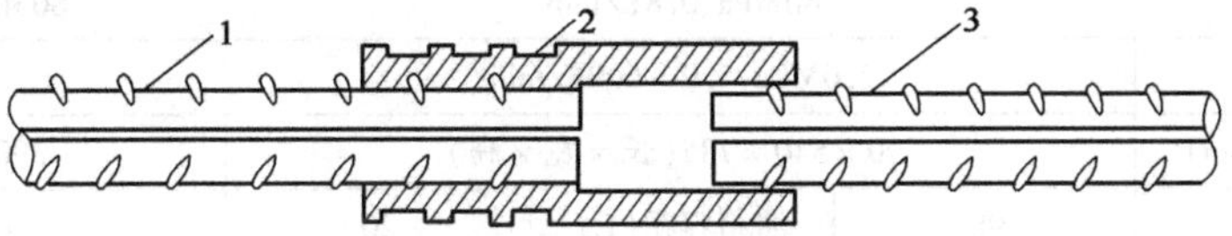

图 5-22　钢筋套筒挤压连接示意图

1-已挤压的钢筋;2-钢套筒;3-未挤压的钢筋

(1)钢套筒

钢套筒的材料宜选用强度适中、延性好的优质钢材,其实测力学性能应符合以下要求:

①屈服强度 σ_s 为 225 ~ 350N/mm²,抗拉强度 σ_b 为 375 ~ 500N/mm²,延伸率 $\delta_5 \geqslant 20\%$,硬度 HB 为 102 ~ 133。

②钢套筒的屈服承载力和抗拉承载力的标准值不应小于被连接钢筋的屈服承载力和抗拉承载力标准值的 1.10 倍。

③钢套筒的规格和尺寸,应符合表 5-21 的规定。其允许偏差:外径为 ±1%,壁厚为 +12%、-10%,长度为 ±2mm。

钢套筒的规格和尺寸表　　表 5-21

钢套筒型号	钢套筒尺寸(mm)			压接标志道数(道)
	外径	壁厚	长度	
G40	70	12	240	8×2
G36	63	11	216	7×2
G32	56	10	192	6×2
G28	50	8	168	5×2
G25	45	7.5	150	4×2
G22	40	6.5	132	3×2
G20	36	6	120	3×2

④钢套筒的尺寸与材料应与一定的挤压工艺配套,必须经生产厂型式检验认定。采用经过型式检验认定的套筒及挤压工艺进行施工,不要求对套筒原材料进行力学性能检验。

(2)挤压设备

钢筋挤压设备由压接钳、超高压泵站及超高压胶管等组成,其型号与参数见表 5-22。

钢筋挤压设备的主要技术参数 表5-22

设备型号		YJH-25	YJH-32	YJH-40	YJ-32	YJ-40
压接钳	额定压力(MPa)	80	80	80	80	80
	额定挤压力(kN)	760	760	900	600	600
	外形尺寸(mm)	$\phi150\times433$	$\phi150\times480$	$\phi170\times530$	$\phi120\times500$	$\phi150\times520$
	质量(kg)	28	33	41	32	36
	适用钢筋(mm)	20~25	25~32	32~40	20~32	32~40
超高压泵站	电机	380V,50Hz,1.5kW			380V,50Hz,1.5kW	
	高压泵	80MPa,0.8L/min			80MPa,0.8L/min	
	低压泵	2.0MPa,4.0~6.0L/min			—	
	外形尺寸(mm)	790×540×785(长×宽×高)			390×525(高)	
	质量(kg)	96	油箱容积(L)	20	40,油箱12	
超高压胶管		100MPa,内径6.0mm,长度3.0m(5.0m)				

钢筋挤压设备的工作原理,如图5-23所示。超高压电动油泵输出的压力油,经换向阀、超高压胶管,进入钢筋压接钳的A腔。在A腔压力油的作用下,活塞带动压模向前运动,并挤压钢套筒。这时,B腔的油经换向阀、超高压胶管,流回油箱。当挤压到预定压力时,转动换向阀,使压力油由压接钳的B腔进入,退回压模及活塞。A腔的油经换向阀、超高压胶管流回油箱,完成一次挤压过程。重复以上步骤,即可根据不同规格的钢筋所要求的道次,逐一挤压。

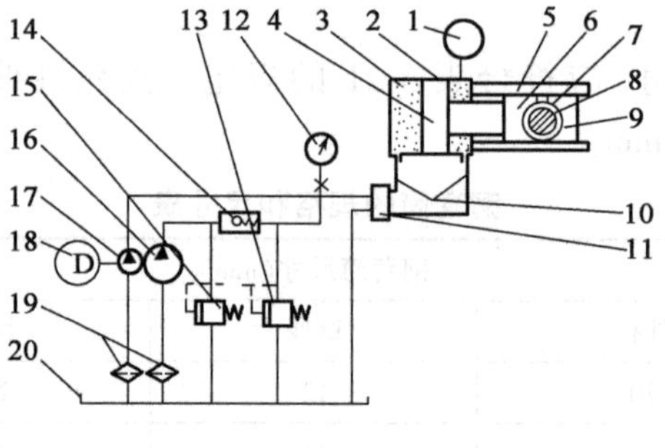

图5-23 钢筋挤压设备工作原理图

1-悬挂器;2-缸体;3-液压油;4-活塞;5-机架;6-上压模;7-钢套筒;8-钢筋;9-下压模;10-超高压油管;11-换向阀;12-压力表;13-溢流阀;14-单向阀;15-限压阀;16-低压泵;17-高压泵;18-电动机;19-滤油器;20-油箱

超高压泵站为高、低压油泵并联式结构。高压泵是一阀配流旋转斜盘式轴向定量柱塞泵,低压泵是一齿轮泵。设备在空载时,高、低压油泵同时向压钳供油,使压钳活塞的进给速度较快。当高压时,低压泵经低压溢流阀流回油箱,由高压泵单独推动活塞并挤压钢套筒。

钢筋压接钳由缸体、机架和活塞等组成。上压模与活塞相连,并可沿机架轨道移动,下压模用模挡铁和机架相连,并可从机架中抽出,以便插入或退出钢筋。

该设备由于以超高压泵站为动力源,因此体积小、重量轻、操作方便,而且工作可靠,可连接密集布置的钢筋,净距大于60mm。

(3)挤压工艺

①准备工作

钢筋端头的锈、泥沙、油污等杂物清理干净。

钢筋与套筒进行试套,如钢筋有马蹄、弯折或纵肋尺寸过大者,应预先矫正或用砂轮打磨;不同直径钢筋的套筒不得混用。

钢筋端部应划出定位标记与检查标记。定位标记与钢筋端头的距离为钢套筒长度的一半,检查标记与定位标记的距离一般为20mm。

检查挤压设备情况,并进行试压,符合要求后方可作业。

②挤压作业

钢筋挤压连接宜先在地面上挤压一端套筒,在施工作业区插入待接钢筋后再挤压另端套筒。

压接钳就位时,应对正钢套筒压痕位置的标记,并使压模运动方向与钢筋两纵肋所在的平面相垂直,即保证最大压接面能在钢筋的横肋上。

压接钳施压顺序由钢套筒中部顺次向端部进行。每次施压时,主要控制压痕深度。

(4)工艺参数

在选择合适的材质、钢套筒以及压接设备、压模后,接头性能主要取决于挤压变形量的工艺参数。挤压变形量包括压痕最小直径和压痕总宽度。同直径、不同直径钢筋连接时的参数选择分别见表5-23、表5-24。

同直径钢筋连接时的参数选择表 表5-23

连接钢筋直径(mm)	钢套筒型号	压模型号	压痕最小直径允许范围(mm)	压痕最小总宽度(mm)
40	G40	M40	60~63	≥80
36	G36	M36	54~57	≥70
32	G32	M32	48~51	≥60
28	G28	M28	41~44	≥55
25	G25	M25	37~39	≥50
22	G22	M22	32~34	≥45
20	G20	M20	29~31	≥45
18	G18	M18	27~29	≥40

不同直径钢筋连接时的参数选择表 表5-24

<table>
<tr><th>连接钢筋直径</th><th>钢套筒型号</th><th>压模型号</th><th>压痕最小直径允许范围(mm)</th><th>压痕最小总宽度(mm)</th></tr>
<tr><td rowspan="2">40—36</td><td rowspan="2">G40</td><td>φ40 端 M40</td><td>60~63</td><td rowspan="2">≥80</td></tr>
<tr><td>φ36 端 M36</td><td>57~60</td></tr>
<tr><td rowspan="2">36—32</td><td rowspan="2">G36</td><td>φ36 端 M36</td><td>54~57</td><td rowspan="2">≥70</td></tr>
<tr><td>φ32 端 M32</td><td>51~54</td></tr>
<tr><td rowspan="2">32—28</td><td rowspan="2">G32</td><td>φ32 端 M32</td><td>48~51</td><td rowspan="2">≥60</td></tr>
<tr><td>φ28 端 M28</td><td>45~48</td></tr>
</table>

续上表

连接钢筋直径	钢套筒型号	压模型号	压痕最小直径允许范围(mm)	压痕最小总宽度(mm)
28—25	G28	ϕ28 端 M28	41 ~ 44	≥55
		ϕ25 端 M25	38 ~ 41	
25—22	G25	ϕ25 端 M25	37 ~ 39	≥50
		ϕ22 端 M22	35 ~ 37	
25—20	G25	ϕ25 端 M25	37 ~ 39	≥50
		ϕ20 端 M20	33 ~ 35	
22—20	G22	ϕ22 端 M22	32 ~ 34	≥45
		ϕ20 端 M20	31 ~ 33	
22—18	G22	ϕ22 端 M22	32 ~ 34	≥45
		ϕ18 端 M18	29 ~ 31	
20—18	G20	ϕ20 端 M20	29 ~ 31	≥45
		ϕ18 端 M18	28 ~ 30	

压痕总宽度是指接头一侧每一道压痕底部平直部分宽度之和。小于这一宽度,接头的性能达不到要求;大于这一宽度,钢套筒的长度要增加。压痕总宽度通过在其所售钢套筒上喷上挤压道数标志或出厂技术文件中确定。

压痕最小直径一般是通过挤压机上的压力表读数来间接控制的。由于钢套筒的材质不同,造成其硬度、韧性等也不同,因此会造成挤压至所要求的压痕最小直径时所需要的压力也不同。实际挤压时,压力表读数一般为 60 ~ 70MPa,也有为 54 ~ 80MPa 的,这就要求操作者在挤压不同批号钢套筒时必须进行试压,以确定挤压到标准所要求的压痕直径时所需的压力值。

(5)异常现象及消除措施

在套筒挤压连接中,当出现异常现象或连接缺陷时,查找原因,采取措施及时消除,具体见表 5-25。

钢筋套筒挤压连接异常现象及消除措施表 表 5-25

项次	异常现象和缺陷	原因或消除措施
1	挤压机无挤压力	(1)高压油管连接位置不正确; (2)油泵故障
2	钢套筒套不进钢筋	(1)钢筋弯折或纵肋超偏差; (2)砂轮修磨纵肋
3	压痕分布不匀	压接时将压模与钢套筒的压接标志对正
4	接头弯折超过规定值	(1)压接时摆正钢筋; (2)切除或调直钢筋弯头
5	压接程度不够	(1)泵压不足; (2)钢套筒材料不符合要求

续上表

项次	异常现象和缺陷	原因或消除措施
6	钢筋伸入套筒内长度不够	(1)未按钢筋伸入位置、标志挤压； (2)钢套筒材料不符要求
7	压痕明显不均	检查钢筋在套筒内伸入度是否有压空现象

(6)套筒挤压接头质量检验

钢套筒进场,必须有原材料试验单与套筒出厂合格证,并由该技术提供单位,提交有效的型式检验报告。

钢筋套筒挤压连接开始前及施工过程中,应对每批进场钢筋进行挤压连接工艺检验。工艺检验应符合以下要求：

①每种规格钢筋的接头试件不应少于 3 个。

②接头试件的钢筋母材应进行抗拉强度试验。

③3 个接头试件强度均应符合行业标准《钢筋机械连接技术规程》(JGJ 107—2016)中相应等级的强度要求,对于 A 级接头,试件抗拉强度尚应大于等于 0.9 倍钢筋母材的实际抗拉强度(计算实际抗拉强度时,应采用钢筋的实际横截面面积)。

钢筋套筒挤压接头现场检验,一般只进行接头外观检查和单向拉伸试验。

④挤压接头的外观检查,应符合以下要求：

a. 挤压后套筒长度应为 1.10 ~ 1.15 倍原套筒长度,或压痕处套筒的外径为原套筒外径的 0.8 ~ 0.9 倍；

b. 挤压接头的压痕道数应符合型式检验确定的道数；

c. 接头处弯折不得大于 4°；

d. 挤压后的套筒不得有肉眼可见的裂缝。

如外观质量合格数大于或等于抽检数的 90%,则该批为合格。如不合格数超过抽检数的 10%,则应逐个进行复验。在外观不合格的接头中抽取 6 个试件作单向拉伸试验再判别。

⑤单向拉伸试验

3 个接头试件的抗拉强度均应满足 A 级或 B 级抗拉强度的要求。如有一个试件的抗拉强度不符合要求,则加倍抽样复验。复验中如仍有一个试件检验结果不符合要求,则验收批单向拉伸试验判为不合格。图 5-24 ~ 图 5-27 为有关现场加工实物图。

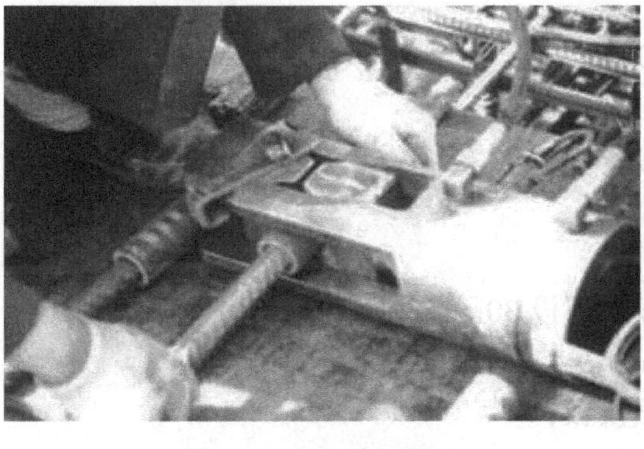

图 5-24　挤压钢管套管

图 5-25　连接底板钢筋

图 5-26　工程施工现场

图 5-27　连接好的竖向钢筋

5.3.3　模板工程

1）施工要求

根据沉管隧道结构的施工工艺，管节结构在施工中的主要要求有：

（1）管节结构为 11.5m × 6.4m 人行隧道，管节顶板厚度为 0.7m，要求模板、支撑系统在竖直方向有足够的刚度和承载能力。

（2）管节结构防渗要求非常高，为防止管节外侧墙上可能有渗漏途径，经反复研究，决定外侧墙在施工时不采用对拉螺栓。要求模板和支撑系统在水平方向也需要有足够的刚度和承载能力。

（3）为保证管节结构能起浮，并能最终顺利沉放，管节总重量（干舷高度）的控制要求非常高。因此，在管节施工精度方面要求顶、底板、侧墙厚度精度误差小于 5mm，这要求模板支撑系统有足够的刚度和较小的变形。

（4）模板有利于养护的要求。

（5）模板、支撑的施工周期及材料周转应适应工程总体工期的要求。

2）技术要求

模板台车制造技术要求如下：

（1）沉管结构尺寸误差

①内孔净宽 0 ~ +10mm，内孔净高 0 ~ +10mm；

②壁厚 0 ~ −5mm；

③管节宽度 0 ~ +10mm，管节高度 0 ~ +10mm；

④管节长度 −20 ~ +20mm。

（2）模板台车要求

①模板台车要有足够的刚度及强度，内模板顶部设 30mm 预拱度；

②模板台车板面采用钢板厚度不得小于 8mm；

③模板台车采用自动行走装置，全液压伸缩模板；

④模板台车尺寸精度要求见表 5-26。

模板台车尺寸精度 表 5-26

序号	项　目	标准(误差)
1	模板高度	+2mm
2	台车长度	+2mm
3	模板平整度	2mm/2m
4	模板错台	≤1mm
5	模板间隙	≤1mm
6	表面粗糙度	抛光处理
7	台车外轮廓表面纵向直线度误差	≤1mm/2m
8	台车前后端轮廓误差	≤1mm
9	模板允许变形量	3mm

(3)混凝土施工有关参数

①混凝土输送方式:采用混凝土输送泵及汽车泵;

②混凝土坍落度:100 ~ 140mm;

③初凝时间:不小于 2h;

④外加剂:要加入,缓凝剂不加入;

⑤混凝土浇筑速度:30m^3/h(侧墙浇筑速度);

⑥混凝土内不设预埋生根。

(4)在经过反复、认真的研讨、比选,并做了大量的计算、设计工作后,在工程中采用大型钢板模板、型钢桁架作外模后靠支撑、液压模板台车方式进行管节施工。

图 5-28 为底板模板机械加工图,图 5-29 为高精度液压模板台车实物图。

5.3.4 混凝土工程

1)混凝土运输

由于沉埋隧道混凝土量较大,对混凝土拌和质量、入模温度及浇筑时间要求严格,确保混凝土连续性。在干坞东侧建立 2×750L 强制式双独立自动计量系统搅拌站,三台 6m^3 混凝土输送车交替将混凝土运输到管节两侧混凝土输送泵车内,再由输送泵车将混凝土输送到模板内。

2)混凝土浇筑

(1)浇筑原则

根据工程的实际情况及设计图纸要求,先浇筑底板 C50P12 混凝土,再浇筑侧墙顶板 C50P12 混凝土,一次浇筑长度 15 ~ 17.5m。

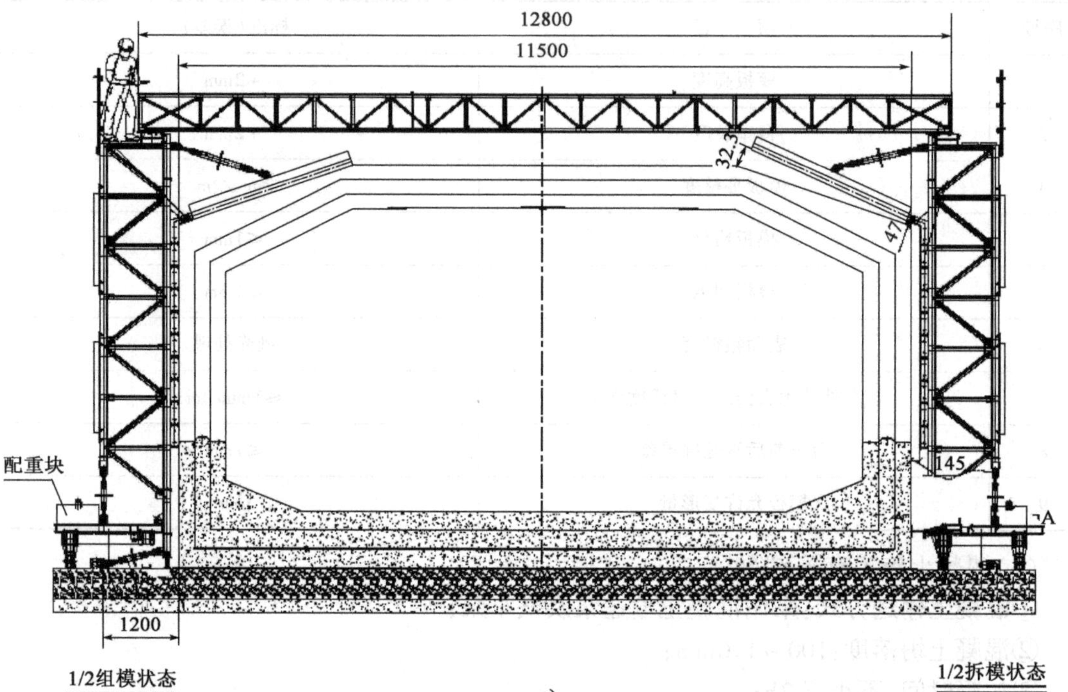
12800
11500
32.3
47
145
配重块
A
1200
1/2组模状态
1/2拆模状态

a)

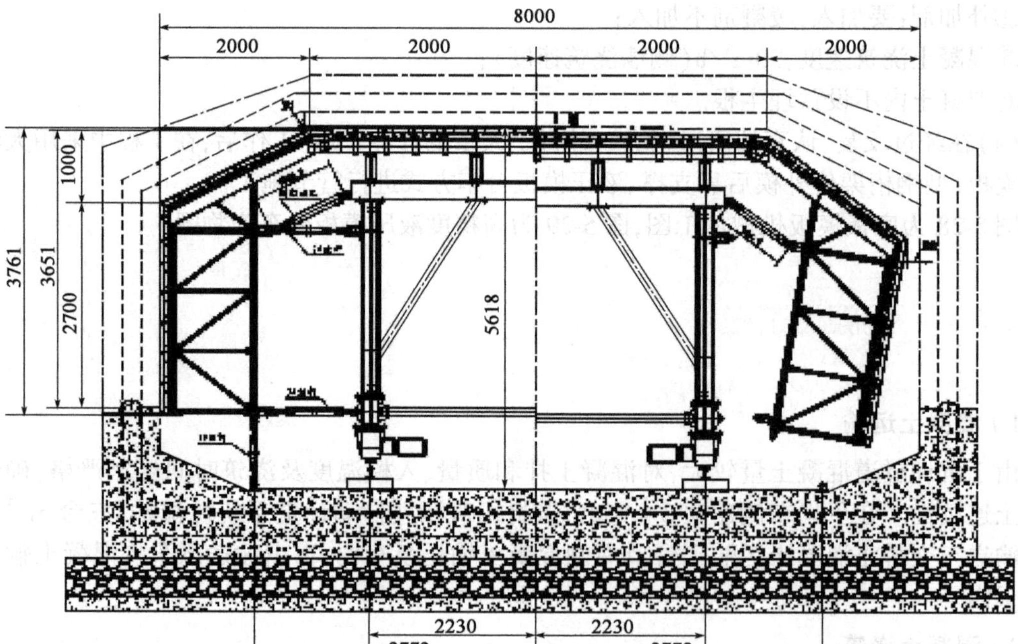
8000
2000
2000
2000
2000
1000
3761
3651
2700
5618
2230
2230
2772
2772
1/2组模状态
1/2组模状态

b)

图 5-28

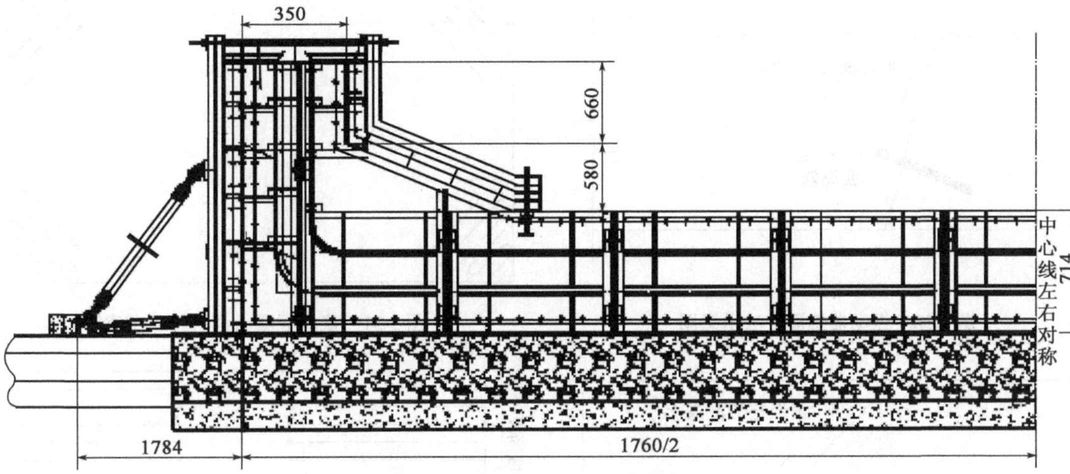

c)

图 5-28 底板模板机械加工图(尺寸单位:mm)

a)

b)

图 5-29 高精度液压模板台车实物

(2)浇筑施工

①底板 C50P12 混凝土浇筑方案

由于底板长度、宽度远大于厚度 0.9m 的 3 倍,并且混凝土是采用泵送,流动性较大,采用斜面浇筑施工方案,用混凝土输送泵从四个角同时开始浇筑,一次将混凝土浇筑至顶,让混凝土自然流淌,形成一定的斜面。施工时注意下一层混凝土与上一层之间的间隔时间不要大于 1.5h。混凝土的振捣需从下端开始,逐渐上移,以确保混凝土的施工质量。混凝土的上层捣固方法示意图、底板混凝土浇筑及底板斜面分层施工示意如图 5-30 ~ 图 5-32 所示。

②侧墙、顶板浇筑 C50P12 混凝土施工方案

根据设计侧墙尺寸,混凝土浇筑采用全面分层施工方案,即把墙从高度方向分成若干层,分层浇筑混凝土。两侧墙一起对称分层浇筑混凝土,混凝土层厚为 30cm,施工时注意高度一致,高差不要大于 0.5m,确保模板支撑结构对称受力,防止发生偏位。侧墙混凝土浇筑

立面示意如图 5-33 所示。

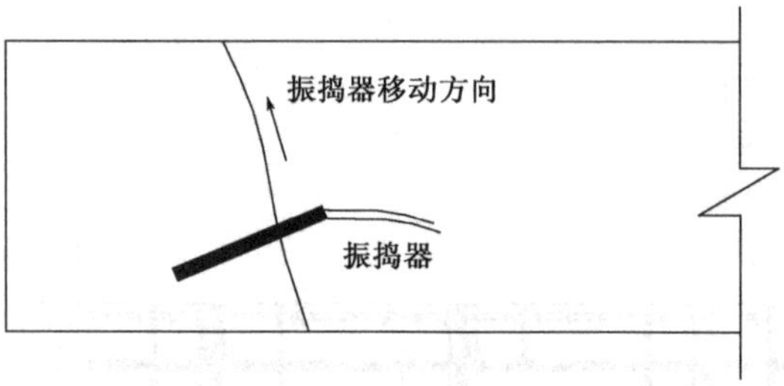

图 5-30　振动器捣固方法示意图

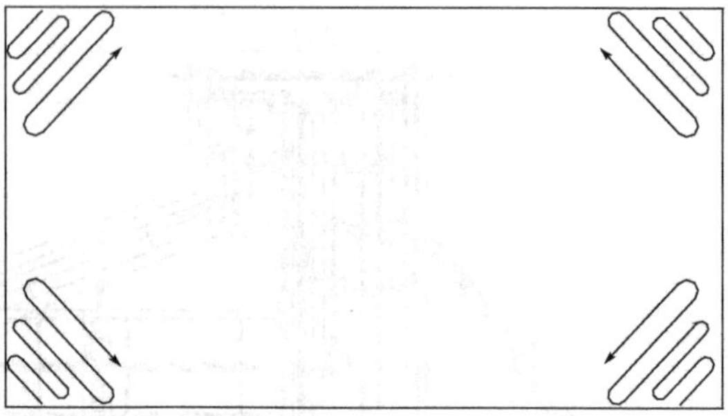

图 5-31　底板混凝土浇筑施工示意图

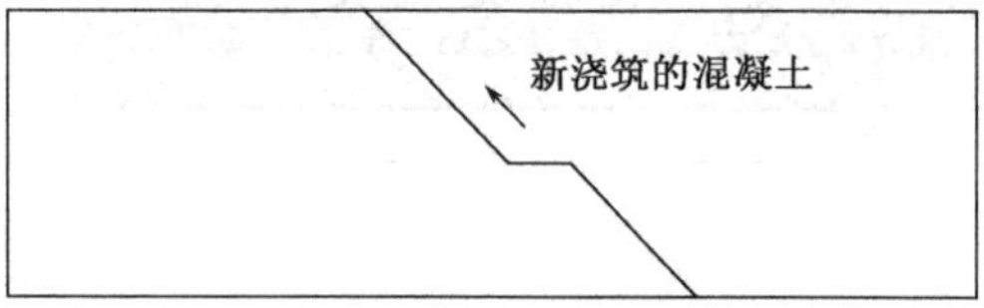

图 5-32　底板斜面分层施工示意图

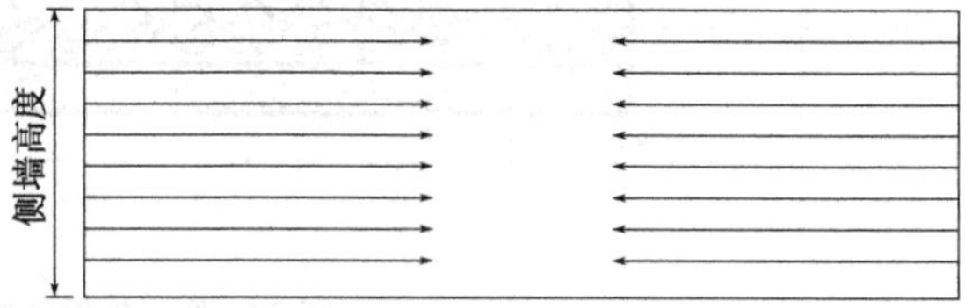

图 5-33　侧墙混凝土浇筑立面示意图

顶板混凝土浇筑与底板混凝土浇筑方法一样，采用斜面浇筑施工方案，从四个角同时开始浇筑，一次将混凝土浇筑到顶。

3）混凝土的振捣

由于混凝土内部存在许多孔隙，为了保证混凝土的密实度，必须对混凝土进行振捣，满足设计强度。混凝土结构尺寸较大，采用插入式振捣器，做到“紧插慢拔”。在振捣上一层时，要插入下层 50mm 左右，消除两层之间接缝，振动时间控制在 20～30s，同时注意混凝土表面呈现浮浆，不再出现气泡，表面不再沉降即可，捣固排列要均匀，按行列式排列捣固，做到不漏捣、不重捣。

4）混凝土的表面处理

混凝土的表面处理：混凝土在浇筑过程中及时清除表面泌水，以保证混凝土的质量。在浇筑底板及顶板时，待振捣密实后 2～3h，再用长刮尺刮平，在初凝前用铁滚筒碾压数遍，再用木抹子打磨压实（二次压实），以闭合缩水裂缝，再覆盖保温彩条布或塑料膜。

5）混凝土的养护

正确及充分的养护措施是大体积混凝土施工防止裂缝的关键环节。混凝土的养护条件包含混凝土的潮湿状态及养护温度。湿养护能使混凝土尽可能接近于饱和状态，防止混凝土表面脱水产生干缩裂缝，使水化作用达到其最大的速度，使混凝土的强度能良好地增长；而保温养护的目的主要是降低大体积混凝土浇筑块体的里外温差值，以降低混凝土块体的自约束应力，同时降低大体积混凝土浇筑块体的降温速度，以充分利用混凝土的抗拉强度，达到防止产生和控制温度裂缝的目的。

工程中对管段的不同部位采用不同的养护方法。对于底板及顶板的上表面，养护条件相对较好，在混凝土浇捣完毕并完成收水后，即可覆盖土工布浇水养护。待混凝土终凝之后,在板表面蓄水养护。由于水的导热系数为0.58W/m·k,具有一定的隔热保温作用,可以减缓混凝土内部水化热的降温速率,减小混凝土内外温差,防止混凝土的裂缝产生。蓄水深度可根据热交换原理来计算,即在规定时间内,混凝土中心温度降低到表面温度时放出的热量,等于混凝土在养护期间散失到大气中的热量。

侧墙的养护:在工期允许的条件下,适当推迟混凝土拆模时间,可在混凝土浇筑7d内带模养护。拆模后,继续保温保湿养护,养护时间不少于14d。为避免管节内出现“穿堂风”现象,内模拆除后在内孔两侧孔口处用土工布挂帘法封盖,阻止空气流动,减少内孔的水分散失,并经常在管内及外侧墙内表面浇水,保持管内相对湿度大于85%以上。

6)混凝土温控监测

浇筑混凝土全过程采取温控措施以防止混凝土温度裂缝产生,保证混凝土自防水性能。实现温控的措施为通过降低混凝土内部温度差以降低混凝土自约束力,降低混凝土降温速率以充分利用混凝土的抗裂能力。根据在先前水底隧道管段预制实作的做法,采取以下监测项目、方法、监测频率、布点原则及措施。

(1)监测项目

①混凝土浇筑温度监测;

②混凝土块体温升(降)监测;

③混凝土内、外温度监测;

④环境温度监测。

(2)监测方法

①混凝土浇筑温度监测:在混凝土振捣完成后用插入式温度计插入混凝土表面以下5~10cm量取;

②混凝土块体温升(降)监测:通过埋设在混凝土内部的20~50cm深铜管用温度计测读;

③混凝土内、外温度监测:通过埋设于混凝土内部和外表面的温度计测读;

④环境温度监测:通过置于浇筑场地的温度计测读。

(3)温测频率

①浇筑温度:1次/4h;

②混凝土内、外温差:1次/12h;

③降温速度:1次/12h;

④环境温度:1次/12h。

(4)布点原则

取一施工段一侧为测温区,测点不低于5点,环境测温布置在4个角上,共4点。

(5)对应措施

一旦内外温差达到或接近规范规定的25℃时,立即采取保温措施,加盖彩条布或塑料薄膜进行保温。如果混凝土内部温差太大或达到60℃以上,则立即通知混凝土搅拌站采取措施,洒水降低原材料温度(粗集料及水),修正混凝土配合比,降低混凝土内部温度,从而控制温差,保证混凝土质量。

7）防止混凝土开裂措施

混凝土管段在施工过程中，由水泥水化热发出的热量、气温和地基温度变化所引起的混凝土的温度变形，要受到两种类型的约束：一是混凝土与外部环境温度差异引起的约束，另一种是由于内部的条件不同产生的约束。以上两种约束产生的应力为温度应力。

其次，湿度变化引起的混凝土内部各单元体之间相互约束，产生的应力为干缩应力。因为湿度传导速率远小于热度传导速率（约为1/1600），所以，它主要在混凝土表面附近；另外，混凝土的自生体积变形不能自由伸缩所产生的应力，称为自生体积变形应力；还有地基非均匀沉降，模板走样也会产生变形应力。在以上非结构荷载作用下所产生的应力中，主要的是温度应力和变形应力。对于管节结构施工，当混凝土浇筑体边界无约束时（如底、顶板顶面），在早期水化热温度迅速升高阶段，由于混凝土内、外散热条件不同，形成温度梯度，表面受拉，内部受压。当拉应力超过混凝土抗拉强度时，混凝土表面就产生裂缝。在混凝土的降温阶段，混凝土的降温差引起的变形加上混凝土的体积收缩变形，受到地基和结构边界条件的约束时（如已浇底板对侧墙、已浇管节对后浇带），在浇筑体中央断面产生内部拉应力，当该拉应力超过混凝土抗拉强度时，混凝土整个截面就产生贯穿裂缝。

防止混凝土开裂措施有：降低混凝土的入模温度，利用自然规律，尽量在夜间浇筑混凝土（冬天及气温低时宜在白天进行）；加强混凝土的养护和保温，控制混凝土的内外温差，混凝土浇筑完毕后，及时覆盖塑料薄膜，进行保湿、保温，养护时间不少于14d；混凝土的浇筑连续进行，层与层间隔时间不大于1.5h，防止出现施工冷缝；用土工布帘封头，防止“穿堂风”；派专人对混凝土及时养生、覆盖，保证混凝土湿润；混凝土强度未达到规定强度，不能拆模。

（1）优化混凝土级配，减小水灰比，采用掺粉煤灰和减水剂的“双掺”技术。控制原材料，降低混凝土水化热峰值，减少混凝土压缩，提高混凝土抗拉强度及极限拉伸强度。

（2）尽可能降低混凝土入模温度，入模温度控制在比环境温度高5℃范围之内。

（3）施工工艺上将管段分为4节（15.5～17.5m长为一节），减少温度收缩应力。

（4）改善基础对结构底板的约束边界条件，坞底采用碎石起浮层及18mm胶合板作为底模，减少基底对混凝土底板的约束作用。

（5）尽可能减少结构底板与外侧墙混凝土浇筑时间差，减少新老混凝土之间的收缩差。

（6）在外侧墙中埋设冷却管，在混凝土升温阶段通水带走混凝土水化热热量，降低混凝土最大温升。

（7）延迟拆模时间，减小混凝土降温速率。

（8）混凝土分层浇筑，加强振捣。

（9）加强养护，采用的主要养护手段有：顶、底板蓄水养护，外侧墙喷淋、浇水养护，内孔保湿保温养护，冬季保温养护等。

（10）尽可能延缓后浇带浇筑时间。

8）混凝土降温措施

管段侧墙在混凝土浇筑后，由于受到底板混凝土的约束，由混凝土水化热产生的内部混凝土温升而引起的温差以及新老混凝土收缩差在外侧墙内部产生拉应力，当这个拉应力超过此时混凝土的极限拉应力时，侧墙将产生贯穿裂缝。因此，该工程混凝土裂缝控制的关键是控制侧墙可能产生的贯穿裂缝。

(1)避免侧墙产生贯穿裂缝的措施

由裂缝产生的机理出发,避免侧墙产生贯穿裂缝主要应从以下三个方面着手:

①降低混凝土水化热引起的最高温升;

②尽量缩短外侧墙与底板混凝土的浇筑时间差;

③减缓外侧墙内混凝土降温速率。

冷却管工艺则是针对①③条行之有效的技术。

冷却管工艺设计方案是在参考了宁波甬江、常洪隧道,广州仑头、生物岛隧道,上海外环隧道的设计方案的基础上制订的设计方案。

(2)冷却管工艺技术关键因素

①冷却管的数量及布置;

②冷却管通水的起讫时间;

③冷却管通水水温及流量。

以上关键技术的参数确定都应以能有效降低混凝土最高温升值,在外侧墙中形成线形温度梯度以及减缓降温速率为目的。

冷却管布置如图 5-34 所示。冷却管为外径 30mm、内径 27mm 的钢管,纵向离开每节管节端头 200mm 开始布置,在 0.75m 厚侧墙内设一排,间距 400 ~ 500mm;侧墙高度方向离开水平施工缝 200mm 始总共布置 8 根(间距由下到上为 400mm ×3 +500mm ×4)。

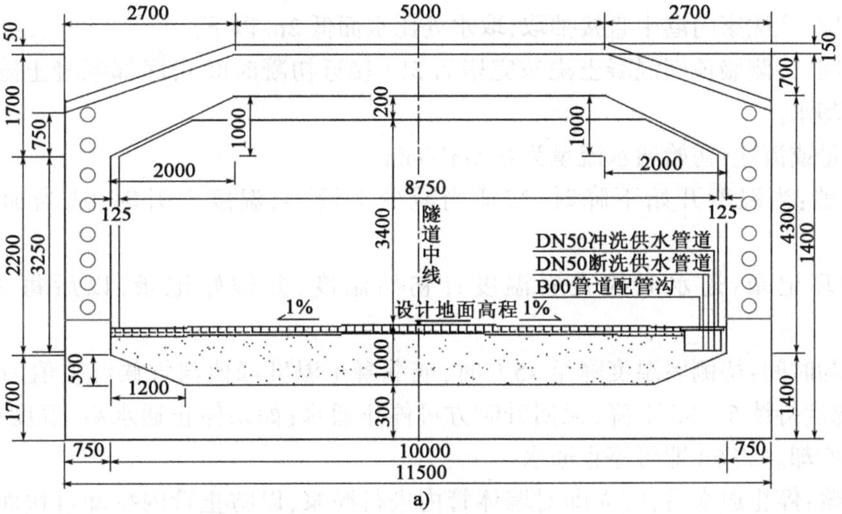

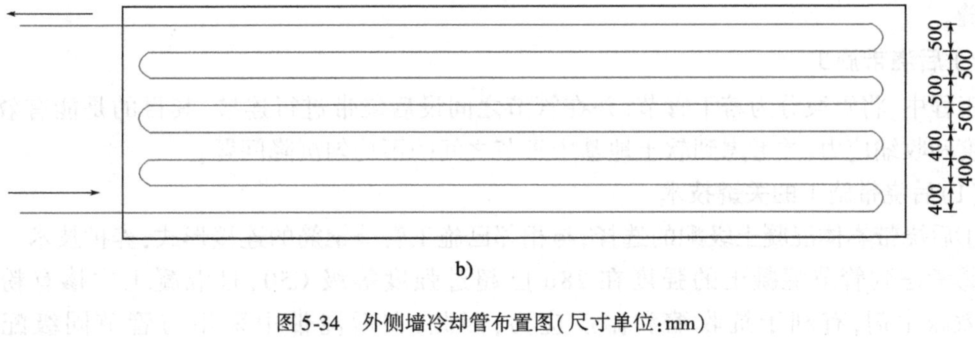

图 5-34 外侧墙冷却管布置图(尺寸单位:mm)

(3)冷却时间及流量

冷却开始时间为浇筑的混凝土开始到达第一根冷却管时,冷却时间为36h。冷却时间及流量控制如下:

①0 ~ 12h,每根冷却管流量 0.5m^3/h;

②13 ~ 30h,每根冷却管流量为 0.8m^3/h;

③31 ~ 36h,每根冷却管流量为 0.4m^3/h。

管内通水不采用冰水,直接采用现场供水,水温为大气环境温度。冷却水循环系统主要设备见表 5-27。

冷却水循环系统主要设备表　　表 5-27

序号	设备名称	材质与特征	数量
1	循环水泵	30m^3/h,扬程 20m	1
2	闸阀	—	2
3	流量计	—	1
4	检测与控制系统	—	1套

(4)冷却水循环水温控制要点

①进水温度:从沈家门港中直接抽取,取水处比水面低 2m 以下。

②通水时间:待侧墙顶部混凝土浇筑完毕后 5h(接近初凝时间),底部混凝土温度开始上升时才放冷却水。

③通水流量或流速:初始通水流量为 0.5m^3/min。

④流量调整:当温度开始下降时,应适当减少水量,当温度上升时,适当加大通水流量。

⑤冷却循环记录:通水时应查看温度计初始温度,并做好记录,以后每 2h 记录一次。

⑥停止冷却时间:待侧墙温度降至 45℃时,或混凝土温度峰值与气候温差值为 15℃时为控制值,当温度持续 5 ~ 6d 下降,无回升时方可停止通水;如果停止通水后,温度再回升,需要重新通水冷却。约 6d 即可停止通水。

⑦管内灌浆:停止通水后,应立即对墙体管内进行灌浆,以防止管内冷却过快而产生收缩裂缝。

9)后浇带施工

工程中,将管段分为若干管节,并在管节之间设后浇带进行连接,其目的是能有效地减少温度和收缩应力,并考虑到软土地基中管节之间的不均匀沉降问题。

(1)后浇带施工的关键技术

①后浇带本体混凝土级配的选择,与相邻已施工管节钢筋的连接形式,养护技术。

②考虑到管节混凝土的强度在 28d 已超过强度等级 C50,且混凝土中掺有粉煤灰和高效减水剂,有利于抗收缩和温度应力,因此,在后浇带中采用与管节同级配的混

凝土。

③由于空间限制，钢筋的连接形式采用搭接电焊连接的形式。

(2)后浇带施工的时间

①后浇带的施工时间是决定工程中采用后浇带工艺是否正确可靠的最关键因素。后浇带设置的目的：一是减少相邻管节间的不均匀沉降差及不均匀沉降速率差；二是减小管节连接成整体后的后阶段收缩应力。控制这二者的关键因素都是时间。

②按设计要求后浇带混凝土浇筑需在相邻两管节的后浇筑一管节完成 42d 后进行，浇筑顺序、方式、养护等与管节施工相同。

10）混凝土端封门

(1)端封门结构

端封门设置在管段的两端，是管段浮运沉放过程中的临时设施，其作用是使管段成为密封的箱体，从而满足管段浮运沉放的要求。该工程端封门采用混凝土结构端封门。端封门结构如图 5-35 所示。

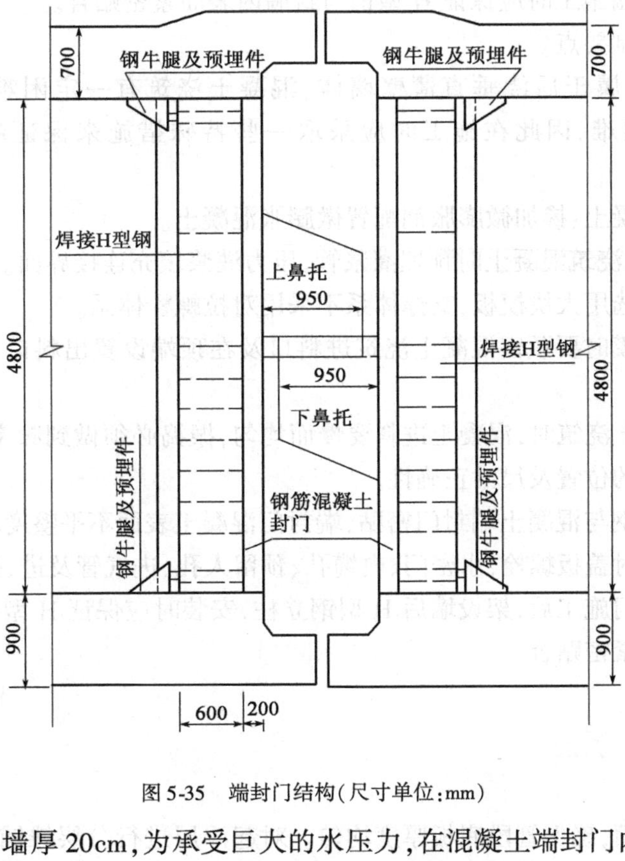

图 5-35　端封门结构(尺寸单位：mm)

混凝土端封门，墙厚 20cm，为承受巨大的水压力，在混凝土端封门内侧，设置 600mm H 型钢立柱，间距为 1050～1100mm，作为混凝土端封门的承力骨架，H 型钢由钢筋混凝土枕梁及钢牛腿支承。

(2)施工工艺流程

管段预留端封门钢筋→在浇筑管段混凝土之前预埋止水钢板→绑扎端封门钢筋且埋设预埋件→搭脚手架支组合钢模→浇筑端封门混凝土及枕梁混凝土→拆模及养护→安装型钢端封门支撑。

(3)混凝土端封门施工

①端封墙的制作工序。

a. 预制管段端部两段混凝土结构时施工上部钢牛腿及其预埋件、下部钢筋混凝土枕梁及其预埋件。

b. 架立 H 型钢,并与钢牛腿及枕梁连接牢固。

c. 绑扎端封墙钢筋,架立端封墙模板,浇筑混凝土。

d. 端封墙混凝土拆模,并在外表面涂刷防水涂料。

②端封墙施工注意事项。

a. 端封墙与管段顶板接缝处浇筑混凝土难度较大,施工时采取掺加微膨胀剂配制微膨胀混凝土、预留注浆孔、止水钢板、止水条、涂防水材料等措施。

b. 混凝土端封墙施工时应保证 H 型钢与封墙内表面紧密贴合。

③施工质量控制要点。

混凝土端封门属于后浇垂直薄壁墙体,混凝土浇筑有一定困难,特别是保证墙顶接缝部位质量较困难,因此在施工时应采取一些特殊措施来保证端封门混凝土浇筑质量。

a. 配置特殊混凝土:掺加微膨胀剂配置微膨胀混凝土。

b. 埋置灌浆管:浇筑混凝土时预埋灌浆管,压力灌浆填充连接界面。

c. 端封门模板选用大块模板,支撑体系不采用对拉螺栓体系。

d. 在端封门支模时要预留混凝土浇筑进料口及在顶端设置出料口,以保证混凝土浇筑饱满。

e. 端封门混凝土浇筑时,混凝土进料要慢而均匀,振捣必须做到频率高、振幅小,以保证端封门上预留孔洞的位置及尺寸正确性。

f. 为保证 H 型钢与混凝土端封门密贴,端封门混凝土表面不平整度小于 5mm。

g. 预埋人孔密封盖板螺栓,水密门、电缆孔、预留人孔、进气管及进、排水管。

h. 混凝土端封门施工后,架设墙后 H 型钢立柱,安装时应保证 H 型钢与端封门表面、支撑牛腿及枕梁表面紧密贴合。

5.3.5 起浮板施工

整平起浮层表面,确保管段底板厚度均匀。对起浮层进行分层摊铺,用 12t 振动压路机分层碾压密实,起浮层最上面 1 ~2cm 厚碎石采用瓜子片碾压到设计高程。在管节施工前,由测量放样划出管节施工区域,购置 3cm ×6cm 木板,间隔 2.5 ~2.9m,在管节横向加肋,将

3cm×6cm 木板拨入起浮层中，用精密水准仪测量板肋高程，然后人工用 3m 刮尺将起浮层碎石高程刮平；最后将木板抽出，并用细石补平，用振动器振实。在完成以上工作后方可铺设管节底膜 18mm 厚胶合板。胶合板之间采用 1mm 直径铁丝连接，间距 1m，先用封口胶把连接缝隙封闭再用 1m 宽防水板铺盖。注意在灌砂孔、垂直千斤顶预埋位置胶合板提前预留孔洞。

5.3.6 端钢壳施工

端钢壳安装在每一节预制管段的两个端头，与管段混凝土联结为一体，主要作用是在连接各管段接头时，用来安装 GINA 橡胶止水带和 OMEGA 橡胶止水带，供管段沉放期间管段结合使用。在两节管段对接时，巨大的水压使 GINA 橡胶止水带压缩，其承压力均由端钢壳承受。

为使 GINA 橡胶止水带完全均匀压缩，以达到两节管段紧密结合，使接头完全水密，以及为适应各管段沉放后的坡度变化，对端钢壳的平整度、倾斜度等制作精度要求较高，要求端钢壳的平面不平度不大于 ±3mm，每延米不平度小于 ±1mm。对于宽 11.5m、高达 6.4m 多的钢结构加工及安装，要达到如此之高的精度是相当困难的。

图 5-36 为端钢壳的立面图，端钢壳加工安装焊接时，容易变形，特别是在现场与管段钢筋连接时，由于管段钢筋多，作业条件差，再次焊接，极易造成端钢壳施工误差超标。

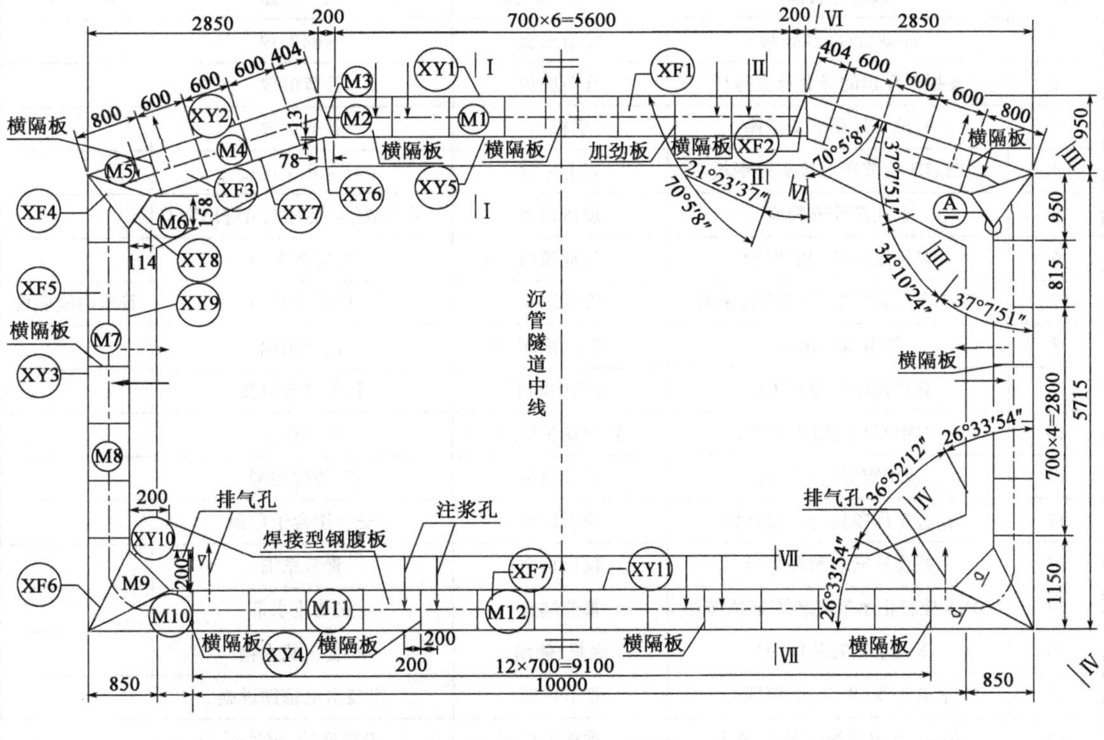

图 5-36 端钢壳立面图（尺寸单位：mm）

端钢壳在专业船厂内制作，一个端钢壳分成4个部件，严格按下料→焊接→自检→火工校正→焊缝无损检测→试拼的工序进行。厂内制作过程中，对焊接工艺、焊材、外观、校正等进行跟踪检查和控制。

端钢壳的安装则在施工现场进行，安装按先下后上顺序进行。端钢壳完成复原安装时，用经纬仪测定，使之符合角度要求，平面用钢线测量，在端钢壳端头设置H型钢（600mm钢支撑）作为端钢壳的后靠支撑，端钢壳与支撑间用花篮螺钉固定并进行调节直至安装符合标准要求。调整分两次：底板混凝土浇筑前进行第一次；在顶板混凝土浇筑前进行第二次。

端钢壳安装完后，在端钢壳间进行灌浆，灌浆采用高强度、无收缩、易流动及低水率的注浆材料，浆液固结后抗压强度大于24MPa，注浆压力0.3MPa，压浆顺序由下到上，从中间向两边进行。

5.3.7 预埋件制作安装

管节上预埋件的种类多、数量大，同时由于预埋件受到钢筋位置、施工分缝、临时支点及夹具设置等影响造成实际安装定位困难。但是这些预埋件都是管节沉放、下沉、定位、平衡及运行的关键部件，安装位置要求准确。预埋件的主要种类见表5-28。

预埋件主要种类表　　表5-28

序号	预埋件名称	预 埋 部 位	用　　途	备　　注
1	灌砂管/灌砂底阀	管节底板	基础处理	
2	支撑千斤顶的导套及支撑杆	管节底板	管节沉放	
3	支撑千斤顶的支撑座	底板内	管节沉放	
4	E1、E3管节底部接头处钢板	管节底板	与南北岸连接	
5	人孔圆筒安装座	顶板顶面	管节沉放、对接时人员进出管节	
6	测量定位塔固定螺栓	顶板顶面	固定测量塔	
7	端封门接预埋件/预留连接钢筋	管节端头	连接端封门	管节内腔侧墙
8	管节沉放吊点	顶板顶面	连接吊船	
9	鼻式托座安装预埋件	端头中隔墙	管节沉放对接	
10	OMEGA钢板预埋件	管节端头周边	管节连接	
11	剪切键焊接预埋件	管节端头	安装剪切键	
12	拉合千斤顶拉合座预埋件	顶板顶面	安装拉合千斤顶	
13	系缆柱安装预埋螺栓	顶板顶面	管节系泊	
14	GINA橡胶止水带安装固定预埋件	管节端头	安装止水带	
15	压载水箱安装预埋件	底板、侧墙	安装压载水箱	
16	水电管线、水泵、等预埋件	管节内部	安装水电辅助设施	
17	拖航、沉放系统安装预埋件	顶板顶面	连接拖轮、钢浮箱	

外露预埋件委托钢构件加工厂,在工厂制作完成,预埋在混凝土内预埋件在现场钢加工车间制作完成。

为了防止预埋件错装、漏装,要指定有责任心的技术人员专人负责本项工作,分门别类详细绘制预埋件具体位置展开布置图及大样图,并及时了解施工情况,及时安装预埋件。

5.3.8 管节预制主要关键技术

(1)混凝土重度控制技术

重度决定预制管节重量,控制不当有可能造成管节无法起浮。要求配合比设计合理,原材料计量准确。

(2)管节几何尺寸控制技术

几何尺寸偏差过大将引起预制管节重量的变化、干舷、重心变化,增加浮运、沉放的施工难度及安全风险。需用精密测量仪器如全站仪等,布控制网。

(3)端钢壳加工、安装误差控制技术

端钢壳误差得不到保障,会增加对管节对接难度、质量,影响接头防水效果。需采用专业人员加工、预制钢壳胎模,在胎模中进行组装。

(4)止水带的连接及安装技术

施工缝止水带的连接及安装直接影响到管节的防水能力。需设置专人进行冷接连接,采取合理可靠的安装、定位方式,保障止水带的正确位置。

(5)管节裂缝控制技术

混凝土的裂缝控制是沉埋隧道施工成败的关键,是保障隧道稳定运行的决定性因素。

裂缝的产生与混凝土的温度变化和受约束程度有关,尽量避免和减少混凝土开裂的途径,围绕提高混凝土的抗裂能力,削弱温度变化因素,减少混凝土结构中的约束应力和变形,尽量防止环境因素的影响上进行探究。混凝土配合比设计时,在保证混凝土具有良好工作性的情况下,应尽可能地降低混凝土的单位用水量,采用"三低(低砂率、低坍落度、低水胶比)、二掺(掺高效减水剂和高性能引气剂)、一高(高粉煤灰掺量)"的设计准则,通过加湿集料与模板,设置临时屏风减小混凝土表面的风速,设置临时遮阳棚降低混凝土表面的温度,降低混凝土初始温度,用聚乙烯薄膜或麻袋临时覆盖混凝土表面以最大限度地减少水分蒸发,抹面后进行喷雾或涂抹养护剂等消除和避免。

可采用纤维混凝土技术,纤维是化工产品,它是一种以聚丙烯为原料,以独特工艺制造的高强度丙烯单丝纤维,可以有效地控制混凝土塑性收缩、干缩及温度变化等因素引起的微裂纹,防止及抑制裂缝的形成和发展,大大改善混凝土的抗渗性能、抗冲击和抗震能力。在混凝土中掺加 0.9kgm^{3}100% 纯聚丙烯、束状单丝,规格为 3/4 约 19mm,配合比的其他参数均不变。此技术在大体积混凝土施工中应用过,反应效果良好,建议采用该技术。

(6)裂缝处理技术

由于管节制作工艺复杂、工序多、影响因素多,出现局部裂缝在所难免,裂缝处理、修补、补救显得尤为重要。

麻面、气泡采用环氧胶泥刮补，蜂窝和面积较大的麻面，凿成规则形状，回填微膨胀砂浆或采用“奶嘴法”处理；小于0.2mm裂缝采用刷水泥基材料及聚氨酯材料处理；大于0.2mm裂缝采用亲水性环氧树脂钻孔灌浆处理。

5.4 混凝土管节防水技术

混凝土管节设计防水等级一般为二级，而在海底必须按一级防水进行施工。管节外侧设置2cm水泥砂浆保护层。设计沉埋管节防水系统如图5-37所示。

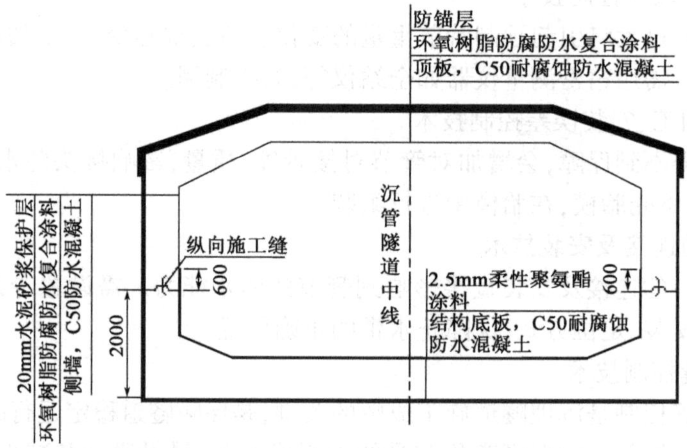

图5-37　管节典型防水构造图（尺寸单位：mm）

（1）沉管节自防水混凝土强度等级为C50，抗渗等级为P12。

（2）管节接头处采取两道防水：第一道防水采用GINA止水带防水，第二道防水采用Ω止水带防水。

（3）预制管节除底板外，外表面其余部分采用水泥基渗透结膜型涂料层防水，同时为保证防腐涂料在施工过程中不受破坏，防腐涂料外再抹防水砂浆保护层。最终接头段（长1.5m）外面利用钢板止水墙止水，里面现浇微膨胀防水混凝土C50P12。

（4）纵向施工缝处采用300mm宽、3mm厚镀锌钢板止水带和遇水膨胀橡胶止水条防水，接缝面刷涂混凝土界面剂；环向施工缝全环采用中埋式钢边橡胶止水带和遇水膨胀橡胶止水条防水，接缝面刷涂水泥基渗透结晶型防水涂料。

5.4.1 水泥基渗透结晶型防水涂料

水泥基渗透结晶型防水涂料是一种由硅酸盐水泥、硅砂和活性化学物质配制而成的粉状混合物。它具有渗透结晶、耐腐蚀的特性，能够增加混凝土密实度和提高混凝土强度，它能在混凝土内部生长成枝蔓状针形结晶体，这种结晶体成为混凝土的一个组成部分，能防止从任何方向而来的渗透，达到永久防水的目的。

1）施工机具

錾子、喷水器、钢丝刷、硬毛刷子、搅拌器、手枪钻、气泵、喷枪等。

2）施工工艺

施工工艺流程：混凝土基面处理→充分湿润基面→涂刷水泥基渗透结晶型防水涂料→养护。

（1）混凝土基面处理

①检查混凝土结构，找出结构中需要加强的部位，如：振捣不到位产生的蜂窝麻面，并用粉笔做出记号。

②对需要加强的部位进行清理：蜂窝麻面部位需要清理到坚实出露出新鲜石子并用水冲洗干净。施工缝中的薄弱部位开 2cm × 2cm 方槽；螺栓杆需先剔凿保护层，然后割掉螺栓杆。

③除去混凝土表面附着的污渍、尘土、脱模剂、松浮物及其他附着物质。

④用钢丝刷将混凝土表面刷一遍，如遇特别光滑部位，需要进行毛化处理。

⑤用高于原结构混凝土一个标号混凝土将已处理完的蜂窝麻面处补平，保证新、旧混凝土结合牢固或用补强材料进行补强。清理过的施工缝中薄弱部位、墙螺栓孔等处用补强材料进行补强。

⑥清洗基面，使之干净即可。

⑦进行二次检查，没有问题后方可进行下一步工序。

（2）湿润基面

用水反复淋湿基面，使基面充分湿润。

（3）涂刷水泥基渗透结晶型防水涂料

①水泥基渗透结晶型防水涂料粉剂与水按 5∶3（体积比）的比例倒入容器中混合搅拌，搅拌均匀后才可以使用。

②搅拌混合后的材料应在拌料结束后 30min 内用完，使用过程中禁止再加水。

③施工时应使用硬毛刷子蘸料涂刷，涂刷时用力将材料均匀涂刷到潮湿的混凝土基面上。

④养护

一般情况下，只需每天在涂刷过水泥基渗透结晶型防水涂料表面喷洒清水 3 次，养护 3 ~ 5d。如果水分蒸发过快，则需要每天多喷洒几次水或表面覆盖草帘或麻袋片加以保护。涂刷完 12h 后开始养护作业。

3）质量要求

根据设计及市政工程验收有关管理规定及地下防水施工规范：涂刷层厚薄均匀（无漏涂、无空白）、无起粉、无起皮，平均用量 1.2kg/m²。（涂层厚度不小于 0.8mm）。

4）注意事项

（1）水泥基渗透结晶型防水涂料必须在温度不低于 5℃的情况下进行施工和养护。

(2)在温暖的天气,如发生直接日晒的情况,应采取养护措施,以防止刚刚涂刷的水泥基渗透结晶型防水涂料干的太快。

(3)如果在涂刷前混凝土表面干燥,一定要预先湿润表面。

(4)下雨时不能施工。

(5)水泥基渗透结晶型防水涂料需要与空气直接接触才能确保养护成功,切记采用塑料薄膜养护时不能直接铺在涂层上。

(6)涂刷防水涂料后48h内应避免大风、阳光直晒、雨淋和低于5℃的低温损害,12h内禁止人在其上行走。

5.4.2 聚氨酯防水涂料

1)施工准备

(1)材料

①聚氨酯防水涂料

甲组分:异氰酸基含量以(3.5±0.2)%为宜;

乙组分:羟基含量以(0.7±0.1)%为宜。

甲、乙组严格按产品说明的比例配合,经充分搅拌,现场配制成聚氨酯防水涂料,其技术性能应符合以下要求。

固体含量:不小于94%;

抗拉强度:不小于1.65MPa;

断裂延伸率:不小于350%;

柔性:-30℃弯折无裂纹;

耐热度:85℃加垫5h,涂膜无流淌、起泡和滑动;

不透水性:压力不小于0.3MPa,保持时间不小于30min不渗透。

②辅助材料

备有二甲苯、醋酸乙酯、二月桂酸二丁基锡、磷酸;砂粒和胎体增强材料等。

(2)机具

一般备有电动搅拌器、拌料桶、油漆桶、塑料或橡胶刮板、滚动刷、油漆刷、弹簧秤、灭火器等消防器材。

(3)作业条件

①混凝土表层坚实平整,不起砂,含水率小于9%。(含水率简易测试方法:在基层表面上干铺一块$1m^2$橡胶卷材,静置3~4h,若覆盖橡胶卷材部位无明显水印,即视为含水率达到要求,可以施工)。

②混凝土表层不得局部积水。

③按图纸设计要求,在转角处要抹成小圆角。

(4)聚氨酯涂料的存放与施工条件环境温度以0℃以上为宜,最低不得低于-5℃。

2)施工工艺

(1)工艺流程

清理基层→涂刷基层处理剂(冷底子油)→细部附加层施工→第一遍涂膜→第二遍涂膜→第三遍涂膜防水层施工→防水层一次试水→保护层饰面层施工→防水层二次试水→防水层验收。

(2)操作要点

①清理基层:基层表面必须彻底清扫,达到干净、干燥。

②涂刷基层处理剂:装聚氨酯甲、乙两组分和二甲苯按1:1.5:(2~3)的比例配合,搅拌均匀,作为基层处理剂;用滚刷或油漆刷均匀地将处理剂刷于基层表面,涂刷量以0.2kg/m^2左右为宜。涂刷后应干燥4h以上,才能进行下一道工序。

③附加层施工:在易发生漏水的薄弱部位,应先用聚氨酯防水涂料按甲、乙两组分1:1.5比例混合,搅拌均匀涂刮一次,做附加层处理。按设计要求,细部构造也可做带胎体增强材料的附加层处理。胎体增强材料宽度为300~500mm,搭接缝为100mm,施工时边铺贴平整,边涂刮聚氨酯涂料。

④第一遍涂膜施工:将聚氨酯涂料甲料、乙料和二甲苯按产品说明的比例配制,搅拌均匀,用橡胶刮板或油漆刷涂刮(刷)在基层表面,涂刮厚度要均匀一致,涂刮量以0.8~1.0kg/m^3为宜。

⑤第二遍涂膜施工:在第一遍涂膜固化后,再按上述配方和方法涂刮第二遍涂料。对平面的涂刮方向应与第一遍涂刷方向相垂直,涂刮量仍与第一遍相同。

⑥第三遍涂膜:在第二遍涂膜固化后,再按上述配方和方法涂刮第三遍涂膜,涂刮量以0.4~0.5kg/m^2为宜。

(3)工程验收

①应提供现场施工用的聚氨酯涂料复试技术性能的检测报告及其他材料、技术、质量等证明资料。

②涂膜应厚薄均匀,封闭严密,不允许有脱落、开裂和收头不严密露胎体等缺陷。

③刚性保护层与涂膜防水层之间应黏结牢固,表面平整,不允许有空鼓、脱落、翘边等现象。

④涂膜防水层表面坡度应符合设计要求,不应有局部积水和渗漏水的现象存在。

(4)施工注意事项

①操作人员应严格保护已做好的涂膜防水层,在做保护层以前任何人员不得进入施工现场,以免损坏防水层。

②施工时,不允许涂膜材料污染其他结构。

(5)安全注意事项

①存放材料的地点和施工现场必须通风良好。

②存料、配料和施工现场必须严禁烟火,并备有灭火器材。

③每次施工用完的机具要及时用有机溶剂清洗干净。

④防水施工的人员必须经过专业培训,持证上岗,试做样板间,经检查验收合格后,方可

全面施工。

5.4.3 中埋式钢边橡胶止水带

钢筋绑扎完毕后，在设计安装中埋式钢边橡胶止水带处预先用钢筋做好预埋装置，待端模安装到该位置时，即可安装中埋式钢边橡胶止水带（图5-38、图5-39）。钢筋预埋装置必须保证止水带安装顺直与准确。

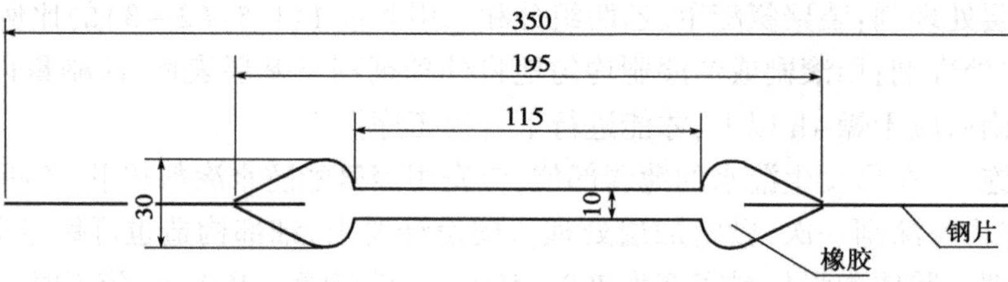

图5-38 中埋式钢边橡胶止水带断面图（尺寸单位：mm）

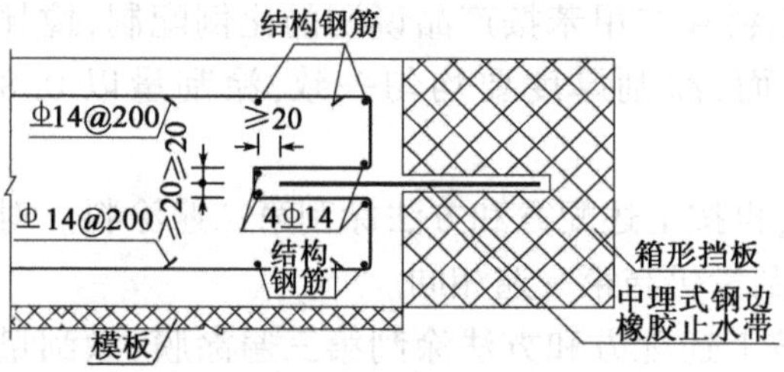

a)中埋式钢边橡胶止水带在侧墙变形缝的安装方法

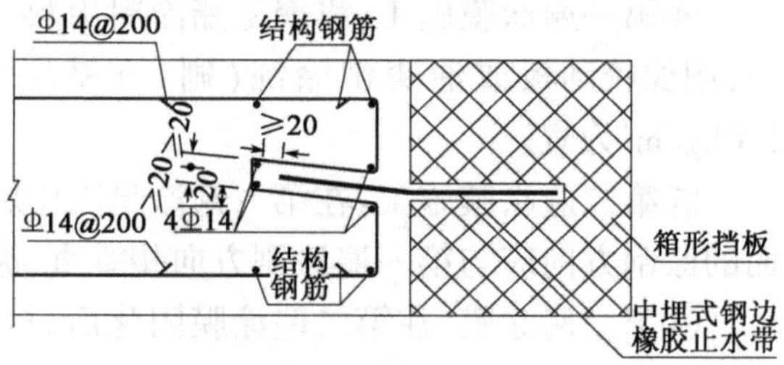

b)中埋式钢边橡胶止水带在底板变形缝的安装方法

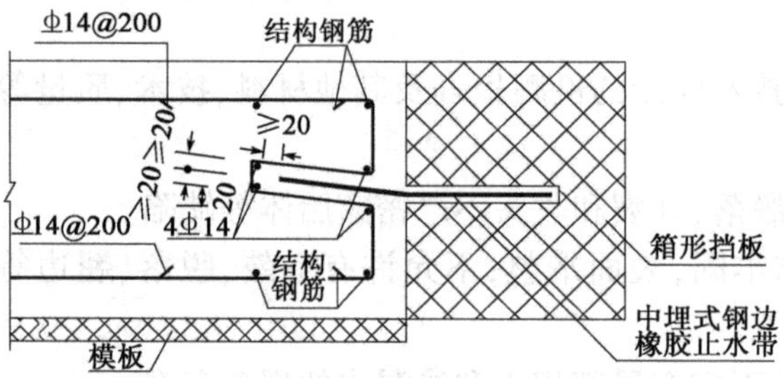

c)中埋式钢边橡胶止水带在顶板变形缝的安装方法

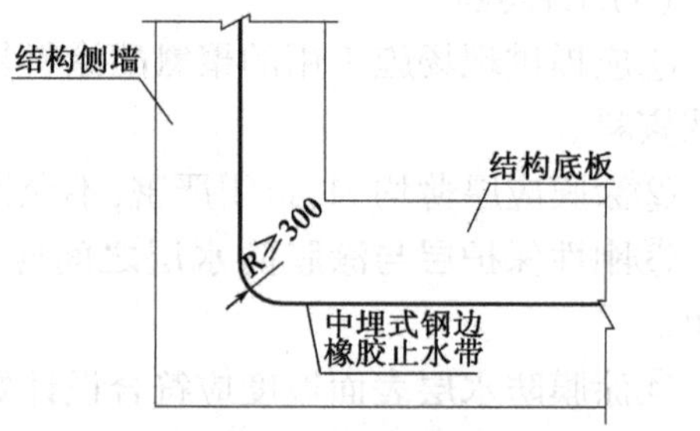

d)中埋式橡胶止水带在底板转角的安装方式

e)搭接式示意

图5-39 止水带接头方式示意图（尺寸单位：mm）

5.4.4 端模安装

端模采用拼装式木模或钢模板。根据钢筋配置设计图及预埋止水带位置将端模分成四块,在纵向钢筋位置处预先钻孔(孔径大于钢筋直径 3mm),端模用型钢固定在伸出的纵向钢筋上。图 5-40 为端头板机械加工示意图。

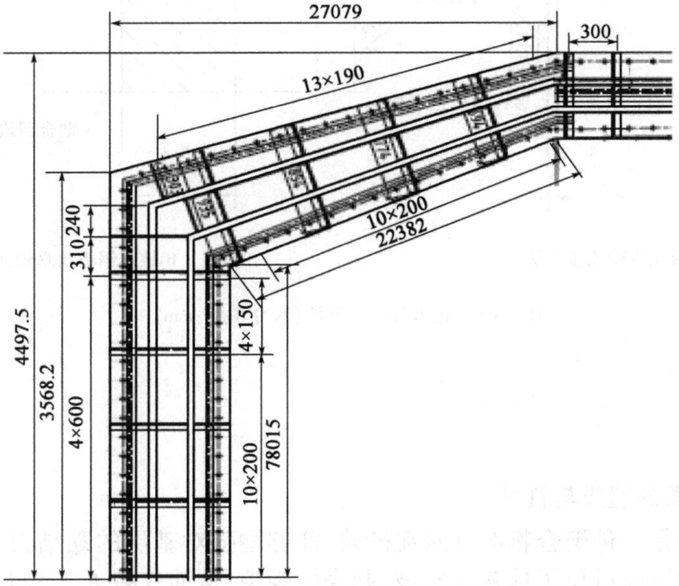

图 5-40　端头板机械加工示意图(尺寸单位:mm)

5.4.5　钢板止水带

钢板止水带设置在侧墙水平缝处,先设置定位钢筋,再将钢板止水带安放在设计位置即可。图 5-41 为钢板止水带断面示意图,图 5-42、图 5-43 为钢板止水带安装及连接示意图。

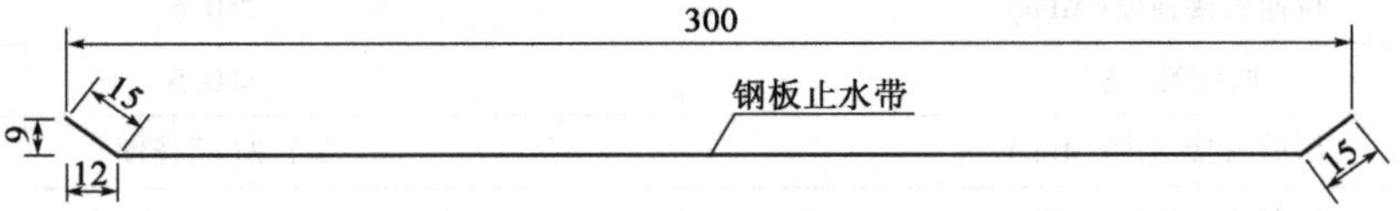

图 5-41　钢板止水带断面示意图(尺寸单位:mm)

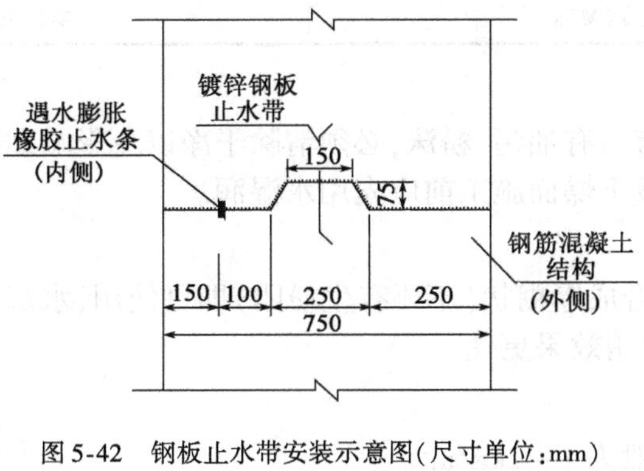

图 5-42　钢板止水带安装示意图(尺寸单位:mm)

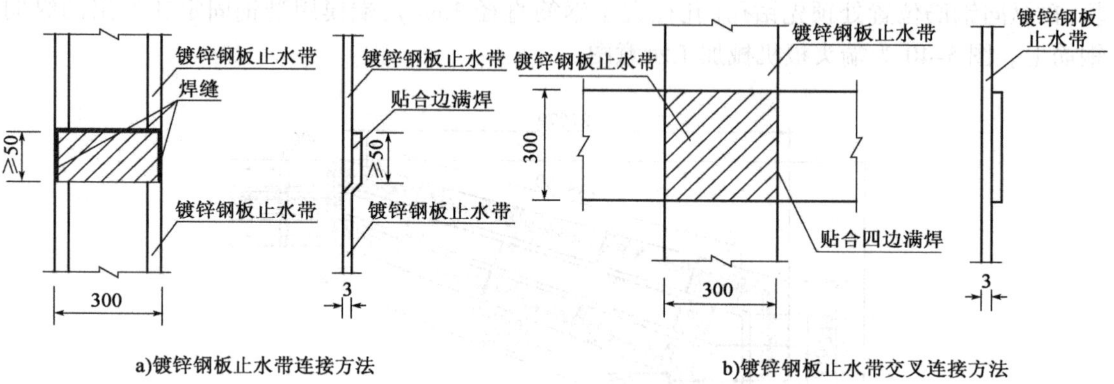

图5-43　止水带连接方法(尺寸单位:mm)

5.4.6　混凝土界面剂施工

1)混凝土界面剂组成与性能

混凝土界面剂是一种聚合物改性水泥砂浆,能够增强对基层的黏结力,具有良好的耐水性,而湿热、抗冻融性能避免了抹灰层空鼓、起壳的现象,从而代替人工凿毛处理,省时省力。

2)技术指标

混凝土界面剂技术指标见表5-29(参照标准DBJ/T 01-40—98)。

技术指标　　表5-29

项　目	指　标
容器中状态	无结块,均匀
拉伸胶接强度(MPa)	≥0.6
收缩性(%)	≤0.5
压剪胶接强度(MPa)	≥1.3(原强度)
压剪胶接强度(MPa)	1.0≥(耐水)
压剪胶接强度(MPa)	≥1.0(耐温)
压剪胶接强度(MPa)	≥1.0(耐冻融性)

3)基面处理

(1)混凝土表面如有沾有油污、粉沫,必须清除干净以免影响黏结强度。

(2)夏天气温较高或干燥面施工前应先用水湿润。

4)施工方法

直接加清水搅拌混合成厚糊状(不要有生粉团)即可使用,水灰比1:4.5左右,搅拌好的界面剂放置5min后再使用效果更佳。

5)施工用量

界面剂施工用量一般为1~2kg/m^2。

6）产品包装

25～40kg 防潮纸袋或塑料袋包装。

7）注意事项

(1)下雨切勿进行室外施工；

(2)要求施工温度在5℃以上；

(3)储存于阴凉干燥处，未启封的产品有效期为6个月。

5.4.7　GINA 止水带

1）安装程序

GINA 橡胶止水带的安装是在干坞内完成的，在管段预制工作基本结束时，并在钢端壳完成后进行安装。

安装工艺流程：安装准备工作→压块试装→GINA 橡胶止水带安装→保护罩制作安装。

2）GINA 止水带采购、运输、储藏技术要点及准备工作

(1)GINA 橡胶止水带的采购、运输、储藏技术要点

①GINA 橡胶止水带在国外厂家定购。

②在 GINA 橡胶止水带的运输、安装过程中，要避免对止水带的任何损伤，在施工过程中应严格按照操作要求进行作业；GINA 橡胶止水带的搬运、摆放及绑扎过程中，不允许有拖、拉止水带的现象，并尽可能以人工进行操作，杜绝野蛮施工，防止止水带被损伤。

③GINA 橡胶止水带到现场后必须开箱验货。

④GINA 橡胶止水带在储藏过程中，应防止发生臭氧开裂而损坏。

(2)准备工作

①脚手架铺设

要预先制备好施工用的脚手架，管节竖向两侧使用活动脚手架，管节上部的脚手架利用端封门预留的铁件，焊接角钢支架，铺上木跳板。管节上部的脚手架结构示意如图 5-44 所示。

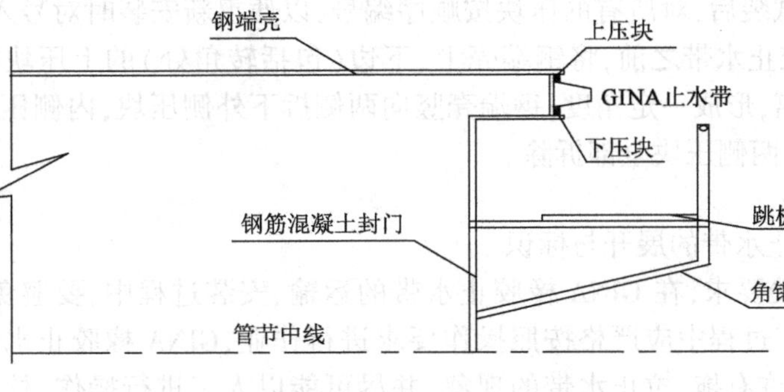

图 5-44　管节上部的脚手架结构示意图

②现场清理和接头清洁

GINA 橡胶止水带的展开和安装都需要较大的作业场地，所以在安装前要进行场地清理。场地除了要求平整外，一切与安装无关的设备、材料和其他杂物要预先清出场外。清理范围在管段端头前 15m 管节宽度内。

安装前要对接头部位进行清洁，特别是 GINA 橡胶止水带及压块的安装面，要仔细除去混凝土施工时留下的泥浆和油污、铁锈等。

③GINA 橡胶止水带吊具准备

a. 安装 GINA 橡胶止水带的吊具包括一条钢结构吊梁、手动葫芦、钢丝绳吊索、柔弱的麻绳或尼龙绳及保护木块等。

b. GINA 止水带由厂家制成矩形环封闭式形状。为整体吊装 GINA 橡胶止水带，需要制作一条钢结构专用吊梁，吊梁长度 12m。吊梁下部每隔 1.5m 焊一个小吊耳，穿麻绳与 GINA 橡胶止水带捆绑点相连。

c. GINA 橡胶止水带的上下边每隔 1.5m 设一个捆绑点，且互相错开，注意与吊梁的小吊耳位置对应，捆绑点处加保护木块。

d. 在吊梁的两端焊吊耳各装一个手动葫芦，用于调整 GINA 橡胶止水带的侧边位置。吊梁在现场制作。GINA 橡胶止水带吊具及保护块如图 5-45 所示。

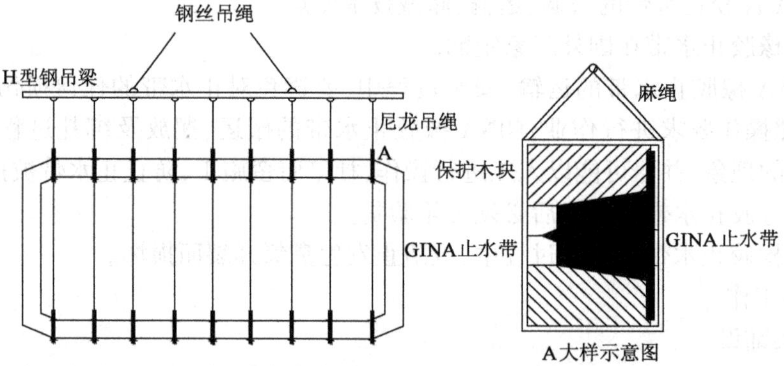

图 5-45　GINA 橡胶止水带吊具及保护示意图

3）压块试装

止水带压块加工好后要预先进行试装，以便纠正个别压块的螺孔与钢端壳上的螺孔不配合的问题。压块试装后，对所有的压块按顺序编号，以便重新安装时对号入座。

安装 GINA 橡胶止水带之前，将钢端壳上、下边（包括转角处）的上压块拆下，其下压块拆松并拉出一定距离，形成一定角度；钢端壳竖向两侧拆下外侧压块，内侧压块放松；下折角上边 1.5m 的范围内两侧压块全部拆除。

4）止水带安装

（1）GINA 橡胶止水带的展开与标识

根据厂家的相关要求，在 GINA 橡胶止水带的运输、安装过程中，要避免对止水带的任何损伤，因此，在施工过程中应严格按照操作要求进行作业，GINA 橡胶止水带的搬运、摆放及绑扎过程中，不允许有拖、拉止水带的现象，并尽可能以人工进行操作，杜绝野蛮施工，防止止水带被损伤。

在端封门前方的空地上放出 GINA 橡胶止水带的大样。当 GINA 橡胶止水带运到施工现场后，采用人工方式搬到端封门前方的空地上按其自然状态展开，尖肋朝上，沿施工大样放置。分别在端钢壳及 GINA 橡胶止水带的上、下丈量出中点，并用油漆做好标识。仔细测量辨认 GINA 橡胶止水带的转角，同样用油漆做好标识。

(2) GINA 橡胶止水带的安装

使用两台起重机（或门式起重机）配合整体起吊 GINA 橡胶止水带。为使履带式起重机在起吊过程中，可以方便地配合作业，应尽量将两台履带式起重机并排布置在正对端封门的前方，吊具安排就位。起吊 GINA 橡胶止水带时，用人工配合适当挪动 GINA 橡胶止水带，避免出现摩擦 GINA 橡胶止水带的现象。具体吊装方式如图 5-46 所示。

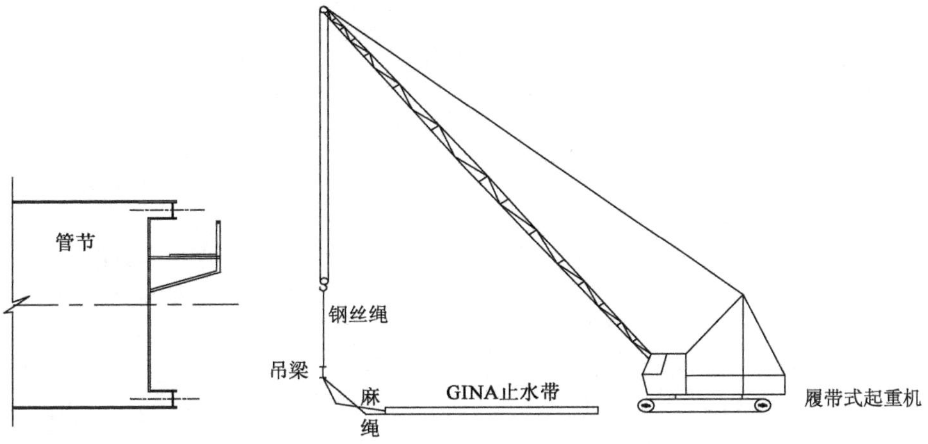

图 5-46 GINA 止水带吊装图

(3) GINA 橡胶止水带就位

首先在钢端壳端面板上，每隔 10 个螺栓孔设定一个临时定位销；然后起吊 GINA 橡胶止水带，逐步靠近管段端面，使其滑进定位销，检查准确无误后，拆除麻绳和保护木块，将 GINA 橡胶止水带放入下压块内。

(4) GINA 橡胶止水带固定

GINA 橡胶止水带就位后，将拆下的压块按照编号逐件装上，上紧螺栓时应使用测扭距套筒扳手，按照设计要求上紧压块。

上、下两边上紧螺栓的顺序是：以中点及折角处开始对称进行。

两个竖边上紧螺栓的顺序是：由下而上逐个拧紧螺栓。

5）保护罩安装

为避免在管节浮运时对 GINA 橡胶止水带造成损伤，要在管节端头安装 GINA 橡胶止水带保护罩。为保证每段保护罩的准确就位，保护罩支脚应在施工现场配装。

6）脚手架拆除

GINA 橡胶止水带及其保护罩安装好后，进行脚手架的拆除工作。拆除脚手架时，应注意避免对端封门造成损伤，如有损伤，焊接处重新涂防锈漆。

第6章

航道及基槽浚挖、海上运输管制技术

面向挑战的
隧道及地下工程

Construction Technology of Subsea Buried Tunnel Under Complicated Geological Conditions

沈家门港海底隧道工程采用人行双向交通隧道设计，自北向南横穿沈家门渔港至鲁家峙岛，隧道北侧位于沈家门滨港路原鲁家峙渡轮码头，设两个出入口，南侧位于鲁家峙岛原轮渡码头，设一个出入口。沈家门港海底隧道地理位置如图 6-1 所示。

图 6-1　沈家门港海底隧道地理位置

该工程施工内容包括：出坞航道挖运淤泥、水下沉管还床基槽开挖及运输、干坞坞门及南北岸出入口破除及运输、水下疏浚、清淤、基槽扫测。

6.1 航道及隧道基槽浚挖施工技术

6.1.1　总体要求

(1)确保安全

精心设计与施工，严格按疏浚技术规范及疏浚操作规程施工作业，确保工程及过往船只、同区域其他作业船只，和参加施工所有人员的安全。

(2)确保质量

根据工程特点及较高的技术、质量要求，制定具备合理性、完备性、适用性、先进性的施工方案，选用符合工程特点和技术要求的施工船机和先进的施工工艺。配齐配足工程技术人员和施工人员、质检仪表、器材，涉及“新材料、新设备、新工艺、新技术”的方案应经过现场试挖、检测、评定，确保工程品质优良。

(3)确保工期

该工程疏浚量中等,但技术要求高,施工区域工况差,影响施工的因素多,不能连续作业,整个工程工艺复杂且需多工种协同作业,一环套一环。因此投入的技术人员、管理人员、劳动力及机械设备都必须符合该工程特点和满足工期需要,并留存有一定的后备力量,确保工期的实现。

(4)降低成本

通过优化施工方案,合理选用机械设备,尽可能减少施工期间的回淤量,减少基槽坡比、围护时间和工程量,节省投资。在施工过程中,不断改进技术和工艺,提高效率,努力降低施工成本。

6.1.2 施工区段划分和开挖顺序

1)区段划分

该工程施工区段拟划分为三层级。为减少基槽开挖的回淤量,基槽应尽量缩短其“空置”时间,同时考虑到受航道的影响,在空间位置上分为沉管出运航道开挖、E2 管节中部至北岸、E2 管节中部至南岸三层级,如图 6-2 所示。在此层级上将重点考虑浚挖施工的整体工艺安排。

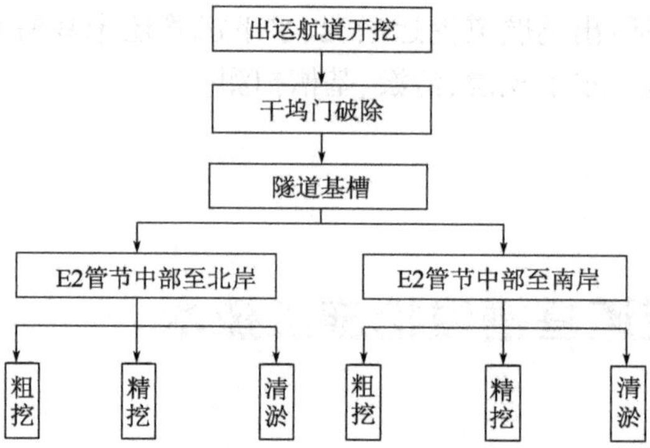

图 6-2 浮运航道、隧道基槽开挖施工区段划分图

2)开挖顺序

该工程基槽浚挖施工作为沈家门港海底隧道工程头道工序,施工总体部署及资源安排如下:

(1)整体上满足项目部总体施工组织进度计划要求。

(2)由于基槽浚挖为施工头道工序,施工安排上将尽量为下道工序预留足够作业空间。

(3)针对开挖断面复杂及精度要求高的特点,施工前细化设计资料,由繁入简,对开挖区域进行层层分解,分析各层开挖界面与土质,结合强度要求,选择合理的设备资源。

(4)由于该施工区域水底横向呈抛物线状,中间较低两边坡度较大,施工作业面受限以及成本等原因,不适合用耙吸式挖泥船进行施工,集中资源采用 1 组大型挖泥船完成总体施工区域的粗挖和精挖。

沈家门港海底隧道工程浮运航道、基槽开挖施工总体顺序如图 6-3 所示。

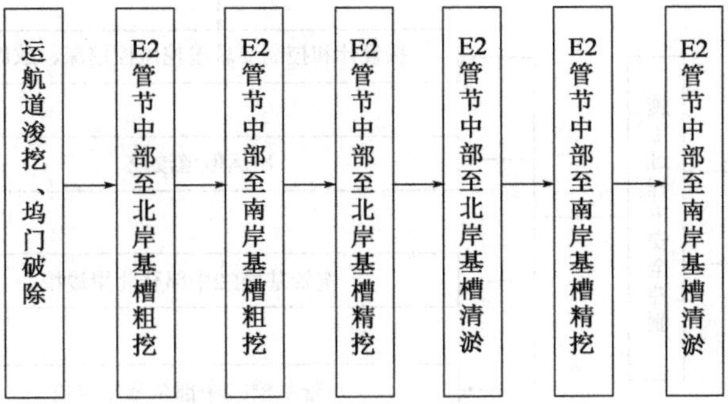

图 6-3　隧道工程浮运航道、基槽开挖总体顺序

6.1.3　施工工序设计

浚挖施工应根据不同施工空间、施工阶段和通航要求分期进行安排，综合满足以下要求：

(1)尽量缩短基槽影响和占用航道的时间。

(2)合理紧密安排紧前、紧后施工，减少基槽开挖的回淤量。

(3)分期规划，尽早开始通航。

以舟山沈家门港海底隧道工程为例，为减少基槽开挖的回淤量，应尽量缩短基槽“空置”时间，同时考虑到通航需要，航道及基槽开挖拟分三期进行。第一期开挖范围应先从浮运航道(含干坞大堤)开始，开挖至高程 -8.03m，开挖时确保按设计保证底宽和向两侧放坡。第二期开挖自 E2 管节中部至北岸分层开挖，分层高度根据现航道深度、基槽底设计高程和挖泥船性能，拟分三层开挖，每层厚度为 3m，开挖两层后，下一层为清淤找平层；浚挖结束后，即进行检测并请符合资质要求的第三方进行水下扫测；合格后，即可进行水下基槽碎石回填，按设计要求，保证碎石层厚度、高程及平整度达标后，再进行一次水下地形扫测；确定碎石层顶高程后，浮运安装沉管，按设计进行沉管后的回填覆盖施工。工序允许后进行第三期开挖，即 E2 管节中部至南岸的高程 -8.03m 以下的分三层开挖(同北岸施工程序及按排)基槽开挖至槽底，合格后交由检测、碎石抛填、沉管浮运、安装、回填固管等施工。浚挖施工总体工艺流程如图 6-4 所示。

6.1.4　浚挖施工船机选择

1)基槽开挖船舶设备

海底隧道基槽开挖及清淤船舶选用依据必须考虑以下几方面：

(1)挖槽的土质、浚前水深、水文、通航船舶密度等自然施工条件。

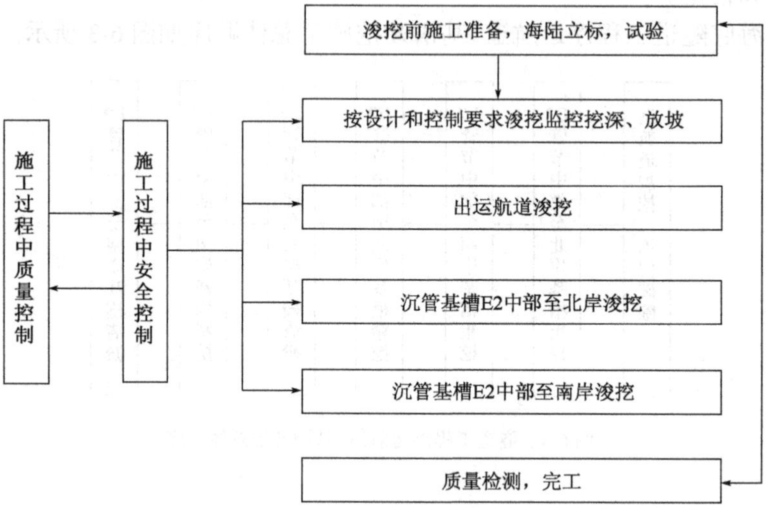

图 6-4　浚挖施工总体工艺流程

(2)基槽设计要求和工程量。

(3)挖泥船本身特性。

海底隧道基槽位于沈家门与鲁家峙中间,通航船舶密度大、径流方向与航道垂直,土质上层为淤泥黏土、中层为砂质黏土、下层为黏土;基槽设计开挖深度为 12.15 ~ 17.71m,加上潮位最大挖深超过 20m、底部挖宽 16m,整个基槽横在沈家门渔港航道中间,几乎与两边岸线垂直。根据以上基槽开挖的特点,选用 $8m^3$ 抓斗挖泥船配两艘 $600m^3$ 的开底驳交叉施工。

抓斗挖泥船最大设计挖泥深度大于 30m,大型抓斗自重超过 40t,适用于黏土和块石;泥斗的自重能抵消部分水流作用力,水中漂浮距离小,挖泥平面精度相应较高。

2)清淤设备

由于基槽开挖要造成回淤,在管段沉放前必须进行清淤。由于淤泥重度低、含水率高,搅动后呈流动性,不适合抓斗船挖除,决定采用大功率泥浆泵及 $11m^3$ 的空压机清理基槽底部的淤泥;两种方式清淤时均派潜水员下水引导高压泥浆泵的泵头或吸泥管管头在基槽底部位置移动,吸泥分片分区进行,不能漏点,保证清淤质量。

6.1.5　开挖工艺流程

沉管隧道基槽浚挖施工工艺流程如图 6-5 所示。

由于该施工区域水底横向呈抛物线状,中间较低两边坡度较大,施工作业面受限以及成本等原因。根据实际情况,首先浚挖沉管出运航道。然后将沉管基槽分段分层粗挖至少高于设计高程 1.5m,并按设计要求做出边坡,最后开挖出入口围堰。对基槽粗挖时留下的 1.5m泥层进行精挖,挖至设计高程为止。抓斗船施工现场如图 6-6 所示。

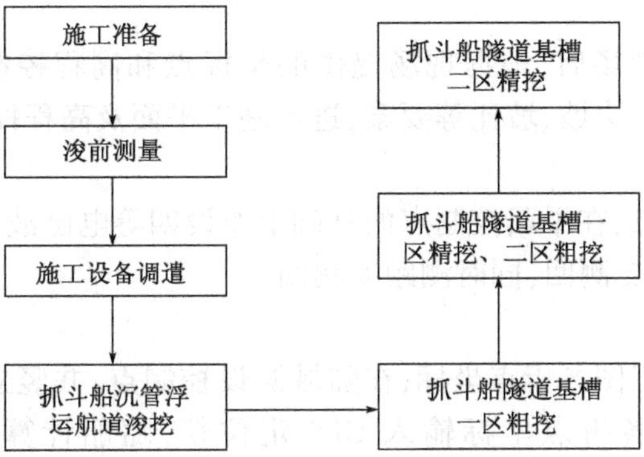

图6-5　浚挖施工工艺流程图

图6-6　抓斗船施工现场

1）浚挖前准备工作

(1)进入施工区,首先要进行现场调查,对一线作业人员,进行施工图交底。讲清楚施工工艺流程和技术要求,勘查作业地点的自然条件,水文资料,地下水流速流向,潮汐水位,天文气象、风度、雨雾,以及土质成分;进行必要的测量工作,包括施工区域泥沙、水深、施工面积、范围,以及抛泥区情况;另外,要绘制有关图表,包括挖槽断面图、放坡断面图、平面布置图、挖泥区水深地形图和船舶航行的航道潜水深图,还要进行计算挖泥土方、计划挖泥进度等的浚挖前期准备。

(2)施工现场须设置水位标尺和施工水尺,这是控制挖泥深度,保证施工质量的必要设置,由专人负责定时观测并及时报告给挖泥船;另外,挖泥船采取分段挖泥,所以还需要设置挖泥导标,以控制挖泥船正确地按挖槽方向和位置进行有效施工,如果因水域影响,不便设主导标,可设立水中浮标作为指示挖泥范围。有时为了挖泥船和其他航行船舶的安全,也需要附设航标或特定标志,并预先发布航行通告,派出巡视、警戒船,维护水上安全。

(3)该工程挖泥近两岸施工,近岸侧无法抛锚,施工船就往前,需要挖掘地龙,作为移船、固船的锚缆系柱点,埋设的地龙一定要经得起挖泥船的锚机拉力,避免施工时发生意外。

(4)浚挖前还要清除施工区域的各种障碍物,包括过海自来水管道和电信管线,将其进行改迁后,方能进入施工区域。

2）测量控制

测量人员进入施工现场后，根据现场提供的坐标点和高程控制点，依据施工设计图要求，结合航道、基槽、基点、边坡、坡比等要素，进行施工平面及高程控制网的布设。

(1)水准点测设

根据收集的高程算点，在平面控制点的基础上布设四等电磁波高程导线，天顶距采用中丝法，用全站仪(2 级)测 3 测回，同时测距 4 测回。

(2)边线测设

根据现场坐标及施工图各折点坐标，在陆域测设控制点，并竖立导标，设立陆域 GPS 基站，将航道、基槽、边坡各折点坐标输入 GPS 定位仪，随船计算机控制，其精度控制在 10cm 内。

(3)水深测量

工程浚前、浚后，必要进行水深测量，测量时以 GPS 定位，回波测深仪测深，绘制 1:500 比例的水深地形图以控制和检验挖泥进度和精度。

(4)潮汐水尺的设置

由于工程过海，南、北两岸分布，交通不便，为随时掌握潮汐变化，在南北两岸分别设立潮汐水尺，水尺零点用水准仪与全站仪进行联测，精度不低于水准精度。水尺设置位置要求不易遭船舶碰撞、不被动潮水淹没、不完全露出潮水，并要求随时能够量测水位变化情况。施工过程中要定期校核水尺。

3）挖泥施工程序

施工前的准备工作就绪后，挖泥船自航进入工地，并按设计好的起点坐标或标杆进行船只抛锚定位，先抛设 2 只上水锚，再抛 2 只下水锚，船锚可使用抛锚或泥驳拎锚抛设。挖泥船顺流作业，一般情况抛 5～6 只锚，即船首抛 3 只(1 只主锚，2 只边锚)，船舶抛 2 只八字锚，当挖泥船开挖滩地域码头前沿时，在一侧无法抛锚的情况下，可采用地龙代替，如图 6-7 所示。

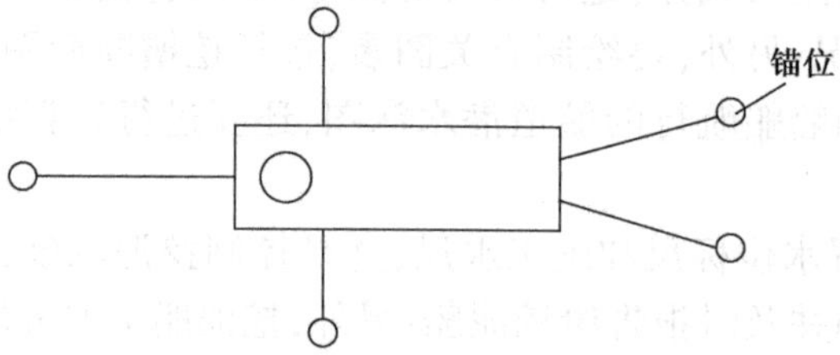

图 6-7　挖泥船锚位布设示意图

$8m^3$抓斗挖泥船长斗重 24～26t，按照挖泥施工程序，挖泥船挖扣吊杆有两根钢缆，一根用来开阀抓斗，称开闭斗缆，另一根用来升降抓斗，称升降缆；两根相互配合，将抓满泥土的抓斗，经转动的起重机，卸泥于泥驳中，即完成一次斗的挖泥操作。

当抓斗挖取水下的泥土时，海床上便布满了一个个土坑，因斗容较大且重，土坑深度达 3m 以上，挖过的海床，其平整度很差。为此，须采取以下两项措施：

(1)保持挖泥时前后两次抓斗挖泥坑重叠为抓斗宽度的 1/4～1/3，如图 6-8 所示。具体以土质的松软而定。

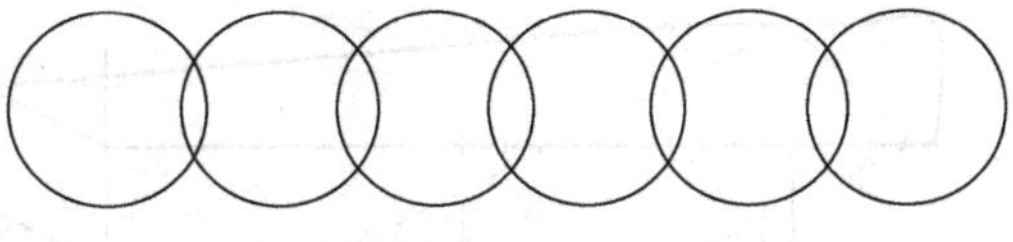

图 6-8　挖泥布斗示意图

(2)保持挖泥浮度要达到一定的超深余量，抓斗一次能挖的泥层深度，则要依据抓斗的自重、开口宽度，以及土质情况而定。当挖一层不能满足所需挖深时，分层(可分二、三层)开挖，直至达设计高程。

该工程由于挖泥后，基槽可能要“空置”一段时间，交由下道工序施工，为便于清除回淤，当挖泥近达设计深度时，可预留 1 ~ 2m，待工序紧急，清淤时一并挖除，这样清淤效果更好。

6.1.6　开挖方法及措施

1）浚挖整体原则

(1)分段：段长一般以一个锚位(80 ~ 120m)为一段，顺水流方向开挖。

(2)分层：层厚依本船抓斗规格及土质而定，常以 3 ~ 4m 为一层(试挖后实际测试确定)，其顺序是由上而下开挖。

(3)分条：其条宽以抓斗吊杆范围内为限，本船设定为 20m，顺序为由里向外开挖。

(4)扫场：即清理基槽底，以基槽底宽为场宽，全部要清理到，要顺水流方向清理。

2）基槽粗挖

基槽粗挖施工时，施工船舶按垂直基槽轴线且船艏朝逆流方向展布，并以基槽中心线为分界线分为东、西半槽，通过船位的前进、后退实施顶水施工。抓斗挖泥船采用分段、分层、分条施工，分段长度主要考虑船舶横移距离，一般为 100 ~ 150m，分层按 2 ~ 3m 控制，分条主要考虑船舶宽度和抓斗吊杆活动范围，一般取 20m，如图 6-9 所示。

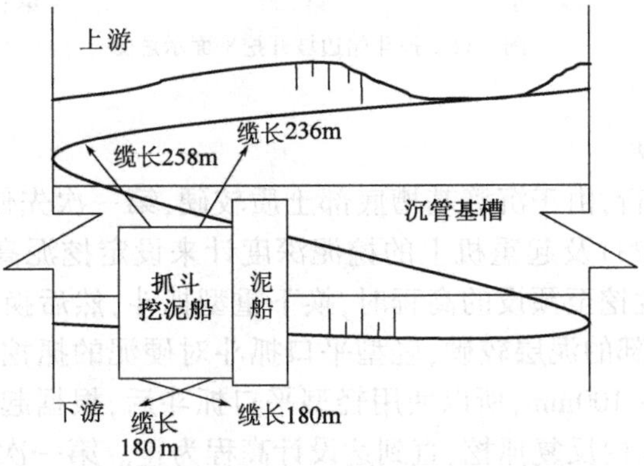

图 6-9　抓斗船布置示意图

抓斗船开挖隧道基槽边坡时，按照“下超上欠，超欠平衡”的原则进行开挖，以达到边坡设计要求并有效控制超开挖量，开挖槽面不留浅点，如图 6-10 所示。使用船载导航、定位、定点、定深电子控制系统控制平面位置及开挖深度。

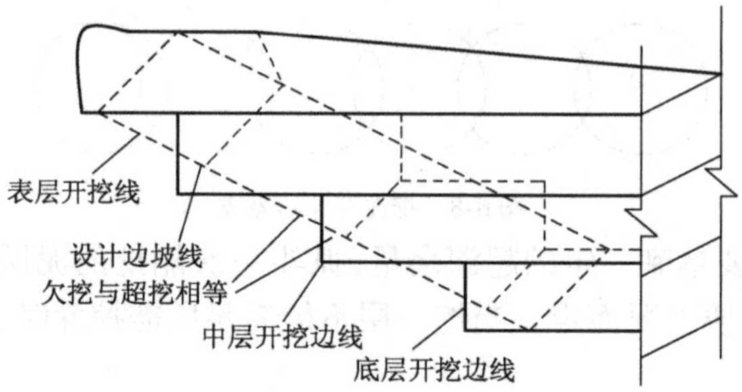

图 6-10 边坡阶梯开挖示意图

开挖边坡过程中，将计划开挖区域分为两个部分实施不同控制方法。其中，待成形区可采用常规疏浚方法，成形区域采用定深开挖来控制超深，施工中相邻斗之间按 1/3 布斗重叠施工以防止漏斗，施工步长按常规步长 2/3 移船，抓斗船挖泥按条与条之间搭接 3m，段与段之间搭接 5m 重叠施工，如图 6-11 所示。

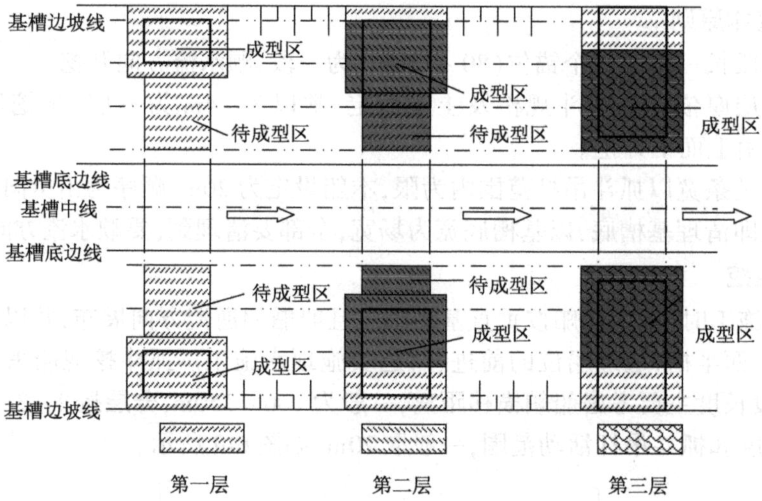

图 6-11 抓斗船边坡开挖平面示意图

3）基槽精挖

（1）基本原则和方法

基槽精挖分二次进行，由于沉管基槽底部土质较硬，第一次先使用重型抓斗浚挖，根据差分全球定位系统（DGPS）及起重机上的挖泥深度计来设定挖泥高程（即比设计高程高出 200mm）。当基槽的深度挖至预设的高程时，换下重型抓斗，然后换上轻型平口抓斗进行第二次浚挖。由于基槽底部的泥层较硬，轻型平口抓斗对硬泥的抓挖效果没有重型抓斗那么明显，抓挖深度只有 50～100mm，所以使用轻型平口抓斗后，根据起重机上的深度计设定设计高程，在设计高程范围内反复抓挖，直到达设计高程为止。第一次浚挖与第二次浚挖下斗排斗采用梅花形布置。

基槽精挖严格按照设计文件要求，分两期开挖，一期先由 E2 管节中部至北岸出入口，二期由 E2 管节中部至南岸出入口；基槽精挖横流作业。南区、北区施工抓斗船抛锚布置分别如图 6-12、图 6-13 所示。

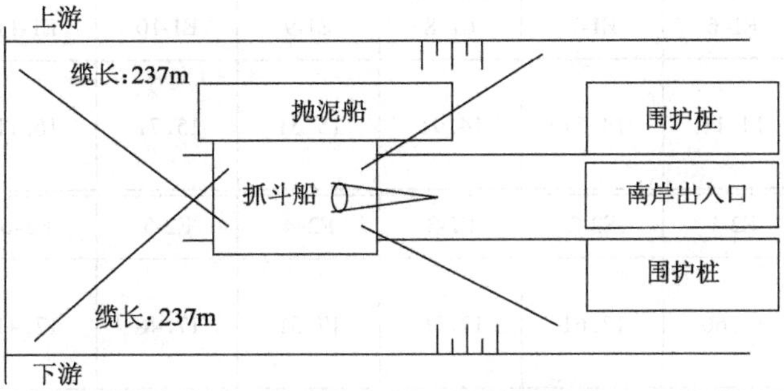

图 6-12　南区施工抓斗船抛锚布置示意图

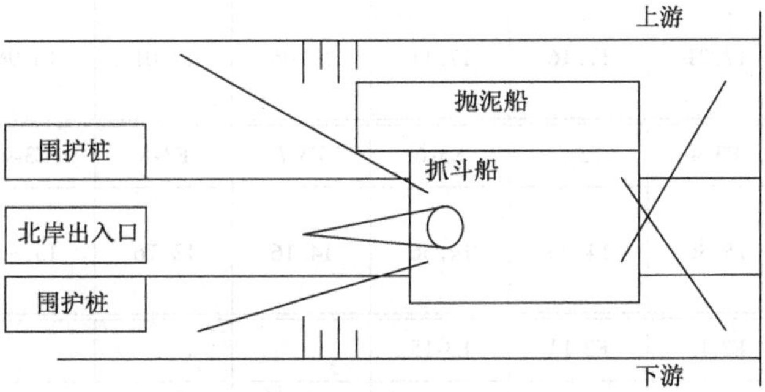

图 6-13　北区施工抓斗船抛锚布置示意图

一期精挖具体施工流程及工艺:从 E2 管节中间开挖向北岸出入口前移,根据 DGPS 定位系统及起重机上的挖泥深度控制器来设定挖泥高程。第一次精挖实际高程比设计高程高出约 200mm;当基槽深度挖至预设高程时,换下重型抓斗,然后采用轻型平口抓斗进行第二次精挖。由于基槽底部的泥层较硬,轻型平口抓斗的施工效没有重型抓斗明显,每斗抓挖深度只有 50 ~ 100mm,所以在使用轻型抓斗施工时可控制超深。施工中相邻之间按 1/3 布斗重叠施工的方法,以防漏斗,施工步长按规定步长 2/3 移船,在设计高程范围内反复抓挖,直到达设计高程为止。施工步长按抓斗开口宽度减去搭接长度 1m,即 6m - 1m = 5m 设计。沉管基槽两次精挖示意如图 6-14 所示。精挖深度按设计图纸要求见表 6-1。

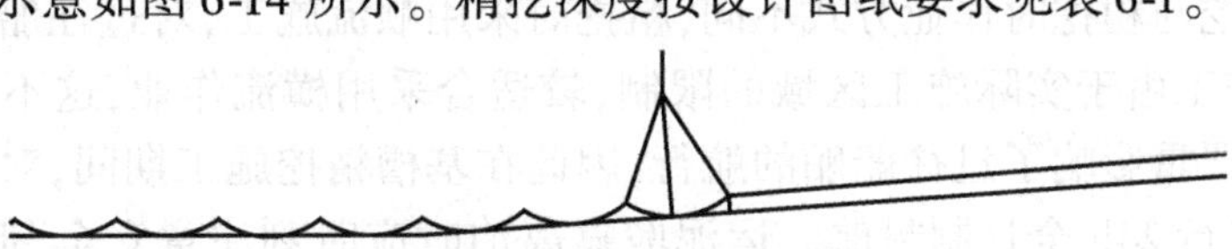

a)沉管基槽第一次精挖示意图

b)沉管基槽第二次精挖示意图

图 6-14　沉管基槽两次精挖示意图

管节基槽精挖步长设计高程表　　表 6-1

施工步长	E1-5	E1-6	E1-7	E1-8	E1-9	E1-10	E1-11	E1-12	E1-13
设计高程(m)	13.71	14.11	14.51	14.91	15.31	15.71	16.11	16.51	16.91
施工步长	E1-14	E2-1	E2-2	E2-3	E2-4	E2-5	E2-6	E2-7	E2-8
设计高程(m)	17.31	17.66	17.61	17.56	17.51	17.46	17.41	17.36	17.31
施工步长	E2-9	E2-10	E2-11	E2-12	E2-13	E2-14	E2-15	E3-1	E3-2
设计高程(m)	17.26	17.21	17.16	17.11	17.06	17.01	16.96	16.56	16.16
施工步长	E3-3	E3-4	E3-5	E3-6	E3-7	E3-8	E3-9	E3-10	E3-11
设计高程(m)	15.76	15.36	14.96	14.56	14.16	13.76	13.36	12.96	12.56
施工步长	E3-12	E3-13	E3-14	E3-15					
设计高程(m)	12.16	11.76	11.36	10.96					

二期沉管基槽精挖整体过程参见一期精挖施工。一、二期沉管基槽精挖施工目标预计 20 日内完成。

(2)精挖过程精度控制

基槽浚挖前在陆侧和南北出入口两边各设置一根水尺，根据水尺读数计算挖泥深度，并用实时动态(RTK)测量定位仪校核挖泥深度和平面位置。

(3)精挖施工难度及采用的安全措施

沉管基槽精挖与粗挖时作业方式不同，粗挖时采用顺流施工，对过往船舶的航道影响相对较小；而精挖施工由于实际施工区域的限制，较适合采用横流作业，这不仅使施工船的作业难度加大而且严重影响了过往船舶的航行，因此在基槽精挖施工期间，对隧道基槽两侧各 500m 范围内需实行 24h 全日制封航。运泥驳靠离泊时应时刻注意安全，低速航行，保证安全生产。

4）基槽淤泥清理

基槽粗挖、精挖结束后，在管段沉放前有一段闲置时间，受每日潮涨潮落以及过往航行船舶的影响，基槽内必有一定程度的淤泥堆积，需根据槽底淤泥量多少选择清淤方法。清淤施工作业现场如图 6-15 所示。

第一种方法：若淤泥量较少，沉淀厚度较薄，加之淤泥重度低、含水率高，搅动后呈流动状，不适合抓斗船挖除，宜采用大功率污泥泵吸除，设计吸泥量 $40m^3/h$。派潜水员下水先用高压水枪对准污泥进行冲释,然后将预先准备好的大功率污泥泵吊到吸泥位置,对刚刚被冲释的污泥进行吸除。吸口先沿基槽横向移动,然后再沿轴向从坡顶到坡脚,依次吸除存留在基槽内的所有淤泥。施工过程中分片分区进行,保证无死角。

a) b)

图 6-15 清淤施工作业现场

第二种方法:若沉管基槽底部沉淀层较厚,浮泥较多,则采用 11m^{3}空压机进行吸除,设计吸泥量 80m^3/h,潜水员下水先用高压水枪对准污泥进行冲释,然后将预先准备好的 11m^{3}空压机的吸泥管吊到吸泥位置,对刚刚被冲释的污泥进行吸除。

清淤工作考虑以下因素:

(1)清淤范围

根据施工条件、进度计划和设备性能划分清淤段。

(2)清淤顺序

依据划分好的清淤段,每段基槽先清理两侧,再沿纵向由高往低清理。

(3)设备调遣

计划投入的清淤设备进场检验调试后,在现场试清淤。同时在施工现场适当位置找一码头,便于平时的设备维修保养及材料运输。

(4)管线敷设

在施工区域的船后布设 300m 浮管,敷设线路近似流线形弯曲,并留有足够的富裕长度,随船清淤进程,接卸浮管。浮管主要采用抛锚艇在施工区域的水上进行接装,在落潮时进行清淤排放。排泥管线平坦顺直,弯度力求平缓,避免死弯;出泥管口伸出基槽坡脚以外的长度为 300m,并高出排泥面 0.5m。排泥管接头紧固严密,发现泄漏,应及时修补并更换。

清淤船浮管后接潜管,在岸边将单件管子组装在一起,下垫圆木,拖带下水;两个管子法兰盘之间垫橡胶圈,螺栓连接紧密,不能漏水。采用两端封闭的方式,使其在拖带过程中也不能进水。制作完成后,用抛锚艇将其拖到预定敷设地点,固定一端后,连接另一端,注水使之下沉。

(5)清淤施工

按照预定的施工区域(开工点)及预先放设的样桩,由抛锚艇拖引清淤船至开工点并校核,潜水员水下定位、移动;铺设连接排泥管线,并进行试挖,设备生产正常,管线无渗漏,即可开始正常作业。超出清淤船额定排距以外串接接力泵船进行加压施工。

(6)淤泥处理

由于基槽已经进行了初挖及精挖,淤泥数量少,无污染,为自然泥土。清淤排除的淤泥,可直接排放在距基槽300m的海域,必须确保排水达标等。

(7)其他控制措施

安排专人负责每天24h巡视排泥水位变化情况。通过方案优化和合理组织,在满足环保要求和标准的前提下,提高清淤有效作业时间,确保工期目标的实现。

(8)清淤工艺流程

清淤工艺流程如图6-16所示。

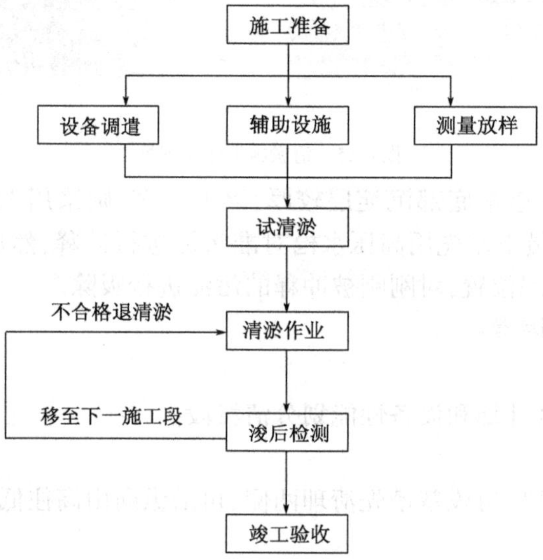

图6-16 清淤工艺流程图

(9)设备及人员配置

主要设备及人员配置见表6-2。

主要设备及人员配置 表6-2

项　目	配　置
施工船舶	定位作业船
	潜水作业船
人员	工程技术员
	潜水员
	辅助工
主要设备材料	30kW污泥泵
	直径150mm管
	管子接口
	$11m^3$空压机
	直径300mm管

5）南、北岸出入口及干坞口破除

该工程南坞口布设了多排整体水泥搅拌桩防水围护结构，该结构体积大、深度深、体积密实度高，须采用机械设备对桩体进行破碎后，使用重型抓斗进行浚挖。北岸出入口围堰布设了两排直径1200mm的钢管桩和两排水泥搅拌桩防水围护结构，钢管桩采用履带式起重机配振动头振动后缓慢拔出。对于两排水泥搅拌桩围护结构亦采用机械设备对桩体破碎后再使用重型抓斗配合220型长臂挖掘机进行交叉浚挖，做到不超挖且无浅点，使基底平缓顺畅。干坞口破除采用大开口浚挖施工，按照设计要求浚挖至干坞口底 -8.03 高程，底宽16m，两侧按1:4放坡。

6）抓斗船施工流程

抓斗船施工工艺流程如图6-17所示。

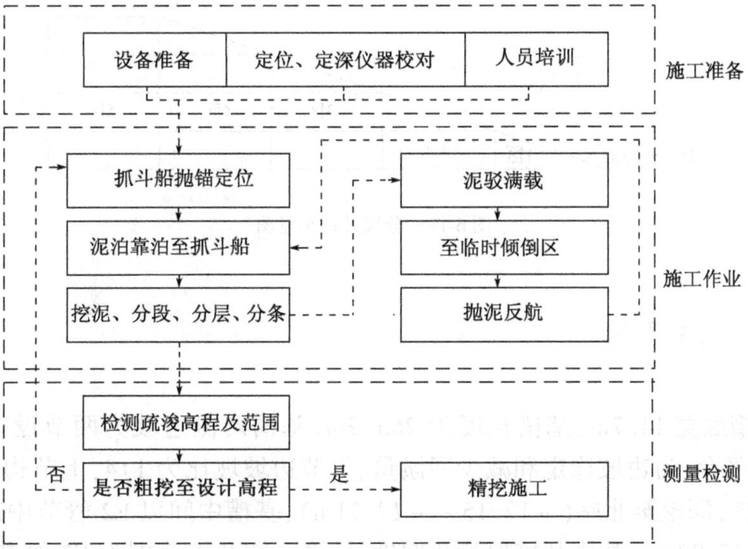

图6-17 抓斗挖泥船施工流程

6.1.7 航道开挖

航道长为80~100m，底宽为20m，现海床深度约0.00 ~ -8.03m，航道两侧根据床底深度设计为-8.03m的各自断面以1:4的边坡向两侧放坡，所以在开挖时，根据其“分段、分层、分条”的原则进行施工，航道开挖由外向里顺流分层开挖，如图6-18所示。

根据航道长度其挖泥船规格，航道挖掘拟分5条，每条宽约20m开挖，由外向内开挖方可保证挖泥船及驳船的吃水深度及干坞大堤的稳定，方便操作，如图6-19所示。

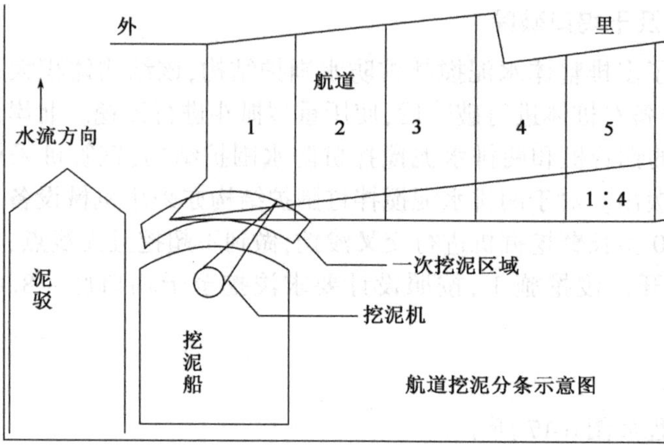

图 6-18　航道挖泥分条示意图

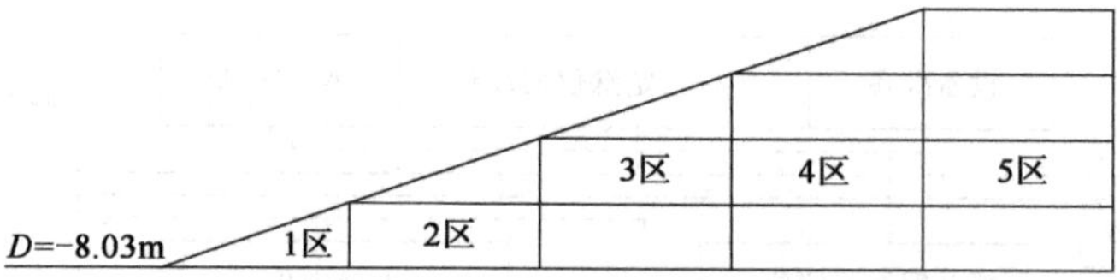

图 6-19　分层开挖示意图

6.1.8　基槽开挖

该工程基槽底宽 14.7m,基槽长度为 265.2m,基槽两侧边坡为两节设计,边坡中间存 2.0m宽的过渡平台,为边坡稳定和减少回淤量,下节边坡坡比为 1:4,上节边坡坡比为 1:7。可根据海床高程,深挖至北岸(-12.15 ~ -17.71m),基槽中间以 E2 管节中部为界,南岸开挖至 -17.71 ~12.23m。基槽开挖拟分两期进行,第一期开挖范围为 E2 管节中部到北岸按设计断面高程(-12.15 ~ -17.71m),E2 管节中部至南岸先开挖至 -8.03m;第二期开挖范围为 E1 管节回填覆盖后,E2 管节中部至南岸按设计断面开挖至基槽底(-17.71 ~ -12.23m)。

1)基槽开挖流程

基槽开挖施工工艺流程如图 6-20 所示。

2)E2 管节中部至南岸第一期(-8.03m)上部开挖

基槽开挖分两期进行,如图 6-21 所示。

航道开挖上节已述,航道开挖与 E2 管节中部至南岸基槽开挖近邻,在航道开挖的同时,可将 E2 管节中部至南岸区基槽 -8.03m 以上的泥层随航道开挖一并进行,当航道一区开挖的同时延伸至基槽南区,东边坡上线。

航道南区 -8.03m 高程以上开挖施工,同航道一区开挖相同。

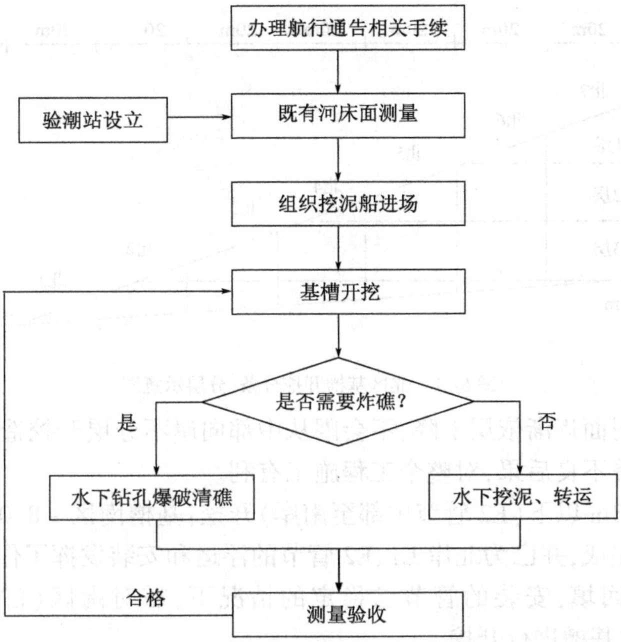

图 6-20 基槽开挖施工工艺流程图

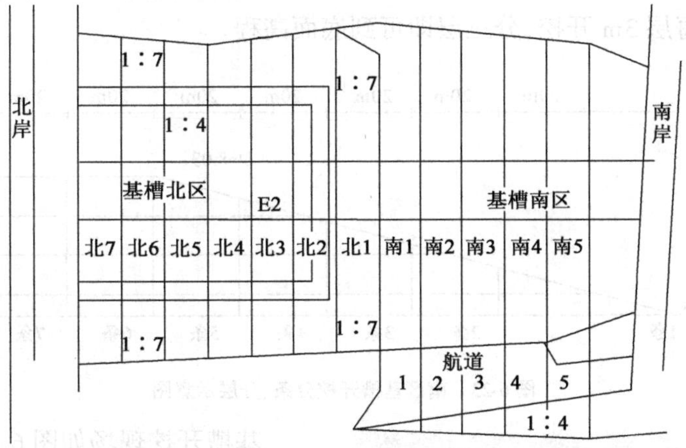

图 6-21 基槽开挖分期示意图

3)基槽北区(E2 管节中部至北岸)开挖

基槽南区第一期至高程 -8.03m 开挖完成后,挖泥船起锚,重新抛锚就位于航道北区,并从南区基槽 -8.03m 高程边线始向北岸分条分层开挖基槽北区(E2 管节中部至北岸)。同理,分条宽度为 20m,分层厚为 3~4m,开挖范围至两侧边坡上边线。

开挖顺序如图 6-22 所示,先从基槽北区“北 7 条”开始,先挖一层,接着移船至“北 6 条”也挖一层,此时,这两层的层底高程约同于“北 5 条”未挖前的泥面高程,再移船到“北 5 条”“北 4 条”依次类推至“北 1 条”第二层底、第三层。

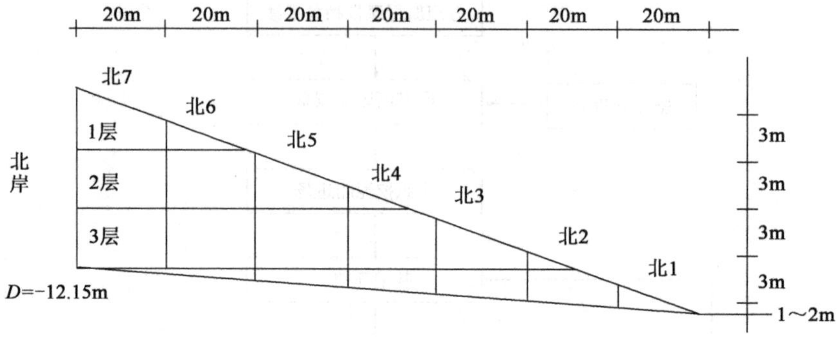

图 6-22　北区基槽开挖分条、分层示意图

此法开挖可使泥面逐渐依层下降，不会因从中部向岸不分层开挖造成泥层交差太大、塌方以及泥层不稳定等不良后果，对整个工程施工有利。

基槽南区 -8.03m 以下(E2 管节中部至南岸)开挖：基槽南区 -8.03m 以上的基槽开挖已同航道开挖一并完成，并已为北岸 E1、E2 管节的浮运和安装发挥了作用，待两管节安装完成或已在两侧局部回填，安装的管节已稳定的情况下，需对南区(E2 管节中部至南岸) -8.03m高程以下的基槽进行开挖。

开挖的顺序同北区，如图 6-23 所示。即先以南区“7 条”开挖一层，接着移船“6 条”开挖一层，慢慢过渡到“1 条”再从南区“7 条”向“1 条”单层开检过来，南区基槽此时顶面高程已降至 -8.03m，按每层 3m 开挖，分三层即可到底面高程。

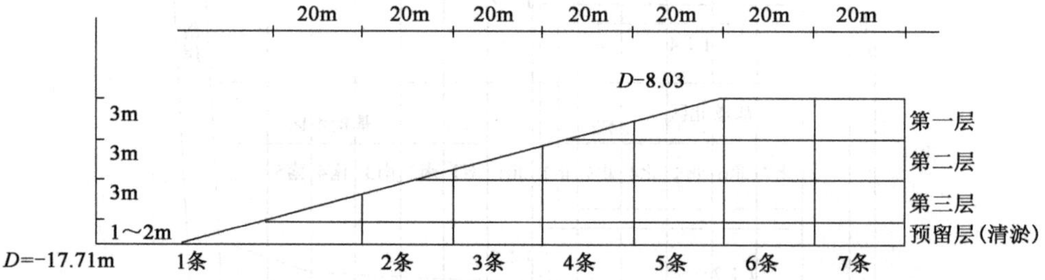

图 6-23　南区基槽开挖分条、分层示意图

图 6-24　基槽开挖施工现场

基槽开挖现场如图 6-24 所示。

4）扫场(即基槽底)清挖

基槽开挖至底高程上预留 1～2m 厚的原土，待安排抛填基碎石前和回淤的淤泥层一并挖除，这样在原土层上，相对比较好挖；且开挖至底高程后，即刻验收，抛填基床碎石。

扫场开挖顺序：从“E2 管节”中部向岸开挖→挖泥船仍是石嘴山或顶流施工→单条清完成→为确保基槽底面干整，可用泥斗放槽底横向拖移几次,刮干槽底→即刻抛填碎石。

6.1.9 基槽检测

基槽浚挖达到设计的基槽几何尺寸要求,保证达到断面设计高程,不留有浅点,同时保证基槽到隧道中线的距离满足设计要求。在碎石回填前进行水下地形扫测,即水深测量;在回填碎石后再进行一次水下地形扫测,确定碎石层顶高程。

基槽及边坡开挖后,由多束扫测仪进行扫测,出图比例为1:500,较详细地反映了基槽的开挖情况。

工程技术人员采用单位自行配置的扫测仪进行自检扫测及出图,并及时报监理及建设方;监理方和建设方即请第三方测绘单位进行验收,两次扫测成果必须一致,并在规范验收允许范围内,确保基槽开挖质量。

6.1.10 施工测量

水上外业测量任务实施流程如图6-25所示。

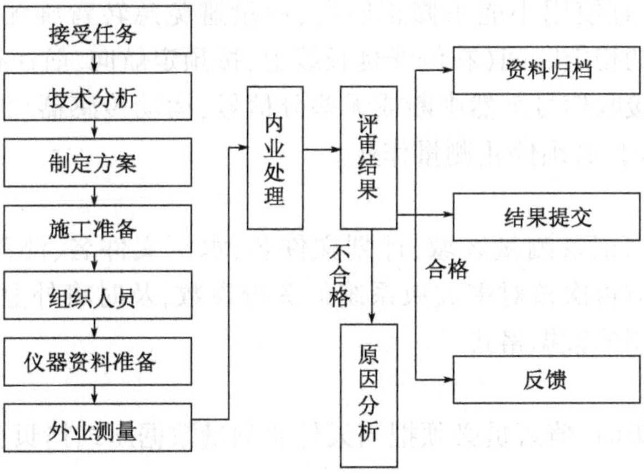

图6-25 水上外业测量实施流程图

1)外业测量

水上外业测量采用国际通用的测量软件HYPACK MAX和PDC2000(SEABAT8101多波束测量系统)进行外业测量,软件能自动采集水深数据、罗经数据、波浪补偿数据,并同步记录定位点的坐标、高程及时间等信息。进行施工测量前,须对测量定位系统和水深测量系统等设备进行校核。定位系统测量前需要在已知点上进行实测验证,符合相关规范要求方能在外业测量中使用,并做好现场记录,利用相关记录资料绘制XYPOLT精度定位图,作为编制成果评审报告的重要资料。单波束水深测量系统则须在测区进行测试板检核,测试板定深下放,通过测深仪声速调节确保获取水深数据与测试板下放深度一致,并在热敏记录纸上做好相关标记线。多波束测深系统则需要声速剖面仪现场采集声速,进行声速改正。

(1)测深仪声速校准

水上测量前使用SVP-15声速剖面仪测得工作区域声速,为保证声速准确性更高,测量人员先将探头放在水面下约2m处稳定5min,保证探头温度与水温一致,然后缓慢下放探头至水底,然后缓慢提升探头,并将声速读入计算机储存,读取表面声速并输入测深仪作为施测声速。声速剖面应在外业测量进行前、中各测定一次,当有迹象表明声速剖面发生显著变化时,需加声速剖面的测定次数,确保使用最新测定的声速剖面信息进行测量。

(2)测量过程

外业测量时,值班人员应仔细检查测量设备,确保仪器设备都处于正常工作状态,测深、定位系统接收良好。多波束系统测量时,应先按顺序校准横摇倾角、纵摇倾角、首摇,该校准需选择一个10°以上的平坦斜坡或礁石、沉船等特征地物区域进行。根据测区、侧船及所有设备的具体情况设定多波束发射/接受单元的关键参数,并注意侧线航迹间距、GPS移动接收机、运动传感器等情况,当发现如下情况时,应及时停止作业或进行补测、重测。

①单波束侧线航迹间距大于计划侧线1.5倍,需补测;多波束水深测量确保全覆盖,侧线间相互重叠,侧线之间的覆盖没有重叠时,需进行补测。

②单波束测深记录纸信号模糊不清,多波束系统测量回波信号质量和各种噪声水平较高时,需进行重测。

③在进线测量时,宜使用小舵角修正航向,尽量避免急转弯施测。上线正式记录数据前,应有不少于1min的稳定时间(在侧线延长线上,按预定航向、航速行驶)。

④DGPS或RTK接收信号突然中断或无差分信号,运动传感器(波浪补偿器)测出的横摇或纵摇倾角超过8°时,必须停止测量作业。

(3)外业记录

值班人员应按要求记录测量区域、计划文件名、水深文件名、测深线号、测量船速等信息,外业测量结束后,应再次核对多波束系统的关键参数,及时将外业原始数据转换成内业数据处理软件包能使用的数据格式。

(4)外业存盘拷贝

当天外业工作结束时,值班员必须把当天外业测量数据压缩拷贝到移动盘上备份,并检查无误后带回。

2)内业整理

单波束测量首先对外业文件数据如“RAWO312.log”文件的水深值与测深纸对照检查,对照测深纸修改水深数据,特别是凹凸的地方,检查测深采数是否到浅点顶尖处,如果有应对照测深记录纸进行修改,整个文件修改好后存盘在同目录的“EDIT”文件夹下,再通过“SORT”排序转换为成果数据。

多波束测量系统内业处理则通过CARIS HIPS and SIPS 6.0多波束处理软件来实现,对其原始数据进行独立编辑,剔除假数据,然后对其进行声速、潮位、吃水等综合改正,最后通过子块编辑对水深数据再次进行假水深删除。在数据转换前应正确选取测量船配置文件、滤波参数,在确保数据完整的前提下剔除导航、水深等数据粗差,使得数据处理时的显示效果更合理。声速剖面改正在数据处理前进行。水深数据处理分为线模式和子区模式，线模式水深处理时，滤波参数设定应比较保守，以删除大部分粗差及假信号为主，然后进入子区模式，进行人机交互处理。对于异常水深点的处理应慎重，应从作业区实际情况、回波信号个数、信号质量、声纳影像等多方面予以考虑。子区模式完成后，即可按照所需的数据格式进行数据成果输出。

(1)准备工作

按规定要求对测量船进行动吃水测定，在出图前进行动吃水改正。

(2)绘图测量水深

通过内业处理软件生成的最终数据成果，运用相应软件转换成 dxf 格式，在 AutoCAD 平台下自动绘制水深图及航迹图，最后采用 HP Design Jet 500 绘图仪进行出图。

(3)成果检查

对绘制好的水深图，技术人员按照《水运工程测量规范》(JTS 131—2012)有关规定进行审图。经检查无问题后，正式提交测量成果。

3）施工过程中的关键测量

(1)浚前测量

在基槽开挖前需进行一次完整的初始水下地形测量。水下地形测量拟采用多波束测深系统。施工前测量的水下地形数据作为工程的原始资料保存，在所有测量数据处理完成，测量结果检核通过后，将水下地形测量成果整理并入总体工前测量报告，上报相关单位审批。

(2)过程测量

隧道基槽浚挖主要采用抓斗式挖泥船施工，采用分层开挖方案。利用在抓斗船上安装的 GPS 定位系统，通过 GPS 接收机天线与船舶的相对位置关系来确定施工位置和开挖深度。抓斗船上装有测深系统，当该系统显示某一分层开挖完成，抓斗船离开施工工区，经过一段时间的悬浮物自然沉积，采用多波束进行检测，施工过程监测频率为每旬 1 ~2 次。平面位置和深度采用全站仪和水尺、水砣校核。

(3)边坡稳定及回淤监测

在开挖过程中，拟采用多波束对基槽边坡稳定及回淤进行监测，在基槽初步形成后设固定断面，检测频率为每月 1 ~2 次。另外，在洪汛、台风或大潮来临之前后应各安排一次测量。通过监测结果分析不同施工阶段、不同施工环境和特殊气象条件下各断面的回淤情况。

6.2 海上运输管制技术

为保证工程的顺利进行及施工期间的海上交通、作业安全，采取封航及警戒形式进行海上浚挖作业，警戒管制、封航区域及时间以海事部门航行通告或施工许可为准。

6.2.1 警戒管制、封航船舶及人员安排

根据地方政府组织相关单位及部门召开的专门关于海底隧道工程基槽、航道浚挖警戒协调会议精神，该工程警戒管制、封航由舟山海事局沈家门港海事处、区沈家门港综合管理办公室、公安边防参与，区海洋与渔业局牵头具体负责实施。

6.2.2 警戒管制要求

(1)现场通信：封航现场统一使用甚高频(VHF)电话 VHF16 频道收听和联系(海事采用 VHF16 频道)，并利用手提移动电话作为辅助通信工具。

(2)参加封航警戒管制各船舶要保证船上机电、音响等设备处于良好状态。

(3)参加封航警戒各船舶需悬挂和显示相应的封航旗号和灯号。

(4)参加封航的警戒人员实行 24h 值班。

(5)各警戒船应做好警戒期间的台账记录工作。

(6)警戒期间与沈家门港堤岸建设单位和邻近水上单位互相协调。

(7)所有施工船只抛锚时在晚上开启锚灯，以提醒船只注意水域下锚情况。

(8)管段拖航定位缆绳系上红色布带，做好明显的安全警示。

(9)沈家门港东、西方向警戒线由警戒船控制。

(10)护岸拉森钢板桩桩顶设置一排警戒泡沫浮筒及警示灯，防止船舶碰撞。

6.2.3 警戒管制、封航平面布置

临时巷道封航警戒管制布置如图 6-26 所示。

6.2.4 应急组织机构和职责

1）项目部应急指挥部

(1)组织机构

项目部设立应急指挥部，项目经理担任总指挥，项目常务副经理担任副指挥，成员由项目相关部门负责人组成，项目其他人员为抢险成员。应急指挥部办公室设在项目部 HSE(健康、安全、环境)管理部，日常负责人为 HSE 管理部部长。人员替代关系：项目经理—项目常务副经理—项目生产副经理。

(2)应急职责

负责工地应急现场指挥与救助工作，并与总经理部及公司应急指挥中心保持联系。

项目经理负责本工地应急指挥，项目常务副经理/生产副经理负责协助项目经理进行应

急指挥，项目 HSE 管理部部长负责组织工地应急抢险工作，项目其他人员协助进行相关应急抢险工作。

图 6-26　临时巷道封航警戒管制布置图

2）船舶应急指挥小组

（1）组织机构

组长由船长担任，副组长由轮机长和大副担任，成员由政委、驾驶员、轮机员、水手、机工等组成，日常负责人为船长。人员替代关系：船长—大副—轮机长。

（2）应急职责

船长负责本船应急总指挥，组织船员进行自救，控制事态发展，并与经理部及其他有关救助单位保持联系；轮机长负责机损事故、机舱（泵舱）火灾事故溢油事故的现场指挥自救；大副负责船舶交通事故，非机舱（泵舱）火灾事故、堵漏、倾泻水、人员落水等现场的指挥；电子员/指定的 GMDSS 操作员负责电台值班操作，协助船长保持对外联系；其他船员按应急部署分工执行相应的应急任务。

6.2.5　预防与预警

1）危险源监控

依据《危险源辨识、风险评价及风险控制程序》，对本工区施工生产作业中的危险源进行辨识、风险评估，制定风险控制措施进行监控。

2）危险预警

根据气象预报受到灾害性天气（包括台风、强风、突风、浓雾等）信息时，向本项目相关施工单位及船舶发出预警。

在安全检查中,发现危及人身安全、船舶及其设备安全的重大隐患时,有安全检查小组向相关船舶、单位发出预警。

火灾危险识别按气象部门发布的“黄色”“橙色”“红色”火灾危险信号进行预警。

3)施工区危险源分析

针对以上施工区周边海域自然条件、通航环境及该工程施工特点的分析,该工程施工区危险分析如下:

(1)自然条件可能导致的危险源

①能见度不良时施工船舶不采取雾航措施。

②对港口季节性强风估计不足,没有采取有效的防风措施。

③对台风估计不足,没有采取有效的防台风措施。

(2)通航条件可能导致的危险源

①经过施工区水域船舶不了解施工区状况穿越施工区造成碰撞危险。

②施工船舶驾驶员不熟悉施工区周边船舶交通流,容易形成对遇紧迫局面。

③施工航行船舶驾驶员不熟悉该水域船舶航行指南,随便进入或穿越主航道。

④施工航行船舶没有按照抛泥推荐航线航行,长距离斜向穿越航道,给附近主航道船舶带来避让压力。

⑤交通船和测量船不按小型船舶航行规定航行,采取不恰当的避让措施。

⑥候驳船舶随便抛锚等驳,威胁其他过往船舶的安全。

⑦保证施工船舶与本施工区内施工船舶间的安全避让。

(3)其他原因可能导致的危险源

①未及时组织进行安全技术交底。

②未及时组织培训船员(包括 VTS 指南、航行规章制度、通航环境可能要求当值船员的任何戒备)。

③个别船舶未及时掌握临时航道与其他航道相互转换的信息,从而误入施工区。

④船机故障,包括船舶结构或电源损坏、主机或舵机失灵。

⑤船舶发生搁浅、火警或机舱进水等意外。

⑥船舶发生溢油事故。

⑦人员落水等意外事故。

(4)重大危险源

根据以上危险源分析,结合每一项危险源的危害破坏性与发生概率等因素,确认涉及该工程的重大危险源的施工安全工作主要是台风季节的施工安全。

4)报告与处理

(1)按总经理部及公司的《不符合项、事故及险情的报告分析程序》,做好事故及险情信息的报告与处理,报告程序执行公司的《船岸通信程序》及总经理部相关规定要求进行。

(2)项目部调度室的有线电话和甚高频无线电话,24h 值班收听。船舶单位(外包)按相关规定配备专用通信设备,同时使用移动电话作为有效辅助通信手段。

(3)调度室值班人员接到事故信息时,立即向相关应急指挥机构领导报告。

5)报告手段

(1)船舶发生紧急情况时,应利用一切可利用的通信手段向项目部、公司调度室报告紧急情况发生的时间、地点、种类、程度、趋势、威胁和采取的措施等。情况紧急时,可要求工地应急指挥部和公司应急指挥中心提供一切必要的援助,也可就近向第三方请求救援。

(2)项目部调度室接到船舶紧急情况报告时,应立即如实向项目部领导、总经理与公司调度室报告,必要时可直接向公司指挥中心最高领导报告。

(3)项目部领导接报告后,应及时向总经理与公司指挥中心领导报告。

6.2.6 应急程序

船舶事故应急报告流程如图 6-27 所示。

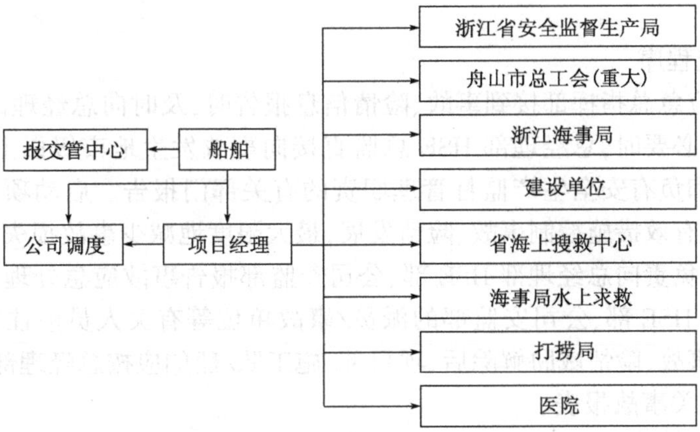

图 6-27 船舶事故应急报告流程图

1)应急响应

按照《水上交通事故统计办法》(2002 年 7 月 26 日交通部第 5 号令)、《船舶油污事故等级》(JT/T 458—2001)和《生产安全事故报告和调查处理条例》(国务院 493 号令)等事故分级标准,结合工地安全管理实际,将事故应急响应由高到低分为一级响应、二级响应、三级响应。

船舶事故的响应程序,执行公司《船岸应急指挥程序》《船舶应急须知》《船舶应急部署》;陆地火灾事故执行相关的消防应急预案。当发生并可能达到"一级响应"或"二级响应"所列事故时,启动项目经理部应急预案直至启动公司级应急预案;当发生并可能达到"三级响应"所列事故时,启动项目经理部及相关单位应急预案和船舶应变部署。

(1)一级响应程序

①项目经理部应急指挥部

项目经理部接到事故、险情报告时,立即向公司调度室和安监部经理报告;特殊情况下,项目经理部负责人可以直接向事故发生地县级以上人民政府安全生产监督管理部门和负有安全生产监督管理职责的有关部门报告。立即组织实施应急方案，并执行总经理部、公司应急总指挥中心的有关指令，向事故、险情显存提供必要的资源支持，采取有效措施控制事故、险情发展，最大限度地减少损失。并与事故、险情现场保持联系，负责向总经理部、公司应急总指挥中心及有关部门报告事故应急处理的最新动态。安排交通船、交通车，组织应急救护队，指定专人记录工作过程，保管来往函电、传真和通话记录等资料。

②船舶应急指挥小组

应急指挥小组在船长指挥下，按《船舶应急部署》和公司《安全管理体系文件》的"船舶设备应急操作须知"（GHJ/SMS/SBYJ09）及"船舶应急须知"（GHJ/SMS/SBYJ10）的动作处理，并与项目部应急指挥部和公司应急指挥中心保持联系。有救助船舶来救助时应与救助船保持联系，安排电子操作员、值班员、值（电台）班，负责进行通信联系，保管来往函电、传真和通话记录等资料。

（2）二级响应程序

项目经理部应急指挥部/施工队应急小组/传播应急指挥小组按一级响应程序的要求执行。

（3）三级响应程序

项目经理部应急总指挥部接到事故、险情信息报告时，及时向总经理部 HSE 总监、公司安监部经理报告；必要时，总经理部 HSE 总监直接向事故发生地市级以上人民政府安全生产监督管理部门和负有安全生产监督管理职责的有关部门报告。启动项目经理部/船舶应急指挥系统，采用有效措施控制事故、险情发展，最大限度地减少事故损失。做好伤员抢救、善后处理工作，并负责向总经理部 HSE 部、公司安监部报告事故应急处理的最新动态；必要时，会同总经理部 HSE 部、公司安监部的派员/事故单位等有关人员前往事故现场，协助进行事故处理。当事故、险情威胁解除后，项目部/施工队/船舶应按总经理部、公司《事故处理规定》要求填报相关事故报表。

2）应急结束

当事故或险情威胁解除，现场得以控制，环境符合有关标准，导致此生、衍生事故隐患消除后，现场应急指挥部可宣布应急结束。事故结束后，还应做好事故应急救援、事故调查和处理等工作。

6.2.7　现场应急处理措施

1）消防应急

发现船舶火灾或收到船舶火灾报告，迅速报告渔港办值班室并通知消防、医疗部门，火警电话 119，医疗急救电话 120；警戒人员和警戒船维持现场的通航秩序，禁止无关船舶进入事故现场。

2）船舶碰撞应急

收到船舶碰撞报告，迅速报告渔港办值班室；组织现场救助，如有人员受伤，通知医疗部门，医疗急救电话 120；警戒人员和警戒船维持现场通航秩序。

3）雷雨大风应急

收到危险天气警报，应迅速通知相关作业单位做好预防措施；及时通告有关船舶，提供雷雨大风方位及可能途径方向，提供就近码头、浅滩位置信息。

现场应急处理措施执行公司《船舶应急预案》《职业健康安全管理体系》《环境管理体系》文件中相关条例。

第7章

管节浮运、沉放及对接施工技术

Construction Technology of Subsea Buried Tunnel Under Complicated Geological Conditions

面向挑战的隧道及地下工程

Construction Technology of Subsea Buried Tunnel Under Complicated Geological Conditions

沈家门港地处长江口，钱塘江和甬江口部，隧道线路呈南北走向。过江沉管节里程为DK1 +004.7 ~ DK1 +222.7，全长218m，最终接头采用岸上接头；沉管共分3段管节，从北端岸上段向南段依次沉放；管节间采用柔性接头，对接头采用水压力接法，接头间用20mm厚波形钢板连接；干坞及最终接头均设在南岸。具体参数见表7-1，总平面布置如图7-1所示。

管节有关参数表　　　　表7-1

管节名称	E1	E2	E3
管节长度(m)	70	74	74
管节宽度(m)	11.5	11.5	11.5
管节高度(m)	6.4	6.4	6.4

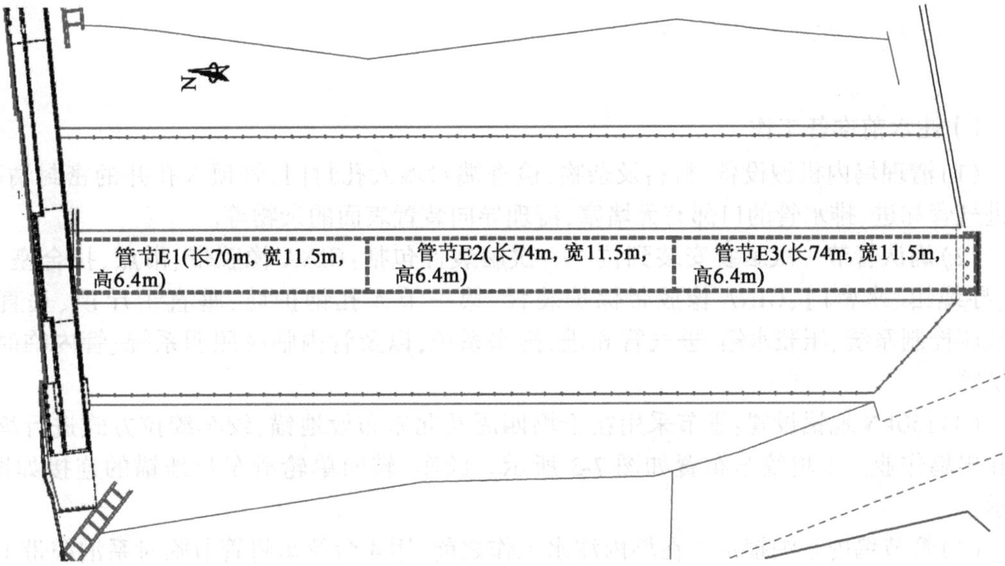

图7-1　管节总平面布置图

7.1 复杂工况条件下管节浮运施工技术

管节浮运、沉放施工工艺流程如图7-2所示。

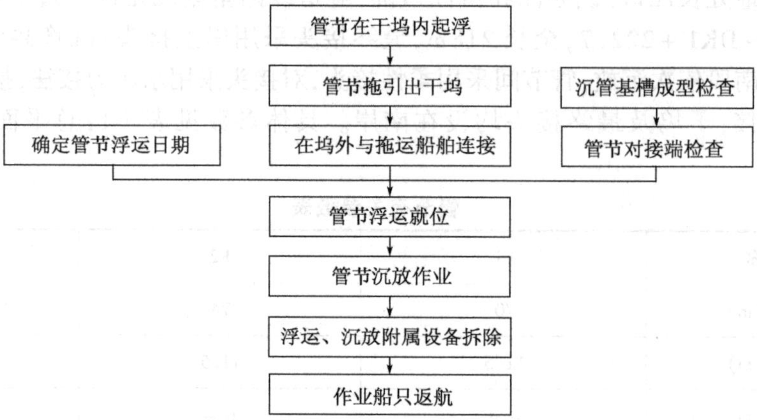

图 7-2　管节浮运、沉放施工工艺流程图

7.1.1　坞内准备工作

1）注水前准备工作

(1)清理坞内机械设备、材料及杂物,检查端封墙人孔封门、管顶人孔井的密封情况,检查进气管和进、排水管的口部有无堵塞,清理导向装置表面的杂物等。

(2)确认管节一次舾装安装到位。一次舾装件包括:GINA 橡胶带、吊点、拉合座、系缆桩、导缆钳、水密门、GINA 橡胶带保护装置、第一节人孔钢护筒、垂直千斤顶、垂直千斤顶液压控制系统、压载水箱、进气管和进、排水系统,以及管内临时照明系统、管内临时通风系统等。

(3)150kN 地锚设置:管节采用在干坞四周及北岸布设地锚,绞车绞拉方式进行坞内系泊和出坞作业。干坞绞车布置如图 7-3 所示。绞车、转向单轮滑车与地锚的连接如图 7-4 所示。

(4)管节坞内系泊锁定。在坞内注水工作之前,用 4 台绞车将管节临时系泊缆带上坞顶地锚,收紧系泊缆,防止坞内注水管节起浮后发生移位损伤管节。

2）管节起浮、抗浮验算

为确保其可靠性,对起浮、抗浮应采用不同的参数,起浮阶段为:钢筋混凝土重度为 25.0kN/m³,素混凝土重度为 23.0kN/m³,水重度为 9.8kN/m³,施工设备附加重量根据实际施工考虑;抗浮阶段:钢筋混凝土重度取 24.5kN/m³,素混凝土重度取 22.5kN/m³,水重度为 10.05kN/m³。

(1)起浮系数计算

管节在浮运、托运阶段,为保持其稳定性,必须使管顶面露出水面,并保持合适干舷高度。

工况一:坞内起浮,管节完成一次舾装(其中人孔,测量塔只安装了第一节)。

工况二:管节完成全部舾装工作。

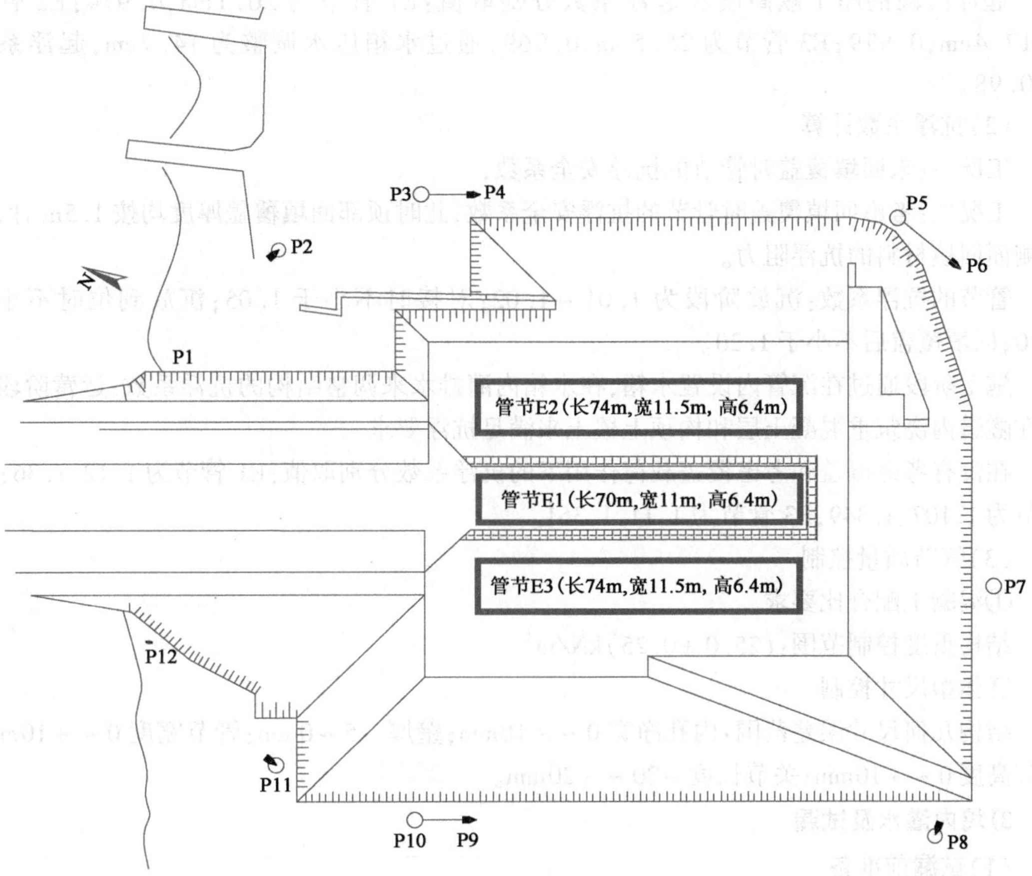

图 7-3　干坞绞车布置示意图

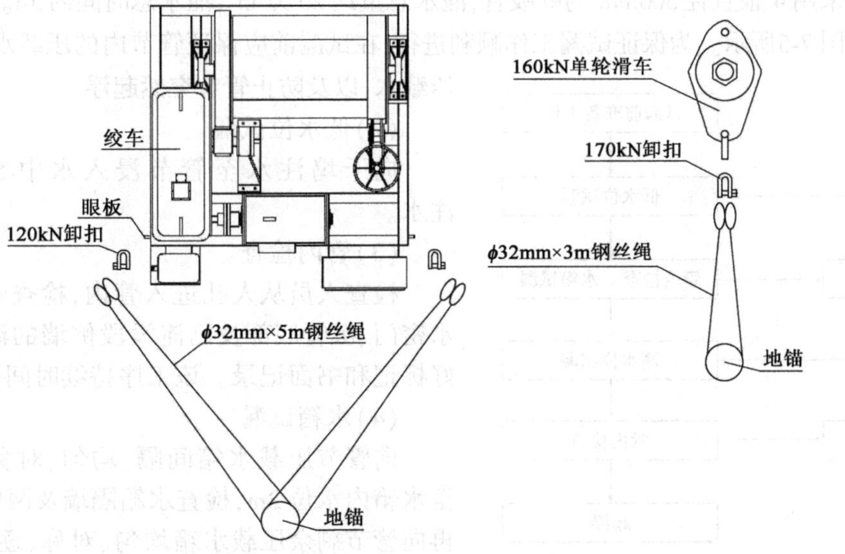

图 7-4　绞车、转向单轮滑车与地锚的连接

起浮阶段的净干舷高度和起浮系数分别取值：E1 管节为 20.1cm，0.974；E2 管节为 17.4cm，0.979；E3 管节为 25.5cm，0.969，通过水箱压水调整为 14.7cm，起浮系数为 0.98。

（2）抗浮系数计算

工况一：未回填覆盖时管节的抗浮安全系数；

工况二：考虑回填覆盖时管节的抗浮安全系数，此时顶部回填覆盖厚度均按 1.5m 计，不计侧面回填材料的抗浮阻力。

管节的抗浮系数：沉放阶段为 1.01～1.02；对接时不小于 1.05；沉放到位时不小于 1.10；回填覆盖后不小于 1.20。

施工阶段通过在沉管内设置水箱，在水箱内灌排水来调整结构的抗浮系数；运营阶段主要在隧道内浇筑重混凝土层和构顶上覆土来满足抗浮要求。

在没有考虑覆盖和考虑覆盖载荷作用下的抗浮系数分别取值：E1 管节为 1.12、1.36；E2 管节为 1.107、1.349；E3 管节为 1.11、1.361。

（3）管节质量控制

①混凝土配合比要求

结构重度控制范围：$(25.0 \pm 0.25)\,kN/m^3$

②体型尺寸控制

结构几何尺寸误差范围：内孔净宽 0～+10mm；壁厚 −5～0mm；管节宽度 0～+10mm；管节高度 0～+10mm；关节长度 −20～+20mm。

3）坞内灌水及试漏

（1）试漏前准备

试漏前准备工作包括水尺安装、水密门的冲水试验、临时短人孔的安装、抽水压载等。向坞内灌水采用 4 根直径 500mm 的虹吸管，灌水总量约 20 万 m^3，灌水总时间约 3d。坞内灌水试漏流程如图 7-5所示。为保证试漏工作顺利进行，在试漏前应保证管节内的压载水箱有足够的压载水，以及防止管节突然起浮。

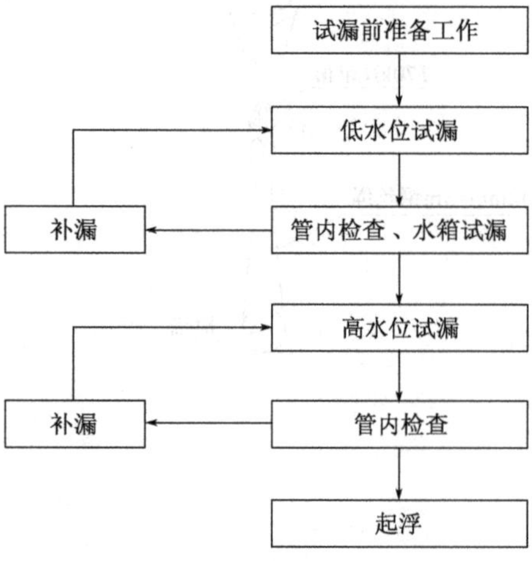

图 7-5　坞内灌水试漏流程图

（2）低水位试漏

向干坞注水至管节浸入水中 5m 深，停止注水。

（3）管内检查

检查人员从人孔进入管内，检查端封门底部、水密门、沉管底部及已淹没段侧墙的渗漏情况，做好标记和书面记录。该工序持续时间不小于 24h。

（4）水箱试漏

向管节压载水箱间隔、均匀、对称、逐级加水至水箱内水位 2m，检查水箱隔墙及两侧的水密性。再向管节剩余压载水箱均匀、对称、逐级加水至水箱内水位 2m，检查水箱整体的水密性。检查结束后，各压载水箱排水至箱内水位 1.0m 处，同时利用该过程检测进、排水系统的可操作性。

(5)高水位试漏

如果低水位试漏无不符合要求的情况发生，即可进行高水位试漏，向干坞内注水至水位超过管节顶面 0.5m 以上。试验前应先带好沉管系缆，并开启压载系统阀门，向沉管内压入规定量的压载水，避免沉管提前起浮。

(6)管内检查

检查人员从人孔进入管内，进行管节全面检漏，做好标记和书面记录，该工序持续时间不小于 24h。

(7)补漏

如检漏阶段发现渗漏问题，必须编制相应的处理方案，并且其处理方案经设计方确认可行后方可实施。

4）管节起浮及干舷测定

(1)均匀、对称地排出管节内各压载水箱内的压载水，当水箱内水位降至 0.5m 时，陆地测量系统实时监控管节姿态，一旦发现管节有起浮迹象，应放慢排水速率，根据管节姿态调整水箱水位保证管节平稳起浮。

(2)待管底完全脱离坞底后，应均匀、对称地加快排水速率，直至每个水箱内平均水位不大于 5cm，使管节获得最大干舷值。沉管起浮后，及时调整管节的系缆，避免管节起浮时失控。

(3)管节完全起浮后，精确测定管节四角干舷值及坞内水重度，供设计部门最终确定管顶防锚层混凝土的厚度。

7.1.2 安装吊驳、管节坞内移位

1）安装吊驳

该工程共需两只沉放吊驳，选用沉管隧道专用浮驳，每只设计负载 3000kN，主要尺寸为 36.0m × 10.8m × 2.6m，主要组成见表 7-2。

沉放吊驳主要组成 表 7-2

名　称	数　量
1500kN 滑轮组	2 套(主吊码)
150kN 液压绞车	2 台(配套主吊码)
30kN 电动绞车	4 台(用于浮箱定位)
100kN 电子秤	2 台(监测主吊码负荷)
300kVA 柜式发电机	1 台

2）管节坞内移位

由于管节干弦不足，需要使用两只吊驳辅助起浮。在 E1 管节浮运前，需分别将 E2、E3

管节沿远离 E1 管节的方向移动 3.5m，以保证 E1 管节浮运时吊驳的布置空间。

除靠近坞口的第一节 E1 管节外，其余管节在浮运前，需在干坞内横移至坞口轴线位置才能出坞。管节横移时，利用坞内绞车配合，将管节绞移到坞口轴线位置。

7.1.3 管节出坞、浮运至沉放区

1）准备工作

（1）在施工前，需制订详细的施工方案及占用航道情况，报送当地海事局。

（2）在管节浮运期间，在上下游各派出警戒船，确保安全。

（3）测量出坞航道、浮运航道及系泊位置的水深及回淤情况，如果回淤严重造成水深不足，则应进行清淤。

（4）清除浮运线路上的障碍物。

（5）在坞口设置流速仪，以详细掌握水流速度变化情况；设置水位标尺，以获取潮位资料。

2）施工步骤及方法

（1）在出坞前必须准确计算坞底实际高程、管节出坞时底面高程、潮位的关系，只有当潮位满足要求时方可进行管节绞拉出坞作业。

（2）利用坞内绞车及江面布置工程船的配合，将管节绞移出干坞。管节绞移出坞开始时，主要依靠坞内及北岸的绞车提供向前绞拖力，当管节向前移动至管头进入坞口时，则由北岸的绞车提供向前的力，坞内绞车主要负责管节的横向定位及系留。

（3）利用江面和两岸的绞车，将管节绞移浮运至沉放区，并进行临时系泊。系泊方式为四点系泊，系泊锚块为 4 块吸附式重力锚块，系泊缆采用 ϕ72mm × 85.5m 钢丝绳，破断负荷为 3000kN。首先将上游的系泊缆带上管面缆桩，并按设计要求的长度进行系泊；然后将下游的系泊缆带上管面缆桩，并利用在管面上预先设置的绞车，将系泊缆按要求的长度收紧系泊。

预制管节浮运作业及沉放施工现场分别如图 7-6、图 7-7 所示。

图 7-6　预制管节浮运作业施工现场

图 7-7　预制管节沉放施工现场

7.2 复杂工况条件下管节沉放及对接施工技术

7.2.1　基槽开挖及基础处理

1）基槽开挖及清淤

根据资料及现场勘查，施工区所处航道过往船只频繁，河道两岸建筑物较多且离施工区较近，周边环境较为复杂，施工易受过往船只及港区停靠船舶的影响。

根据沉管埋深、结构断面尺寸及水文、地质条件，基槽开挖宽度较结构底两侧各增加 2m。基槽采用放坡开挖，边坡坡率为土体水下稳定坡率，一般为 1∶4 ~ 1∶7。基槽开挖总平面如图 7-8 所示，图中阴影部分为开挖范围。

该工程沉管段基槽大部分为粉质黏土、淤泥质粉质黏土、淤泥，同时有少量的含黏性土圆砾、角砾。土质从上部至下部依次为淤泥、淤泥质粉质黏土、粉质黏土夹杂少量含黏性土圆砾、角砾。

(1)施工注意事项

①基槽开挖应该达到设计的基槽几何尺寸要求，保证管节底面和基槽底之间的距离不小于 60cm，不得留有浅点。

②保证基槽底至隧道中线的距离不小于 7.85m。

③靠近岸边围护护岸结构处禁止直接开挖，以确保堤岸和护岸结构的安全。

④保证边坡质量要求。

⑤基槽开挖产生的土方必须运至指定泻泥区，并满足有关要求。

⑥采取有效措施保护河堤岸与过往船只的安全。

⑦管节沉放前,应采取可靠措施清除沉放区域槽底的淤泥,且不得破坏槽底原状土,并注意不得伤及已沉放好的管节,清淤结束后,槽底以上 10m 范围内的水体平均重度应不大于 $10.1kN/m^3$。

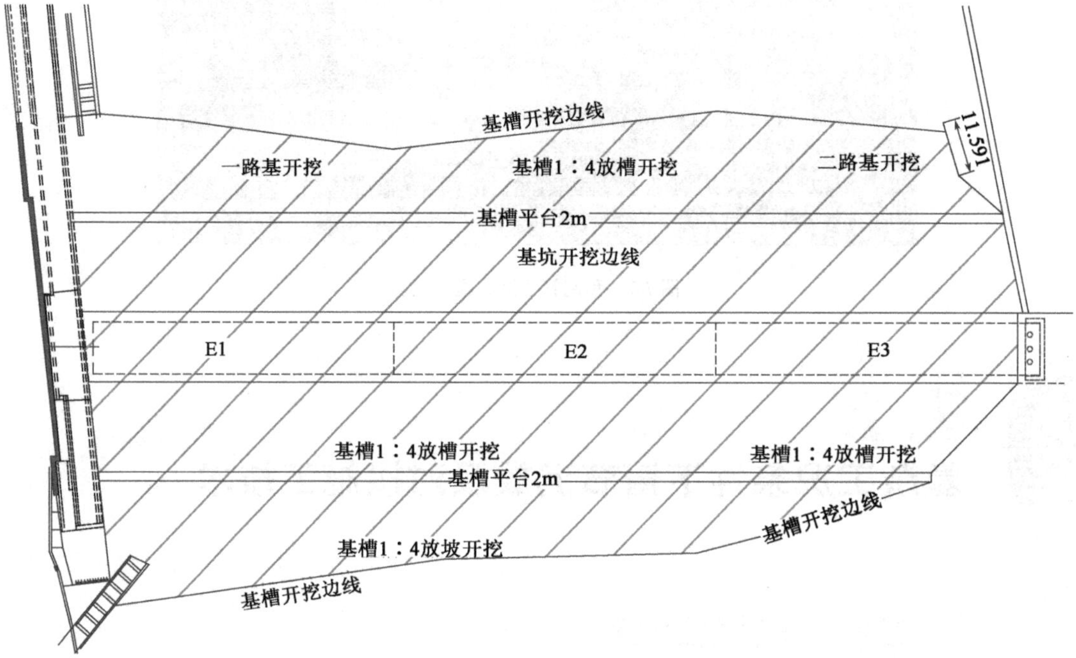

图 7-8　基槽开挖总平面图

(2)施工定位

抓斗船施工的平面控制采用 GPS 全球定位系统和挖泥船电子图形控制系统,实时计算机屏幕显示并监测平面开挖位置;深度控制采用现场实时验潮和船舶定深控制系统,根据实际开挖深度和当时潮位控制抓斗的下放深度来控制挖深,在实际施工过程再采用水砣检测开挖水深,保证开挖后高程满足要求。

(3)施工质量控制

①护岸前沿施工

抓斗船在护岸前沿施工时,最里面(即靠岸一侧)的横缆要收紧,要求与挖槽基本平行,这样当头拢锚、尾拢锚长度不变时,挖泥船可始终在规定分条内前移。当挖泥船前移在放松娓锚和尾拢锚时要与横缆平行,防止船首向外倾斜。

②挖槽边坡控制

在泥层较薄作一层开挖时,边坡采取“一刀切”方法,即以 1/2 坡距作为放坡距离,一次完成挖坡(坡距即挖槽底边线,也即坡脚线至坡顶线的水平距离),然后让其坍成自然坡度。若泥层厚分几层开挖时,或开挖基槽边坡,必须逐级放坡,即挖成阶梯形,然后让其坍成自然坡度。若挖槽边线上、下段泥层厚度和土质不同,则应分段放坡。边坡阶梯开挖如图 7-9 所示。

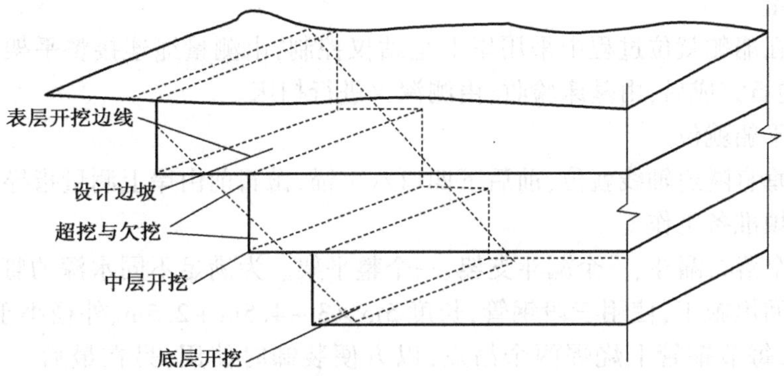

图 7-9 边坡阶梯开挖示意图

③深度控制

在施工中必须勤看水位、勤测水深、勤对船位，只有当实挖深度符合设计要求时，挖泥船才可前移，施工中应注意以下几点：

a. 挖深控制。挖深控制一般通过船首测量水深和船台深度指示器控制，也可在吊斗钢缆上做好尺度标记来控制水深。抓斗船备有定深装置，可以根据当时的水深来掌握抛斗深度，控制挖深。

b. 水位修正控制。抓斗挖泥船在码头前沿或港池内挖泥，一般都安装潮位遥报仪或在岸边设立水尺，随时掌握水位变化，及时调整挖深。

c. 备淤深度确定。应根据施工区回淤规律，控制好恰当的备淤水深。

d. 充泥控制。挖软土时，当抓斗切割泥土达到最大充泥量，即为最佳挖泥厚度。如超过最大充泥量，抓斗吊起过程中会有一部分泥土掉入已挖部位，造成浅点。为此应增加抓斗重叠，使冲泥量适度。另外，可控制抓斗宽度来控制充泥量。

e. 前移距控制。为了防止在前进方向漏挖，造成疏浚深度不足，一般取抓斗张开宽度的 0.6～0.7 倍作为前移距。在前移(进关)之前必须检测实挖部位水深，当深度达到设计要求时，方可前移。

2）基础抛石整平

基础处理是沉管法隧道施工重要的一环，它直接影响管节的沉放安装，以及整条隧道的营运。该工程隧道沉放前的基础抛石整平主要指 60cm 碎石垫层抛填及整平。碎石垫层的铺设可采用方驳配漏斗加皮带运碎石船工艺，抛石铺设过程中随时进行测量监控，严格控制碎石层的高程。

(1)各管节坡度及整平精度

①E1 管节坡度为 -8%，E2 管节坡度为 1%，E3 管节坡度为 8%。

②基础整平精度为 ±2m。

(2)基础抛石整平的施工流程

①基槽开挖验收

当基槽开挖完成后，由基槽开挖的单位连同监理对基槽进行验收，我方对测量数据进行复核，如未满足设计高程的，要求其进行补挖。

②施工测量

测量定位在船舶就位过程中采用岸上全站仪控制，由测量绳连接整平架与抛石船以控制抛石高程；抛石完成后，由基床验收，由测深仪进行扫床。

③抛石整平船就位

整平船在垂直隧道轴线就位，前后下四口八字锚，抛石前由岸上测量指导进行移船。

④碎石抛填准备工作

a. 制作两个落石漏斗、一个漏斗支架、一个整平架。为满足不同水深的管节基槽和隧道侧面碎石锁定回填施工，使用三段钢管，长度5m×3+4.5m+2.5m、外径小于400mm，通过法兰连接而成，每节钢管上烧焊两个吊点，以方便装卸时使用；另在最后一节钢管底下由3.5m高的帆布套筒，以确保石料顺着漏斗下至整个平架。在"抛石整平船"的船舷制作一个漏斗支架，将两套落石漏斗安装在两个漏斗支架上，并穿引好提升钢丝绳和漏斗移位钢丝绳。

b. "碎石整平船"上加装起重机。"碎石整平船"的船舷设置了落石漏斗，整平船大范围移船过程中需将漏斗吊起，为使漏斗装卸方便，因此需在"碎石整平船"船舷加装一台50t起重机。

c. 碎石船上配置挖掘机。为确保碎石准确进到漏斗和精确控制落石量，需在碎石船上各配置1台$1m^3$的挖掘机。

⑤施工船组进场

各项准备工作完成后，进入施工现场。由于现场施工需占用航道，造成施工和通航相互影响，为确保水上施工安全，需海事派警戒船警戒。

⑥基槽碎石整平

基础碎石整平从里程DK1+007.7开始，其里程基槽设计高程为-12.33m。碎石整平船垂直隧道轴线方向就位，整平架长度14m，每次移船位，为整个隧道基床的宽度。

回填的碎石由安装在"碎石整平船"上的落石漏斗准确输送。具体施工方法如下：

a. 通过岸上摆设的全站仪，指挥"碎石整平船"抛锚就位，使"碎石整平船"移船至所需里程，并横跨在沉管上，两个抛石漏斗刚好落在沉管的一侧。

b. 定好船位后，安装漏斗支架，装配好漏斗，并根据水深和设计整平高程，利用三轮滑车组控制整平架高程，使整平架底达到设计的碎石层整平精度要求。整平架提升如图7-10所示。

碎石运石船抛锚后靠近"碎石整平船"船舷的落石漏斗边，带好缆绳。船舶布置平面如图7-11所示。

c. 碎石整平。运石船上的挖掘机将碎石送进落石漏斗，碎石通过漏斗和钢管准确注入预定的碎石基槽面。同时潜水员水下检查整平架碎石装石情况，并指示漏斗钢管摆动位置（检查整平架里面哪里缺少碎石，并将漏斗移动到那里）；船上人员绞动漏斗钢管移动钢丝绳，使钢管到达指定位置上方。通过潜水员和船上人员的配合，确保碎石填满整平架。当碎石填满整个整平架时，由岸上的全站仪指挥，绞锚垂直隧道轴线方向移船1m，在移船过程中，潜水员监测整平架里碎石下料情况，如果整平架底离空，立即停止移船，重新将漏斗移至该位置回补碎石，使碎石均匀回填达到设计要求。重复下石，至整个15m里程断面碎石的回填，碎石整平施工方式如图7-12所示。

d. 检测。每天抛石完成后,统计当天抛石量,并与预算的回填量相比较,如实际抛石量与预算的回填量相差太多,应及时检查原因,避免出现漏抛或超抛现象。

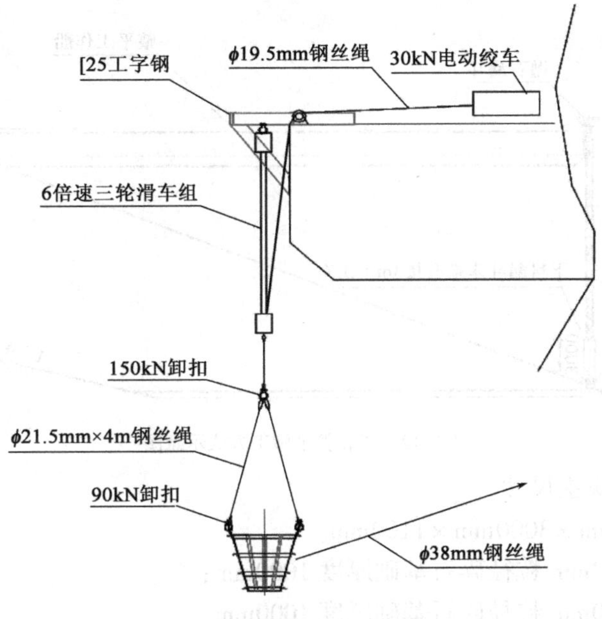

图 7-10　整平架提升示意图

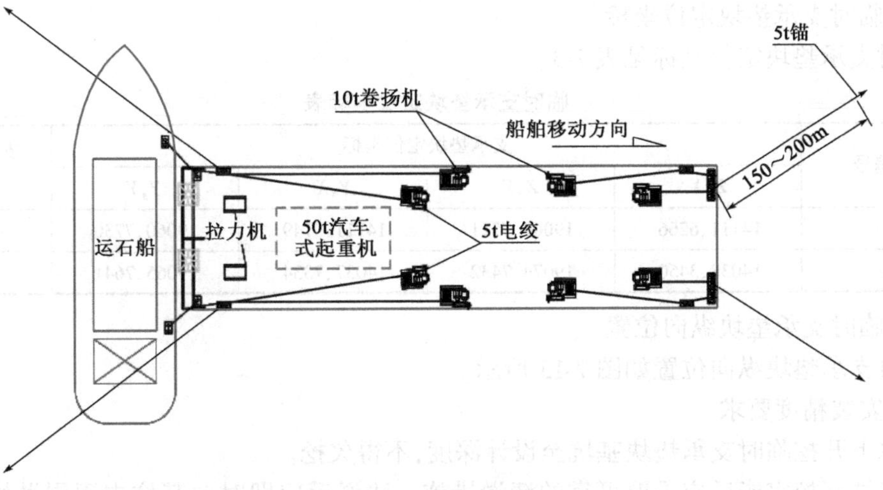

图 7-11　船舶布置平面图

注:1. 整平船上共布置 4 台 100kN 卷扬机用于移船使用,4 台 50kN 电绞用于整平架提升,2 台拉力机用于漏斗移位,50t 汽车式起重机用于漏斗装卸使用。

2. 船舶抛锚就位,使用 4 个 5t 锚,抛锚距离控制在 150 ~ 200m 之间。

3. 整平船抛锚就位后,带装载车的运石船靠泊在整平船的漏斗架旁,并带缆固定。

3)安装临时支承垫块

该工程共设置 4 个临时支承垫块,E1 管节、E2 管节各设置 2 个。临时支承垫块参数、安装精度要求及安装工艺流程如下所述。

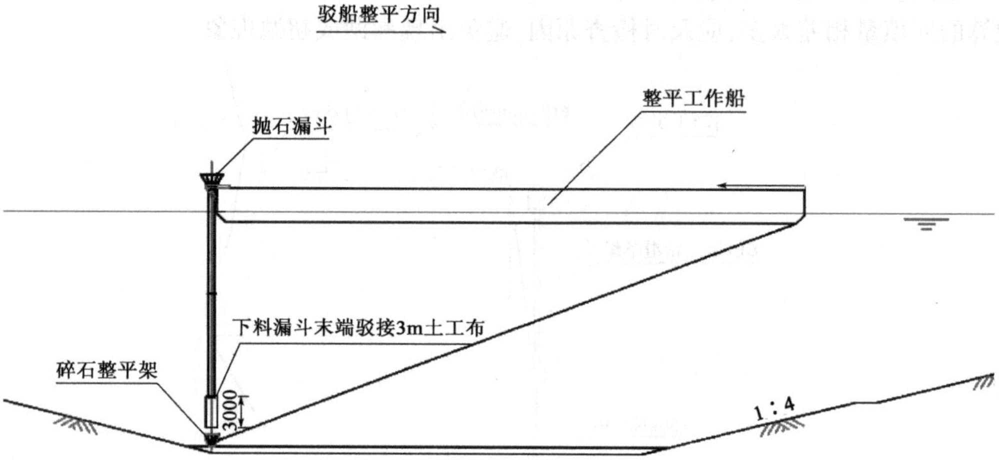

图 7-12　碎石整平施工方式示意图

(1)临时支承垫块主尺寸

垫块尺寸:3500mm×3000mm×1100mm。

碎石基础:10~20mm 粒径碎石基础厚度 1000mm;

20~40mm 粒径碎石基础厚度 1000mm。

支承钢板:1500mm×1000mm×50mm(1500mm 为管节轴向尺寸)。

(2)临时支承垫块定位坐标

临时支承垫块定位坐标见表 7-3。

临时支承垫块定位坐标表　　表 7-3

管节编号	支承垫块定位坐标				支承点高程(m)
	Z,X	Z,Y	Y,X	Y,Y	
E1	14111,6266	19069,7521	14111,0149	19060,7730	-15.461
E2	14038,3450	19074,7432	14037,7334	19065,7641	-16.292

(3)临时支承垫块纵向位置

临时支承垫块纵向位置如图 7-13 所示。

(4)安装精度要求

①水下开挖临时支承垫块基坑至设计深度,不得欠挖。

②基坑开挖完毕后应采取可靠的清淤措施。清淤后应即时向基坑内逐层抛填碎石,抛填过程应连续,并采取措施防止周围淤泥流入坑内,影响碎石抛填质量。

③待顶部 1m 碎石层(粒径为 10~20mm)抛填结束后,应采取可靠的措施进行顶面整平,整平精度为 ±50mm。

④整平结束后,应立即沉放临时支承垫块,临时支承垫块的沉放精度为:平面位置允差不大于50mm;高程允差为 ±20mm;倾斜度小于 1/1250。

(5)安装工艺流程

①支承垫块基础开挖、清淤见“基础挖泥施工方案”,安装工艺流程如图 7-14 所示。

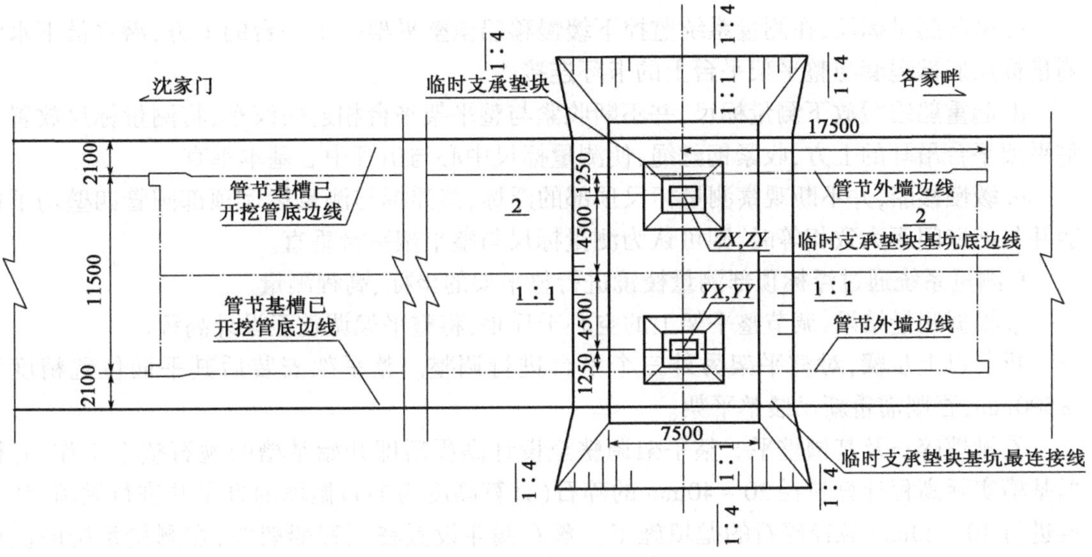

图 7-13 临时支承垫块纵向位置图(尺寸单位:mm)

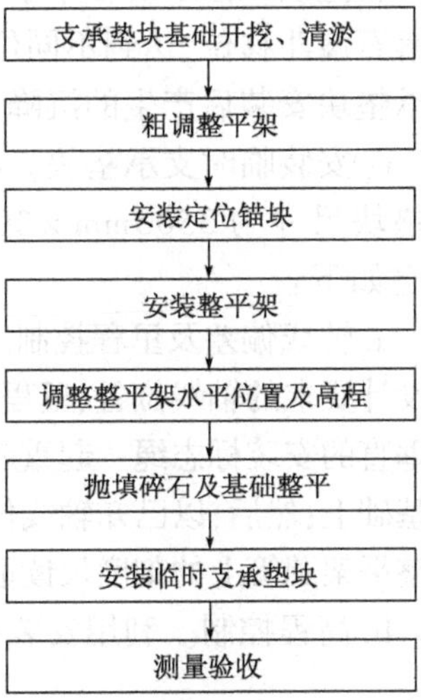

图 7-14 临时支承垫块安装工艺流程图

②粗调整平架。用起重起重船起一块定位锚块在测量系统监控下粗测整平架的四条支腿的基槽高程,用以粗调整平架(即根据高程数值,调节四条支腿相对于整平架的不同高度),以确保整平架吊放在预定基槽面以后,能保持基本水平,且大致符合设计要求的高程,这样有利于下一步对整平架进行微调时节省潜水员水下工作时间。定位锚块为钢筋混凝土结构,尺寸为 2200mm × 2200mm × 1500mm,重量约 18t,共两件。

③安装定位锚块。在整平架粗调工作完成后即开始定位锚块的安装工作,定位锚块布置在整平架沿轴线方向的两端,其安装平面精度为 ±50mm。

利用整平架的交叉钢丝绳通过卡环套在锚块上的钢丝绳来引导安装整平架,可保障整平架的轴线位置、里程并减少整平架相对于隧道轴线的偏扭。

④在定位锚块安装完成后,将其顶部中心的钢丝绳连接在工程船绞车上,收紧钢丝绳。这样可以安装整平架,通过对起重起重船钩的测量,以及整平架上的交叉钢丝绳用卡环套在两个 18t 锚块上的钢丝绳而导引下去的方法,来进行整平架的安装。

⑤调整整平架水平位置及高程。整平架吊装完成后其水平位置及高程通过测量标尺来进行测定,方法如下:

a. 在整平架平台上预定位置设置一个 100kN 吊耳,并预先连接好卡环。

b. 将测量标尺上设置的导向滑轮与工程船绞车连接,并将钢丝绳端部绳套系在测量标尺底部。

c. 吊起测量标尺，在测量系统监控下缓慢移船至整平架一个平台的上方，潜水员下水将测量标尺底部绳套与整平架平台上的卡环连接。

d. 起重船缓缓放下测量标尺，并不断收紧与整平架平台相连的绞车，将测量标尺放置在整平架平台吊耳的上方，收紧钢丝绳，使测量标尺中心与吊耳中心基本垂直。

e. 缓慢移船，并不断观察测量标尺顶部的浮标，待浮标与测量标尺顶部圆管四壁均不接触并与四壁间距大致相等时，则可认为测量标尺与整平架平台垂直。

f. 测量系统通过浮标顶部测量棱镜进行整平架的坐标、高程测量。

g. 根据测量结果，调节整平架上的空心千斤顶，将整平架调整至设计高程。

重复以上步骤，对整平架另外三个平台进行调整。整平架安装后其平面位置精度为±500mm，否则需重新吊装整平架。

⑥抛填碎石及基槽整平。整平架调整至设计高程后即开始基槽的抛石整平工作，先根据基槽实际高程计算粒径20～40mm的碎石（计算高度为1m）抛填的方量并进行抛填，然后再进行10～20mm粒径碎石的抛填施工。落石漏斗设置在工程船船头，在测量系统的监控和潜水员的协助下将落石漏斗底部放入整平架中间，运石船通过输送带或钩机开始进行基槽碎石抛填。潜水员在水下引导落石位置并用水枪、刮刀进行碎石整平，依靠工程船移位带动落石漏斗移位，达到不同位置的落石整平。整平后碎石基础应比设计高出50mm以抵消支承垫块安装后产生的沉降。

⑦安装临时支承垫块。碎石基础抛填整平后即开始临时支承垫块的安装工作，临时支承垫块尺寸为3500mm×3000mm×1100mm，重量约280kN，水下重量约170kN。安装规定如下：

a. 轴线偏差及里程控制。在落石整平之后，吊装垫块之前，根据上述所测定的整平架相对于设计要求的轴线位置、里程的偏差数值，在整平架圆管上找到相应的刻度值，并拉好两条相互垂直的安装标志绳。起重起重船起临时支承垫块，在测量人员及潜水员的协助下，吊放在碎石基础上；然后，以已知轴线位置及里程的整平架为基准，潜水员在水下用标尺紧贴垫块边，通过整平架圆管上的刻度尺读取垫块的确切位置，保证垫块的平面位置偏差为±50mm。

b. 高程控制。利用安装在工程船上的测量架，对垫块的四角高程进行测量。

7.2.2 沉放区系泊系统设置

管节沉放安装时要能准确定位必须依靠可靠的定位系泊系统抵抗水流作用力。由于管节安装定位时主要承受横向水流力，而纵向水流作用力相对较小，因此采用四点系泊系统进行定位。锚块的抛设主要考虑抵抗横向水流作用力。

1）系泊系统的设计

(1)系泊系统构成

系泊系统由4个水中锚块（S1～S4）及8个岸桩（A1～A8）构成。锚块及岸桩平面布置如图7-15所示。

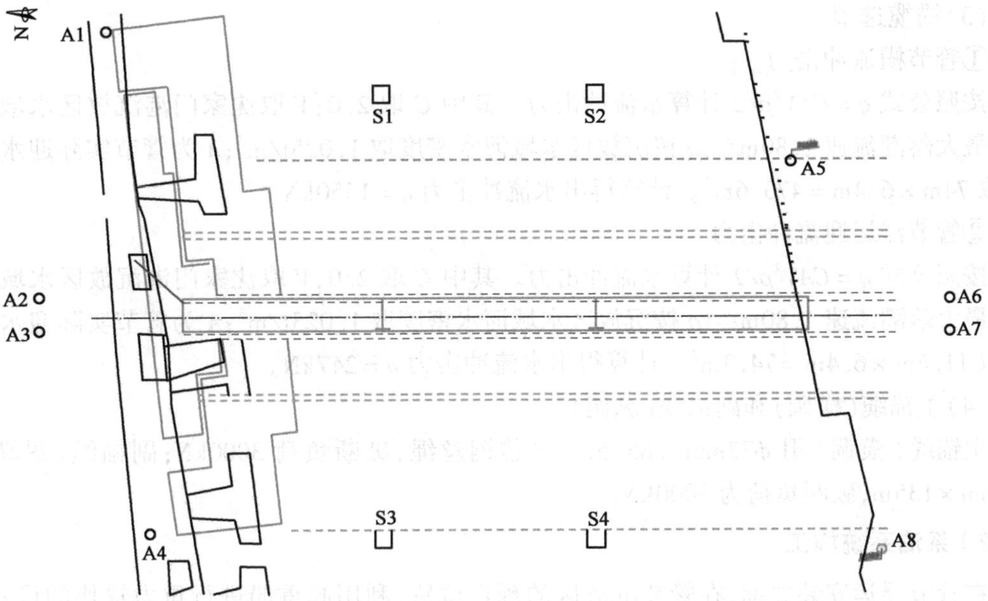

图 7-15　锚块及岸桩平面布置图

(2)水中锚块设计

采用吸附式重力锚块,锚块为方形,中间为空腔结构,采用钢筋混凝土结构,外形尺寸及其重量应根据具体的水文资料及有关水流力计算公式计算,吸附式重力锚块设计如图 7-16 所示。

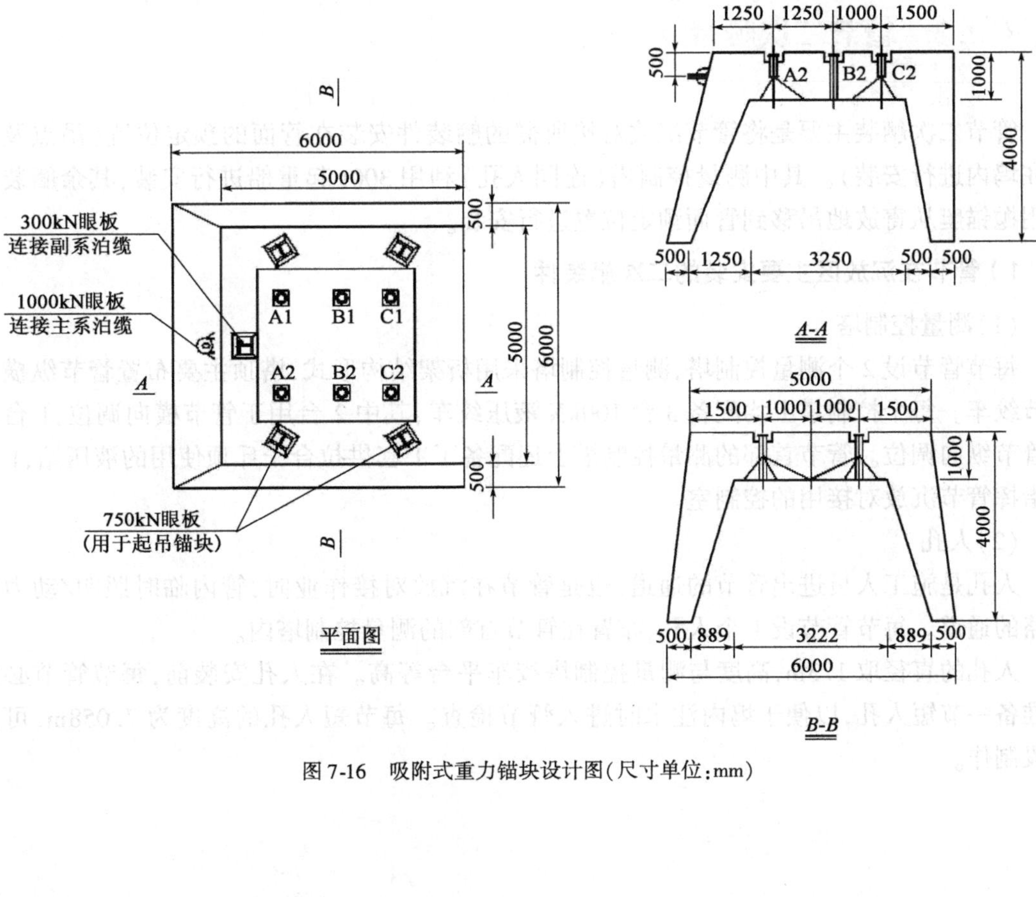

图 7-16　吸附式重力锚块设计图(尺寸单位:mm)

(3)锚缆选型

①管节横流冲击力

按照公式 $q = CAV^2\rho/2$ 计算水流冲击力。其中 C 取 2.0;V 取沈家门港沉放区水域大潮期间最大落潮流速 1.80m/s;ρ 按沉放区水域河水密度取 1.025t/m^3;A 为管节实际迎水面面积,取 74m × 6.4m = 473.6m^2。计算得出水流冲击力 q = 1550kN。

②管节浮运迎流冲击力

按照公式 $q = CAV^2\rho/2$ 计算水流冲击力。其中 C 取 2.0;V 取沈家门港沉放区水域大潮期间最大落潮流速 1.80m/s;ρ 按沉放区水域河水密度取 1.025t/m^3;A 为管节实际迎水面面积,取 11.6m × 6.4m = 74.3m^2。计算得出水流冲击力 q = 247kN。

(4)主锚缆(横调)和副锚缆(纵调)

主锚缆(横调)用 ϕ72mm × 85.5m,绳芯钢丝绳,破断负荷 3000kN;副锚缆(纵调)用 ϕ42mm × 135m,破断负荷为 1000kN。

2)系泊系统施工

在管节浮运安装之前,在管节沉放区的预定位置,利用起重船进行重力锚块的设置,每段管节设置 4 个重力锚块。当沉放安装一段管节后,将已安装管节首部的 2 个重力锚块,采用起重起重船移至下一段管节尾部预定区域进行抛设,而已安装管节尾部的 2 个重力锚块作为下一段管节首部系泊定位锚块。

7.2.3 管节二次舾装

管节二次舾装主要是将管节沉放对接所需的舾装件安装在管面的预定位置(吊点及吊驳在坞内进行安装)。其中测量控制塔(连同人孔)利用 300t 起重船进行安装,其余舾装件利用抛锚艇从寄放地吊移到管面预定位置进行安装。

1)管节在沉放区主要安装的二次舾装件

(1)测量控制塔

每节管节设 2 个测量控制塔,测量控制塔采用桁架结构形式,塔顶主要布置管节纵横向调节绞车。每个控制塔上均配备 3 台 100kN 液压绞车,其中 2 台用于管节横向调位,1 台用于管节纵向调位。管节首部的测量控制塔上还配备了 1 套供拉合千斤顶使用的液压站,1 个供指挥管节沉放对接用的控制室。

(2)人孔

人孔是施工人员进出管节的通道,也是管节在沉放对接作业时,管内临时照明/动力等线路的通道。每节管节设 1 个人孔,布置在管节首部的测量控制塔内。

人孔的直径取 1.3m,高度与测量控制塔绞车平台等高。在人孔安装前,每节管节必须各准备一节短人孔,以便于坞内注水时进入管节检查。每节短人孔的高度为 7.058m,可分两段制作。

(3)拉合装置

2 个/4 个/2 个拉合座(E1/E2/E3),2 个行程为 1.0m 的 1500kN 拉合千斤顶及配套设施。

(4)纵、横调节系统

该系统由 4 个固定式 1000kN 五轮滑车组、4 个移动式 1000kN 五轮滑车组、2 组 100kN 联体滑轮(每组 2 个)、4 个导缆钳、4 个导向滑轮、4 个导缆钳构成。

2)主要栖装件的安装步骤

(1)使用 160t 起重船,将测量控制塔及人孔吊装在管节预定位置,进行人孔连接安装时,要确保人孔的水密性。

(2)通过人孔从专用浮箱向管内接入临时照明、动力和液压管路。

(3)利用抛锚艇将拉合千斤顶、五轮滑车组、导向滑轮、导缆钳等安装在预定位置,舾装件与预埋构件用螺栓连接好。

(4)二次舾装期间,在管内进行垂直千斤顶的安装及调试。

(5)在所有舾装件就位后,连接纵横向调节缆管面部分,先将迎流侧的系泊缆带上管面与五轮滑车组连接,并将系泊缆收紧。然后将背流侧的系泊缆带上管面与五轮滑车组连接,并利用在测量控制塔上设置的绞车,将系泊缆收紧系泊。

7.2.4 管节沉放对接

管节在沉放区二次舾装及纵横调节缆连接工作完成后,即开始管节沉放的准备工作,并选择恰当时机进行管节的沉放对接,管节沉放对接安装主要包括管节初步对接、安装拉合装置、管节拉合及检测、水压接、管节检测验收、管节稳定压载等内容,由于北岸有钢管桩阻挡,E1 管节依靠吊驳不能进入沉放位置,只能使用吊船进行安装;E3 管节沉放空间过小,故沉放位置进行调整。

1)管节测量定位

沉放对接测量定位采用 GPS 定位系统与岸上全站仪结合方案。管节沉放对接时由 GPS 定位及其配套的实时监控系统,进行全过程定位及监控,最终对接时由岸上全站仪实测校核。

2)初步对接

在测量系统的严格监控及潜水员水下检测配合下,操作 2 只浮驳及管节的纵、横调节系统,将管节逐级进行沉放,并适时地调整管节的纵坡。初步对接工序如下:

(1)操作纵、横调节系统,将管节绞前距已装管节 5m 位置,并进行初步压载至抗浮系数 1.02(步骤一)。

(2)操作专用吊驳,沉放管节至管底离设计高程 5m 位置,并绞移管节至已安装管节 3m 位置,再次进行压载至抗浮系数 1.05,操纵吊驳调整管节纵坡至设计值(步骤二)。

(3)操作纵、横调节系统,将管节绞前距已装管节 1.2m 位置(步骤三)。

(4)操作专用吊驳,沉放管节至管底离设计高程 0.5m 位置(步骤四)。

(5)操作纵、横调节系统,将管节绞前距已装管节0.5m位置(步骤四)。

(6)在测量系统的严格监控下,调整管节的轴线偏差。

(7)潜水员检查GINA带状况,清除杂物,并详细检查测量两条管节的相对位置,报告给控制室。

(8)使沉放管节首部上鼻托搭接至已装管节尾部下鼻托,使尾部垂直千斤顶支承在临时垫块上(步骤五)。

(9)测量系统及潜水员检查报告。

(10)管节初步对接完成。

3)安装拉合装置

为了减少水下工作量及缩短施工时间,在管节二次舾装时便将2只行程为1.0m的1500kN拉合千斤顶安装到位,并将油管接到管节首部测量控制塔绞车平台上的控制站。当管节完成了初步对接后,安装拉合装置,主要是潜水员水下将拉杆及拉合挡块安装至已装管节尾部的拉合座上,以便于将管节拉合对接。

4)拉合及检测

操作拉合千斤顶的控制站,进行管节拉合作业。管节通过拉合千斤顶完成拉合作业后,要确保GINA带尖部紧贴住已装管节端钢壳上的接触面,确保能顺利进行水压接(步骤六)。

5)水压接

水压接是两条管节封门之间通过GINA带形成一个相对水密空间之后,将封门之间的水排出去,利用管节尾部的水压力将管节向已装管节方向压接。在拉合千斤顶拉合管节完成后,潜水员全面检查GINA带的压接情况,并测量两条管节之间的距离,待所有的实际情况与设计要求相符合时,进行放水压接作业。在已装管节内,打开封门上预先设置的排水阀门,将封门之间的水排到已装管节的水箱内。在排水阀门上安装水压表,通过表压的变化值,判断放水压接情况。当封门之间的水位降低时,打开上部的空气阀,继续进行排水作业。

在整个放水压接过程中,潜水员在水下不断测量两节管节之间的距离,随着放水的进行,距离越来越小,当所测距离与设计距离大致符合时,放水压接完成(步骤七)。

6)检测验收

打开管节的水密门,从已装管节内引线到沉放管段,利用测量仪器检测沉放管节的轴线偏差及管节尾部高程。

7)管节稳定压载

操作管节内压载系统,往压载水箱增加压载水,进行管节稳定压载至抗浮系数1.10。

8)管面设施拆除及管节人孔封孔处理

管节沉放对接完成后,要进行管面设施的拆除工作,在拆除人孔前,要先进行人孔盖板的焊接工作,并在人孔盖板上灌注无收缩浆料。

7.2.5 基础处理、管节回填

基础处理是沉管法隧道重要的一环,它直接影响管节的沉放安装,以及整条隧道的营运。回填标准横断面如图 7-17 所示。

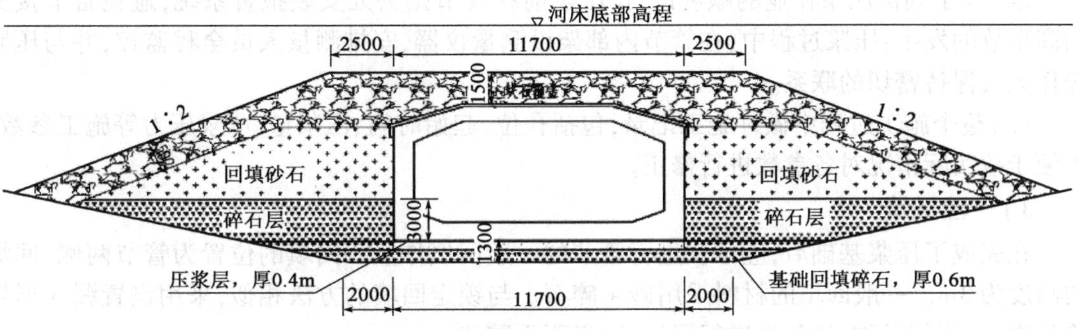

图 7-17　回填标准横断面(尺寸单位:mm)

1)锁定回填

管节对接完成后即进行管节的锁定回填,回填材料为碎石,回填高度为 2m。为保证锁定回填质量,采用设置漏斗形导管的方式,两侧对称、均匀地进行回填。

首先运石船将碎石通过传送带传送至漏斗,再通过漏斗导管将碎石传递至管节两侧。

2)压浆基础

该工程砂盘的设计扩散半径为 4.1m,压浆孔采用 ϕ150mm 钢管,压浆孔横向间距 6m,纵向间距 5.75m,纵向两排布置,压浆基础的设计厚度为 400mm。各管节压浆管平面布置如图 7-18所示。

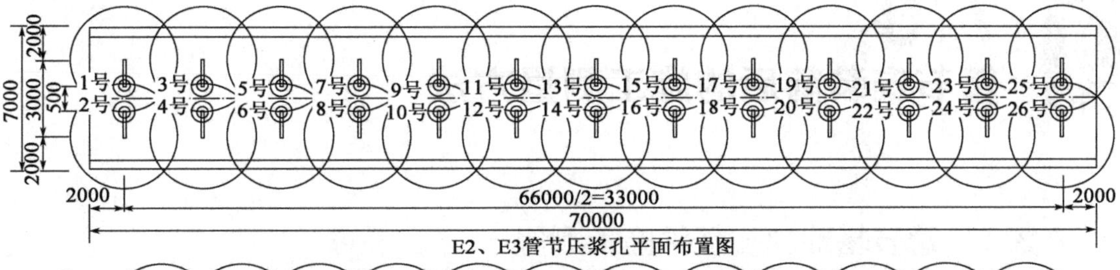

图 7-18　各管节压浆管平面布置图(尺寸单位:mm)

(1)开始压浆时,泥浆泵出口的压力为 0.15～0.2MPa,最终压浆压力不大于 0.3MPa。在管节施工过程中,应根据实际的情况,对参数进行修正。

(2)以 E1 管节为例,压浆时由 23 号孔开始按顺序逐孔进行(由南向北)。管节的最后一排(南端)的两个孔在下一段管节沉放对接前不能压浆,以免影响下一段管节的沉放对接工作。

(3)通过检查孔检查压浆质量。

(4)为了确保压浆作业的顺利进行,压浆前在管节接头处安装报警系统,避免管节接头抬高事故的发生;压浆过程中,在管节内部架设测量仪器,安排测量人员全程监控,并与压浆操作人员保持密切的联系。

(5)整个施工过程中做好施工记录,包括孔位、起始时间、压浆量、压浆压力等施工参数,以便于按实际情况对各参数进行修正。

3)一般回填

在完成了压浆基础后,应尽快进行管节的一般回填作业。回填的位置为管节两侧,回填的高度为3m。一般回填的材料采用砂+碎石。与锁定回填的方法相似,采用设置漏斗形导管的方式,两侧对称、均匀地进行回填,这里不再赘述。

4)覆盖回填

为保障沉管的永久稳定,防止抛锚、沉船意外事故对沉管结构的影响,在完成一般回填后应及时进行管节的覆盖回填。覆盖回填的材料选用块石。沉管顶部及两侧各2.5m范围内的覆盖高度为1.5m,在沉管两侧2.5m以外部分按照1:2进行放坡,延长至原河床面。进行覆盖回填时,在管节两侧各布置一首运石船,利用小型挖机进行抛填。作业的时候应注意分层、对称(两侧回填高度差不大于0.5m)、均匀进行,防止管节因两侧受力不均而产生横向位移,并应注意避免伤及管节外放水及管节结构。

7.3 管节安装前后的施工测量方法

7.3.1 管节基础抛石整平施工测量

该工程管节基础整平主要指60cm碎石垫层抛填及整平。在隧道的南、北岸分别设立水尺用于观测水位。基础抛石整平施工时,在隧址的两岸控制点上架设全站仪,观测整平船上的棱镜(船舷、船尾各竖立一个棱镜),计算观测值,移动整平船在施工区域垂直于隧道轴线方向上就位。由钢丝测量绳连接整平漏斗刮刀与抛石船,根据水位、施工断面的设计高程,计算测深钢丝绳的长度,以控制抛石高程。抛石完成后,用测深仪进行扫床,并进一步复核高程,确保碎石基础面的高程要求。

7.3.2 垫块施工测量

垫块基础施工时,我们分别在两岸的测量控制点上架设全站仪,根据测量结果指挥吊船将整平架吊到垫块的设计位置。整平架就位后,用水准仪观测整平架四个角测量杆的数值,根据观测值整平架四个脚的高度，使碎石基础面符合设计高程。垫块基础施工完成后，再根据测量结果指挥吊起重船装垫块到设计位置安装。

7.3.3 管节浮运出坞的施工测量

分别在 E1、E2、E3 管节的管面中心轴线上各布设了三个平面控制点，同时在南岸干坞 E1 的中心轴线南延长线上做一个控制点。管节出坞时，在管面的两端控制点上竖立棱镜，在控制点上架设一台全站仪，用全站仪道路放样测量程序，测量管面上的棱镜，根据测量结果指挥移动管节，使管节始终保持在出坞基槽内出坞。管节出坞后，使用另外一台全站仪以同样的方法测量管节上的棱镜，控制管节始终在浮运航道和移动，最终将管节绞移到隧道轴线上。

7.3.4 管节沉放安装的施工测量

管节沉放测量包括管表面、管内控制点的引测、北岸暗埋段内水密门中心轴线的引测、和沉管安装测量。

1）管表面控制点的引测

在管节预制完成后，要在管表面上引测三个管节的结构中心轴线控制点，控制点还要引测高程。此三个控制点用于将来沉放安装时作为基准点，引测轴线到测量塔上的棱镜，指导管节沉放就位。

2）管内轴线的引测

在管节预制完成后试漏前，在每节管内底板砼面上引测了一条与隧道轴线（偏西 0.725m）平行的控制线，并将控制点做在管内的底板砫上（必须受到严格的保护），每条控制线上做两个控制点，并引测上高程，计算出控制点的坐标和里程。用于管节对接好后的轴线和高程测量。

3）北岸暗埋段内轴线的引测

管节沉放施工前，要在北岸的暗埋段内引测一条隧道轴线偏东 0.725m 的控制线，控制点要引测高程，用于对接安装好后管节的轴线和高程测量。

4）管节沉放对接安装测量

管节出坞舾装好测量塔后，在管表面的控制点上架设全站仪，后视另一控制点，测量测量塔上的棱镜，依据测量结果和理论计算将棱镜移动到管节的轴线上，如图 7-19 所示。同时测量棱镜的高程。

管节沉放安装时，在南、北岸的隧道的轴线上测设两个测量控制点，控制点有平面坐标和高程。管节沉放安装时，分别在南、北两岸轴线控制点上架设两台全站仪，用放样测量程序方法分别测量二个测量塔上的棱镜，仪器会显示管节平面位置和高程，如图 7-20 所示。根据测量结果指挥管节的移动、下沉、对接。

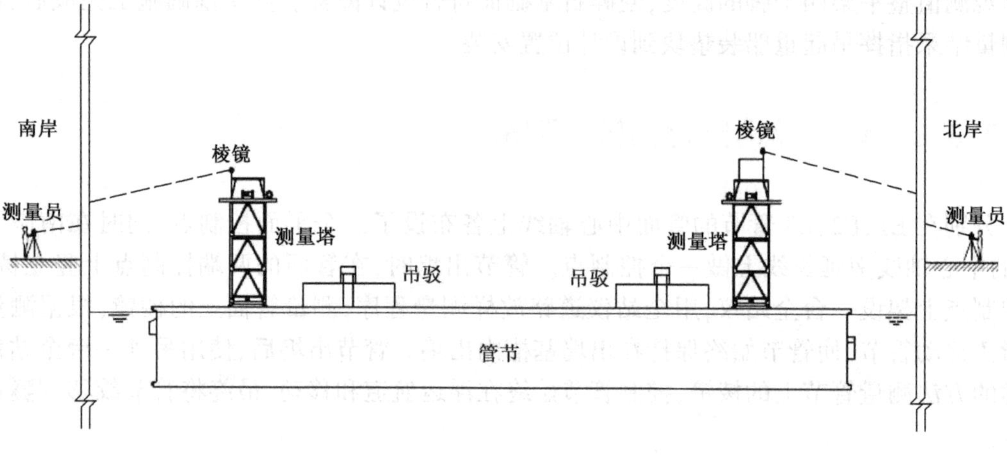

图 7-19　控制点转移

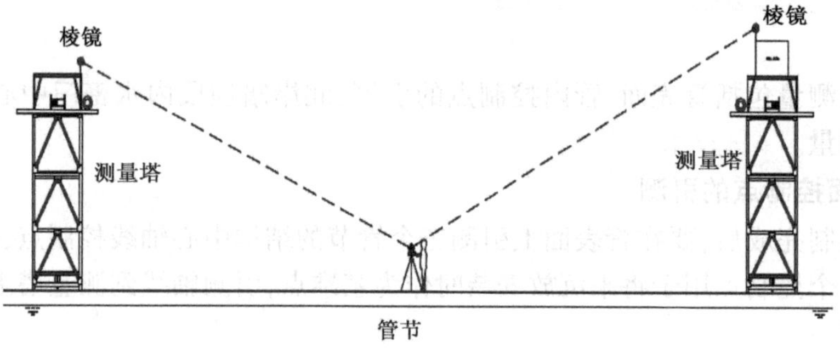

图 7-20　沉放安装测量

5）管节沉放对接后的管内测量

管节之间水密空间放水压接后，马上打开水密门。在北岸暗埋段的控制线控制和高程点上架设全站仪，将控制线引测入管内，测量管节安装后的轴线偏差。根据高程测量成果和两侧墙上的连通管读数，顶升千斤顶使管节的高程符合设计要求，再进行稳定压载。

7.3.5　管节两侧回填锁定的测量方法

管节两侧的回填锁定的施工方法与基础碎石整平方法相近，因此测量方法与基础抛石整平测量方法相同，这里不再阐述。

7.3.6　基础注浆测量

在灌浆过程中，由于浆盘形成过程中压力会逐步增大，有可能将管节抬高。为了防止管节被抬高，在管节灌浆过程中，安排测量员不间断地对管节高程进行监测，并随时与灌浆工作人员保持联系。

具体做法是：在灌浆的沉管内首、尾部各竖立一根标尺，在相对稳定的相邻管内架上水准仪，在灌浆期间，每隔 5 ~ 10min 观察一次标尺数值，如果观测到标尺的数值变小，说明管节有抬高的迹象，应立即联系灌浆施工人员，停止施工。观测值的变化也可作为灌浆孔已灌满的重要参考，如图 7-21 所示。

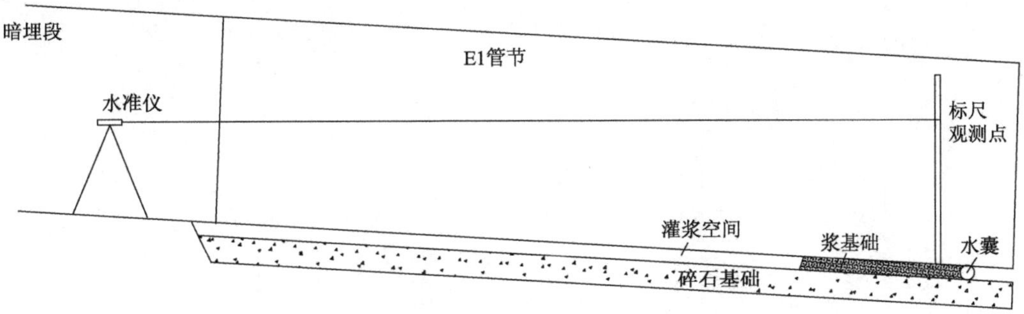

图 7-21　测量检测

注入前体标定系

具体做法是：在灌浆的预留管内首、尾端各装设一根标尺，在相对稳定的指标管内装上水准位，在灌浆期间，每隔5～10min观察一次标尺读数，如果观测到标尺的读数变小，说明管道有沿管的现象，应立即补浆或停止灌浆，停止施工。观测值的变化值可作为溢浆孔已灌满的重要参考，如图7-21所示。

图7-21 观测控制

第 8 章

施工组织管理与风险控制

面向挑战的隧道及地下工程

Construction Technology of Subsea Buried Tunnel Under Complicated Geological Conditions

8.1 海底沉埋隧道修建特点及难点概述

海底沉埋隧道土建部分，根据水文地质和工程地质条件，一般均由两侧出入口明挖段、海底暗埋沉管隧道等结构组成，具有的特点、施工难点和管理重点如下：

(1)海底沉埋隧道是一个综合性工程。该工程涉及深基坑施工、高边坡防护、航道护岸、耐久性混凝土、航道疏浚，及管节浮运、沉放、对接等工程类别，涉及的专业分类多，施工管理及协调难度大。

(2)管节预制精度要求严，抗渗、抗裂要求高。沉管隧道管节是隧道主体结构的施工单元，预制质量直接影响后续工程及隧道最终质量和隧道使用，要经过预制、浮运、沉放、对接、内部施工等工序，并最终投入运营。管节结构除了满足受力要求以外，对沉管混凝土的匀质性和水密性有着更高的要求，施工时对钢筋混凝土管节预制施工工艺要求严格，而且有管节沉放、对接所需的临时结构及各种预埋件的安装。

(3)管节的浮运、沉放、对接及最终接头施工，是沉管隧道区别于其他工程的最大特点，也是沉管隧道施工的关键性技术。管节在干坞内进行试浮检漏以及管节的浮运，施工工艺比较复杂，施工中的风险也比较大；管节在沉放、定位连接时，要求管节稳定、位置准确，施工中水中测量定位及管节稳定性控制有一定难度；最终接头是沉管隧道施工中最关键的一个环节，技术含量高、施工难度大、风险高；采用压砂法进行管底基础施工，确保管底充填均匀、密实，运营期间不发生不均匀下沉，也是该工程重点之一；并且在前面的每项工作中，基本上都要进行水上、水下作业，而且工作量比较大，导致施工风险也进一步加大。

(4)南岸施工场地位于鲁家峙岛，一侧紧邻沈家门港，由于港区是一个天然的避风港，常年有数以千计的各类船舶在此集散疏运和进行生产、生活补给、避风，航道复杂、航运繁忙；由于施工钢板桩围堰时需进行海上作业，施工过程中使用的船只较频繁，且海面施工易受恶劣天气影响，因此将保证施工船舶和其他船舶的安全及来往船只通航疏导作为重点工作。

工程开工前根据施工船只作业需要，划定围堰向外延伸50m范围内为作业区域，制订封航区域及具体计划，并报海事部门审批，施工过程中在作业海域设置封航区，并设立浮标，疏导船只通过。

(5)南岸施工主要涉及搅拌桩止水帷幕、护岸工程、围护工程、主体结构基础桩、明挖段基坑开挖、明挖段主体结构等施工项目。工程施工范畴大、涉及面广、工法多，各施工项目之间转换频繁，故周密、科学的施工组织和有效的工作协调显得尤为重要。

组建有丰富施工管理经验和合作精神的项目班子，做好施工组织和工作协调的基础工作；施工前，要先制订详细的施工计划，选择合理的施工顺序，并对所有施工人员进行详细的施工交底；制订各个工作节点计划，进行动态计划管理，以计划管理促现场，各工序转换做到任务明确，节点清晰，赏罚分明；加强对重难点技术的研发工作，技术服务超前，保证整个工程项目的顺利进展。

(6)南岸明挖段基坑主要在透水性能较好的地层内，表面 3 ~ 5m 范围内为填海块石，场地范围内地质复杂、含饱和水及承压水作用，做好基坑止水帷幕、降排水、基坑搅拌桩止水帷幕及 SMW 桩的施工精度和防水质量是保证基坑安全的关键。基坑开挖深度为 8 ~ 13m。根据以往的施工经验来判断，在这种地层中，对于基坑边坡的开挖支护的稳定是非常不利的，如何确保防水结构的施工精度，保证防水排水效果和边坡稳定，是保证基坑安全开挖的关键。

基坑开挖施工过程中，严格按一定层段高度进行分层开挖，根据场地情况进行降水施工；施工期间，为防止遭遇特大暴雨或潮汐，在基坑四周顶面加堆草袋围堰，防止内涝水进入基坑，同时基坑内布置充足的排水设备和备用发电机；制订详细的基坑监测方案，施工过程中加强基坑监测，确保基坑开挖施工安全。

(7)干坞北部填土层厚度达到 3 ~ 4m，主要由碎石、黏土及块石组成，块石粒径 20 ~ 60cm，最大达 100cm，且岩质坚硬，对搅拌桩施工影响较大。场地北侧靠海，距离沈家门港不足 10m，场地内表层填土层厚度大，最大达 4m，透水性强，且直接与海水、地下孔隙水相通，受沈家门港涨落潮影响大，基坑止水、降水难度非常大。干坞基坑主要在透水性能较好的地层内，并饱和含水，基坑开挖深度 8 ~ 11m。根据以往的施工经验来判断，在这种地层中，对于基坑边坡的开挖支护的稳定是非常不利的，如何确保防水结构的施工精度，保证防水排水效果和边坡稳定，是保证基坑安全开挖的关键。干坞施工横跨舟山地区是降水最丰富的时间段及台风期，干坞基坑施工受雨水及台风影响非常大，对干坞边坡的稳定及基坑降排水非常不利，对基坑施工安全也造成很大隐患。E1 管段深槽挡墙高度达到 4m，采用垂直开挖后由底部向上逐层施工，淤泥质粉质黏土层垂直开挖 4m，深度对挡墙施工安全造成极大隐患。

选择经验丰富的施工队伍，根据实际地质情况配备合适的施工机械及选择适合的施工工艺进行桩基础的施工。进场后即对表层的建筑垃圾、生活垃圾等进行清除，破除原有建筑基础，将填土层对搅拌桩施工影响因素降到最低。基坑开挖前进行抽水试验，以确定地下水位，制订合理的降水方案，并在基坑开挖前将干坞范围内水位降至基坑底部 2m 以下。基坑开挖施工过程中，严格按一定层段高度进行分层开挖，及时进行边坡支护。视基坑开挖情况，设置轻型井点降水。为防止边坡在干坞注水后失稳或松弛，边坡支护时，严格按设计要求进行施工，严把施工质量关，必要时适当加强支护形式，如做封闭处理等。在基坑施工完毕后，选择具有代表性的一定范围和地段，进行模拟浸水试验，如果边坡支护不能满足稳定要求，提前对边坡进行加固和补强处理。施工期间，为防止遭遇特大暴雨或潮汐，在基坑四周顶面加堆草袋围堰，防止内涝水进入基坑，同时基坞内布置充足的排水设备和备用发电机。制订详细的雨季施工方案及防台应急预案，加强与当地气象部门的联系，提前做好降雨及台风来临前的准备工作，根据天气情况合理组织施工，确保干坞施工安全快速进行。

综上所述，海底沉埋隧道既具有一般土建工程的普遍特点，又有水文地质、工程地质、气象变化、水中围堰、深基坑开挖及降水、高边坡防护、堤岸帷幕止水、耐久性结构混凝土、管节防水、通航、工程基槽、干坞试浮试验、海上浮运、管节沉放、管节水底对接、管节回填等特点和管理重难点，是海底沉埋隧道建设期管理的重要内容。

8.2 海底沉埋隧道施工组织管理

在工程施工组织管理中,目标决定组织。项目目标来源于几个方面需求:合同约定的内容和建设方需求,企业获得经济效益、提高项目管理竞争能力,项目团队优质高效完成项目、降低项目成本和提炼一线管理经验,环境保护、文明施工和创造社会效益的需求。

组织是目标能否实现的决定性因素,项目管理组织的设置原则包括:

(1)整体性原则。项目是一个相对开放系统,项目组织要与之适应,形成一个有机整体。

(2)目的性原则。由目标细化成具体事件,因事设机构,按机构编制设岗位,以职责授予权力和完善制度。

(3)精干高效原则。讲究效率是管理的核心。

(4)管理跨度和管理分层统一原则。管理的层次和跨度成反比,组织机构设置时,管理和跨度必须适当。

(5)适应性和弹性原则。

(6)与企业管理一体化原则。

8.2.1 总体施工组织安排

以舟山沈家门港海底隧道施工组织为例,从工程主要施工内容及各项工程的逻辑关系来看,该工程主要包括的施工内容有北岸明挖暗埋隧道及出入口段、南岸明挖暗埋段及出入口、干坞、管节预制;基槽浚挖、管节浮运沉放;最终接头以及回填覆盖等。

1)总体施工基本原则

该工程按照"顺序合理、先护后挖,总体流水、局部平行,抓住关键、控制风险,重视防水、保证安全,组织协调、确保工期"的基本原则进行总体施工组织安排。具体来说:

(1)顺序合理、先护后挖:按各项工程施工的逻辑顺序安排施工;先进行围护施工,才能进入基坑开挖,基坑开挖中要逐级防护逐级开挖,做到上不护下不挖。

(2)总体流水、局部平行:堤岸防水帷幕、干坞开挖、管节预制、管节浮运沉放对接、最终接头和回填覆盖作为关键线路,安排主工序总体流水作业;在干坞施工、管节预制过程平行安排北岸出入口、南岸明挖暗埋段结构以及基槽浚挖工作,与关键线路形成平行作业的关系。在管节预制完毕,试浮检漏后,及时安排干坞二期围堰和管片出坞航道的开挖工作,与管节沉放对接回填平行安排岸上段附属结构的施工。

(3)抓住关键、控制风险:施工中抓住关键问题,通过监测和管理手段,对一些重大风险源进行监控,对基坑稳定性,起重作业、水上施工船只设备、水上水下作业人员的安全进行重点管理。

(4)重视防水、保证安全:正确贯彻设计意图,对围护结构的防渗系统做牢靠,做好管节的各个防水环节,尤其是干坞的防水体系要给予高度重视,在确保安全生产的前提下,加快施工进度。

(5)组织协调、确保工期:加强内外的协调,尤其是涉及管节各界面间的内外各工序技术协调工作要相当重视;通过合理投入,加强组织协调工作,达到实现工期目标。

2)总体施工方案

完成施工准备以后,北岸和南岸同时开工。北岸首先对施工场地进行围挡后,立即利用钢管槽钢等开始在海上搭设作业平台,利用工作船在海上开始双排钢管桩+模袋砂围堰施工;岸控系统桩基础及承台施工在围护结构施工的同时进行;完成围护结构工作后,对基坑逐层支护逐层开挖,顺筑法施工主体结构;最后施工完北岸沉管接头段封门后,进行基坑回填和施工管内工程,待管节预制完毕后破除连环格子围堰,与 E1 管节对接。

南岸工程主要有干坞管节预制和南岸出入口结构,以及出入口东侧办公区域和施工场地的布置。进场后,首先进行施工场地平整、A 区堤岸回填,南岸出入口结构与干坞管节预制工程平行作业。南岸出入口先利用工作船进行钢板桩围堰施工,基坑开挖与干坞开挖同时进行,当开挖至 -2.87m 高程时,施工出入口与干坞间的 B、C 区深层搅拌桩挡墙、A 区单排钢板桩,同时开始主体结构钻孔桩基础施工;然后继续开挖基坑至设计高程,凿除钻孔桩桩头后依次进行止推承台、结构底板、侧墙顶板、端封门等主体结构施工;并在最终接头止水墙混凝土强度达到设计强度后,浆砌 Q1、Q2 挡墙,并回填土;最后施工管内工程。

干坞管节预制工程首先施工搅拌桩止水帷幕,同时施工岸控系统桩基础及承台;然后放坡开挖一期干坞,逐级开挖逐级防护至 -2.87m 高程,等待 B、C 区围护结构施工完毕后继续放坡开挖直至坞底 -5.51m 高程;施工坞底结构、排水系统和场内道路;同时施工 E1 管节预制深槽基坑的围护板桩,最后开挖深槽基坑并对基底封闭。管节预制采用分段预制预留后浇段的方法施工,三段管节同时在干坞内一次预制完成;管节预制完毕以后,进行试浮检漏、一次舾装。

为减少回淤与清淤量,便于通航的原因,基槽开挖分两期进行,第一期在两岸明挖暗埋段完成以后进行,北半部基槽开挖至设计高程,南半部开挖至 -8.03m 高程处。一期基槽开挖完,进行干坞二期工程的施工,拆除南岸部分格子围堰,开挖管节出坞航道,E1 管节二次舾装的同时,清理 E1 管节基槽回淤,浮运、沉放 E1 管节,并回填覆盖;然后进行第二期剩余部分的基槽开挖,再浮运沉放 E2、E3 管节,并回填覆盖。浮运和沉放采用岸控与水面配合方式进行施工;管节水下连接采用水力压接法完成水中对接;最终接头采用岸上干接法接头。管节浮运沉放采用绞车拖运、岸控和吊驳沉放。

所有管节沉放并回填完毕后,对干坞基坑进行回填并恢复南岸大堤。总体施工顺序如图 8-1 所示。

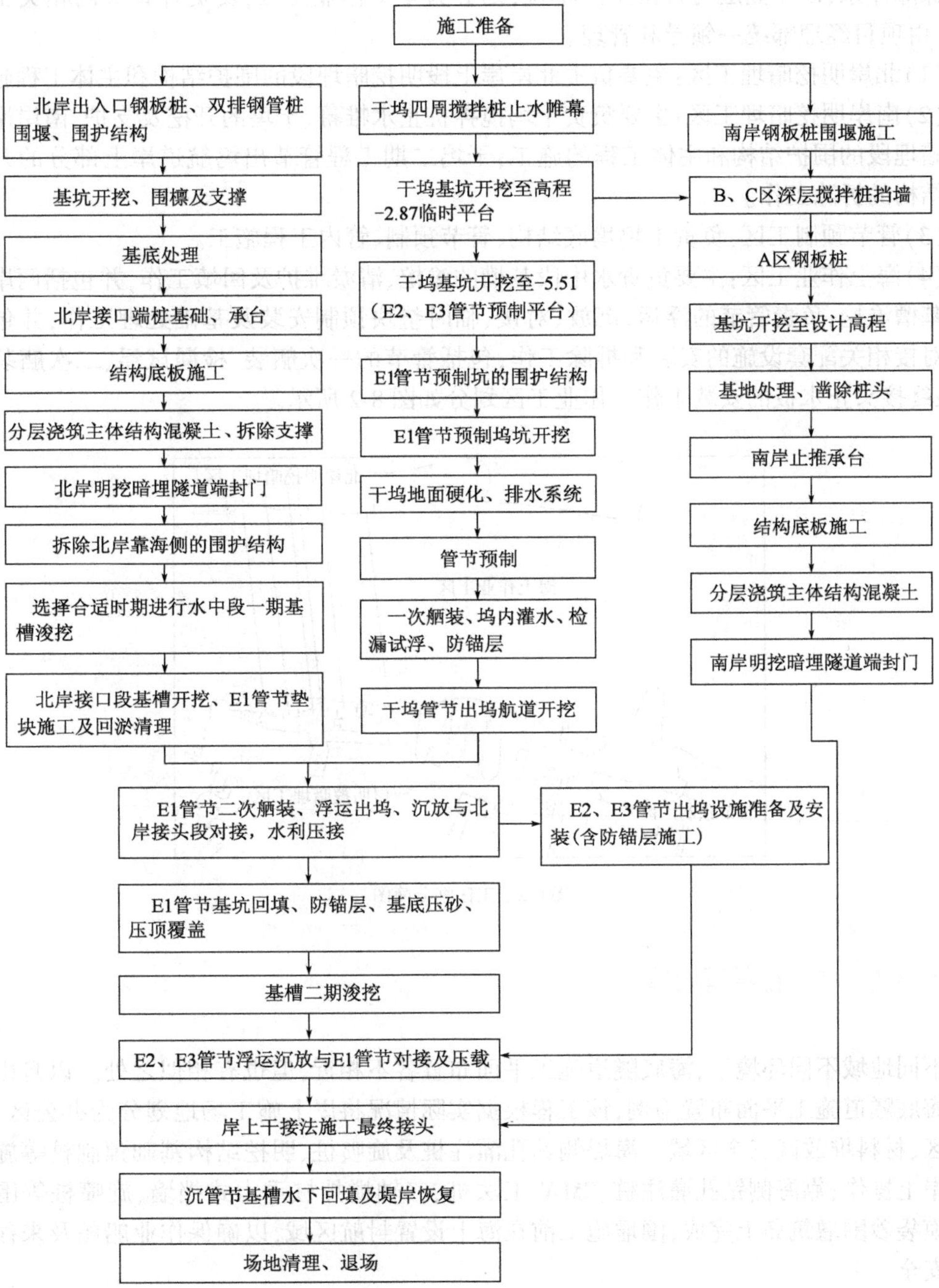

图 8-1　总体施工方案流程图

8.2.2　施工作业区段划分

以沈家门港海底隧道施工为例，为便于工程管理和施工任务划分，在管理层内建立生产后勤保障体系，以作业层为直接生产单位，划分为4个作业工区，负责各管节内相关工程的施工，由项目经理部统一领导和管理。

（1）北岸明挖暗埋工区：主要负责北岸岸上段明挖暗埋段的围护结构和主体工程施工。

（2）南岸明挖暗埋工区：主要负责干坞搅拌桩止水帷幕、干坞的开挖及支护，南岸岸上段明挖暗埋段的围护结构和主体工程的施工；干坞二期工程管节出坞航道岸上部分的开挖及围护结构的拆除工作。

（3）管节预制工区：负责干坞坞底结构、管节预制、管内工程施工。

（4）海上作业工区：主要负责水中段基槽的浚挖、清淤维护及回填工作，并包括两岸接口处的基槽浚挖；负责管节的浮运、沉放、对接、临时垫块预制安装及基础处理工作，并包括与沉放对接相关配套设施的安装和拆除工作，包括管节的一次舾装、检漏试浮、二次舾装等工作；最终接头止水板的安装工作。作业工区划分如图8-2所示。

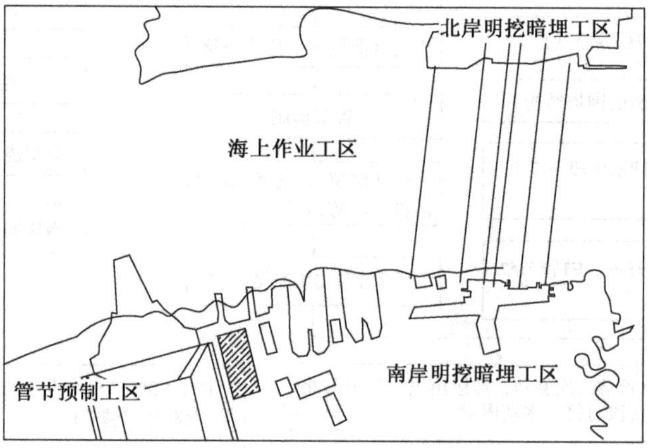

图8-2　工区划分简图

8.2.3　施工平面布置

不同地域不同环境下，海底隧道施工平面布置各不相近，但也有相似之处。以舟山沈家门港海底隧道施工平面布置为例，该工程根据实际情况将岸上施工场地划分为办公区、材料加工区、材料堆放区三个区域。海堤侧钻孔灌注桩及旋喷桩、明挖结构基础预制桩等施工机械在岸上操作；靠海侧钻孔灌注桩、SMW工法桩、三轴搅拌桩重力式挡墙、旋喷桩等围护结构在模袋砂围堰筑岛上完成；围堰施工前在海上设置封航区域，以确保作业船舶及来往船舶通航安全。

南岸作为该工程的主要办公和施工场地，设置项目部和一个工区。根据实际情况，南岸出入口主要工作人员及生活场地位于出入口西侧与干坞之间，该处设有搅拌站、职工宿舍、材料堆放场地、材料加工车间等区域，出入口与搅拌站由已修建规划道路连接。围堰开始施工前在海上设置封航区域，以确保作业船舶及来往船舶通航安全。项目部驻地设置在干坞西南侧，距离干坞较近，交通便利，利于组织管理及车辆进出。

8.2.4 施工资源配置

1）施工人员配置

以舟山沈家门港海底隧道为例，根据工程特点、施工进度计划及实际情况安排有类似工程施工经验的管理和作业人员进入现场。人员配置原则：

(1)确保工程施工对各项工种、专业技术种类的需求。

(2)确保各项工种、专业对人力资源数量的需求。

(3)确保各工种、专业之间的合理搭配，协调配合充分发挥人的主观能动性和创造性。

2）施工设备配置

施工时各作业工区根据工程特点和实际施工需求，选取合适的机械设备配套。以北岸基坑施工为例：配置 1 台 JB160 三轴搅拌机 +3 台 ϕ800mm 钻孔桩机 +1 台 50t 履带式起重机 +1 条打桩船 +1 条 2000t 运输船 +3 台 PC220 挖掘机。施工期间既要提高设备的利用率，又要留出较为充足合理的保养时间，以保持现场机械设备的工况良好。

8.2.5 施工进度管理

施工计划按合同工期、土建工期综合考虑，在科学、合理地编制项目总进度计划的同时，需充分考虑关键线路上受不可控因素的影响。

进度计划安排以施工均衡生产、计划合理为原则进行制订，以达到人力资源合理投入，并充分提高和发挥机械、设备的利用率，在充分综合考虑施工中各种因素的基础上，合理调整人员、设备、机械，确保计划按时完成，防止出现盲目加大投入缩短工期，在现有设备的前提下实现施工组织的最佳组合。综合现场的施工实际、工序的衔接，确定进度计划指标，下面以沈家门港海底隧道施工进度指标为例进行说明。

(1)主要施工项目进度指标

主要施工项目进度指标见表 8-1。

主要施工项目进度指标 表 8-1

序号	施工项目	进度指标	备注
1	土石方开挖	300m³/d	单台挖掘机工作量：北岸 16000m³（考虑开挖基坑时支撑防护时间），南岸及干坞 126000m³
2	钢板桩及格子围堰	30t/d	单台钢板桩打拔机工作量：北岸计 1260t，南岸 1552t
3	旋喷桩	60m/d	单台地质钻机工作量：北岸旋喷桩 15 根，计 300m
4	钻孔灌注桩	5m/d	南岸主体结构桩基础计 1390m
5	搅拌桩施工	120m/d	单台搅拌桩机工作量：南岸干坞搅拌桩止水帷幕计 14000m
6	预制板桩施工	100m/d	单台打桩机工作量：北岸预制板桩计 7500m，南岸预制板桩计 2532m
7	回填	2500m³/d	干坞回填及大堤恢复土石方 1460000m³

(2)管节预制进度指标

该工程共有3段管节(E1、E2和E3),宽度为11.5m,高度为6.4m,长度分别为70m、74m和74m,一次性预制三段管节,管节分段施工,每段与每段之间设置1.5m的后浇带,每小段管节的混凝土浇筑分底板与侧墙、顶板两次浇筑。采用3组模板台车平行作业,3段管节同时预制。

①管节底板(每段管节分成的小段)施工工期:底模板施工2d,钢筋制安5d,立模2d,混凝土浇筑1d,养护2d,拆模1d,底板施工的循环工期为13d。具体施工工期见表8-2。

底板施工工期表 表8-2

序号	作业名称	施工时间(d)	工期(d)												
			1	2	3	4	5	6	7	8	9	10	11	12	13
1	底模板施工	2	—	—											
2	底板钢筋制安	5			—	—	—	—	—						
3	立模	2								—	—				
4	混凝土浇筑	1										—			
5	养护	2											—	—	
6	拆模	1													—

②管节两侧墙及顶板(每段管节分成的小段)施工工期:模板台车定位1d,侧墙及顶板钢筋制安5d,预埋件安装2d,模板安装4d,混凝土浇筑1d,养护2d,拆模2d,循环工期为17d。具体见表8-3。

侧墙及顶板施工工期表 表8-3

序号	作业名称	施工时间(d)	工期(d)																
			1	2	3	4	5	6	7	8	9	10	11	12	13	14	15	16	17
1	模板台车	1	—																
2	顶板钢筋制安	5		—	—	—	—	—											
3	预埋件安装	2							—	—									
4	侧墙模板施工	4									—	—	—	—					
5	混凝土浇筑	1													—				
6	养护	2														—	—		
7	拆模	2																—	—

③后浇带施工工期:后浇带的钢筋制作安装和模板安装在两侧管节混凝土浇筑后养护期间进行,两侧混凝土等强25d后进行后浇带施工,同样分底板和两侧墙及顶板两步,顶板浇筑完7d后方可拆模。每个管节分成4小段,第一小段底板施工13d后,可进行边墙及顶板施工,侧墙及顶板施工的循环工期为18d;相临两段、后一段等强25d后,完成后浇带混凝土浇筑施工。

一个管节施工需要140d,三个管节之间分别依次错开5d时间,管节预制用时150d。

(3)围护结构进度指标

北岸配备 2 台钢板桩打拔机,进度为 60t/d;南岸配备 1 台钢板桩打拔机,进度为 30t/d;北岸预制板桩采用 2 台打桩机施工,进度为 200m/d;考虑到北岸旋喷桩较少,配备 1 台旋喷桩机,在钢板桩与预制桩施工的同时施工,不占用工期时间;南岸搅拌桩配备 3 台搅拌桩机,进度为 360m/d。

南岸 B、C 区搅拌桩挡墙约 11000m,施工机械采用干坞止水帷幕所用的桩机施工,进度同上,A 区钢板桩数量很少,在挡墙施工的同时施工,不占用工期时间。南岸主体结构基础桩采用 6 台冲击桩机同时施工,进度为 30m/d。

(4)土石方开挖

北岸基坑开挖因为要边开挖边支护,因此只配备 2 台挖掘机施工;南岸挖方数量巨大($126000m^3$),配备 8 台挖掘机进行作业,进度为 $2400m^3/d$,开挖需要 3 个月时间。

(5)管内工程

①钢端壳

钢端壳在管节等强 28d 后进行安装,等强 42d 后进行细石混凝土填筑。

②压载水箱

在每处后浇带施工完成后,及时进行安设压载水箱,并在所有后浇带完成后 15d 内完成所有压载水箱安设及调试。

③端封门

端封门在一侧钢端壳等安装完成后及时进行,另一侧端封门在管节内设施完成后进行。

(6)南北明挖段及主体结构施工进度安排

北端接头段主体结构施工与管节预制同时进行,在 2009 年 5 月 31 日前,完成出入口主体结构和回填工作,不单独占用关键线路工期时间。

(7)检漏试浮安排

坞内注水、检漏、试浮按抽水方量,单独考虑 16d,其中包括一次舾装工作。

(8)水中段基槽浚挖进度安排

水中段基槽浚挖包括挖泥、二次清淤、刮刀基槽刮平和临时垫块施工等,在管节预制的同时,适时进行基槽浚挖施工,包括管节出坞航道水下开挖部分。基槽浚挖土方约为 17.8 万 m^3,基槽分两期开挖,先开挖第一期基槽,41d 完成;在管节段试浮检漏完毕后,开挖管节出坞航道;E1 管节出坞沉放覆盖 23d 完成,紧接着开挖二期基槽,用时 15d。

(9)浮运沉放对接施工进度安排

浮运沉放管节,包括二次舾装、浮运出坞、沉放对接、基础灌砂、压顶覆盖等施工,用时 57d。

(10)最终接头

最终接头是在三段管节全部对接好以后,利用水利压接密封各接头,E3 管节与南岸的接头为最终接头,内容包括安装止水墙、水下止推混凝土、干接法施工接头以及接头处回填等,用时 35d。

(11)附属工程

附属工程包括隧道内拆除工程、堤岸回填恢复、绿化等,计划30d。

(12)竣工交验

竣工交验在全部工程完工后进行。

8.3 海底沉埋隧道施工风险控制

海底沉管隧道工程各个工序的施工难度均较大,所需要的施工机械和施工工法与修建其他隧道不同,在施工过程中会遇到很多突发状况。特别是海底隧道施工面临的环境地域风险源更多,必须分析其施工风险并制订控制措施,否则将会发生不可预计的事故,对社会造成负面影响和巨大经济损失。

8.3.1 施工期风险识别

该工程施工期间主要有基坑围护、基坑开挖、管线破坏、吊装作业、海上航运、台风等风险源。

8.3.2 施工风险管控措施

为了确保施工安全,重点将对主要风险源进行管控,主要管控措施如下:

(1)钢板桩围堰施工安全管控措施

①在钢板桩施工前必须制订合理有效的施工方案及安全注意事项,并召集所有施工操作人员进行单项施工交底培训,使每个操作人员都了解施工的控制重点。

②机械设备进场必须安排专业人员进行设备的性能检测。

③在机械施作钢板桩的全过程中必须有专人值班,值班人员必须对地质条件及管线情况了如指掌,对现场施工进行指导,如有异常及时进行核实、处理,以保证钢板桩的施工安全及施工质量。

④如由于工期安排,需要进行晚间施工,施工现场必须配备足够的照明。

⑤在施工前必须做好施工操作人员及值班人员的配备工作,严禁人员疲劳或带病作业,尤其是司机。

(2)基坑开挖施工安全技术措施

①在土方开挖的同时,严格按照施工安全技术要求及设计的支护结构(混凝土支撑及钢管支撑)要求跟进支护,严格把好支护材料的质量关,保证施工生产的安全。

②施工前,技术人员要认真核实地质资料以及地下构造物的位置、走向,并掌握工程项

目可能影响临近建筑物基础的埋设深度。

③技术人员根据核实后的资料，对照施工方案和技术措施，确定正确的施工顺序，选择合理的施工方法，采取相应的安全技术保护措施，防止侧壁坍塌。

④钢支撑安装前应进行检算，要满足支撑围护结构的强度、刚度要求。

⑤钢支撑的安装应符合《建筑安装工人安全技术规程》的相关规定。

⑥在挖土或吊装下一道支撑时，严禁撞击已经安装好的支撑。

⑦钢支撑拆除时应经技术人员同意，由专人组织拆除。

⑧对支护结构的变形、位移进行精密观测、严格监控，以便采取切实有效的措施确保结构和人员的安全。

(3)脚手架施工安全措施

①架设工具材料的规格和质量必须符合相关技术规定的要求，自行加工的架设工具必须符合设计要求，并经试验合格后方可使用。

②确保脚手架具有稳定的结构和足够的承载力，构造应符合有关规定要求。

③认真处理脚手架地基，确保地基有足够的承载力。

④搭设脚手架时及时设置联墙杆、斜撑杆、剪刀撑以及必要的缆绳和吊索，避免在搭设过程中发生偏斜和倾倒。

⑤严格控制使用荷载，确保有足够的安全储备。

⑥必须有良好的防电、避雷装置。

(4)预防管线破坏的安全措施

①建立管线与各自管理单位的联系卡片，熟悉各种管线所处位置、管材及连接方式，向管线管理单位咨询悬吊保护的技术要点。

②根据管线的重要程度，建立距离不等的安全区域；管线要挂牌明确标识并严禁其他施工机械设备碰撞。

③施工过程中加强对各种管(线)道的监测工作，制订正确的保护措施和控制位移值，一旦出现管线破裂或渗漏水等突发事件时，应及时协同各主管部门采取关、堵等方法，防止事态进一步恶化，然后抢修。

④对各类管线都应结合现场环境及工程阶段施工特点，分别制订相应的应急处理预案，并取得相应管理单位的认可。

(5)拖航操作及安全措施

①拖航前的准备工作

a. 对管节必须稳妥加固。加固方案须根据航运有关规定进行详细计算与设计，并征得验船师和拖轮船长同意。

b. 起托点水域务必具备足够的水深，确保拖轮的安全操纵。

c. 驳船须准备主拖缆以后连接拖力点的拖航索具，包括：龙须缆、三角板、过桥缆及卸扣、回收缆及其绞车等设备，应急拖带索具等。

d. 驳船应配备夜航信号灯，并应配备相应的光敏开关控制舷灯的启闭。提供给该舷灯的电源或气体应足够维持整个航次使用。

e. 驳船须配置适宜的菱形球两个，一个悬挂驳船较高的显眼处(一个备用)。

f. 驳船压载抽水系统应保持良好的可用状态，预备在遭遇台风或其他紧急情况时应急使用。

g. 驳船务必做好内部封舱工作，确保船体水密性良好，所有设备应适当加固，门窗、通风筒等应水密性加固。

h. 驳船调整前后吃水差不小于0.5m。在驳船船首、船尾左右4个位置实际水线上10cm处，用水平白色油漆线标识；油漆线长50cm，宽20cm。

i. 如果驳船上留有值守人员，应配备相应的生活、通信和救生设备。

j 拖航准备工作应经验船师出具《检验报告》，并取得《适拖证书》。

②拖航过程中的安全措施

a. 开航前，拖轮船长召集相关各方召开协调会，讨论并制订接拖和过大鹏湾海域的具体方案。

b. 根据技术和现场需要，配备辅助拖轮协助船组出港。

c. 应申请海事巡逻艇清道及维护拖航秩序，拖航前应发布《航行通告》。

d. 拖轮制订的《航行计划》必须得到安监部门的审核认可。航线设计必须考虑到本航次的具体情况，航线回旋余地大，远离渔船密集海区。航行途中，拖轮严格执行《航行计划》；特殊或紧急情况下，为拖轮和驳船安全起见，拖轮船长可决定适当绕航。

e. 拖航指挥关系：起拖航行及解拖均由拖轮船长指挥决定；驳船如果有人留守，则拖轮和驳船之间的联络方式、频道、时间及内容由双方商定，联络情况记入双方《航海日志》；在拖航过程中，拖轮船长是第一责任人，负责指挥整个拖航，船长必须恪尽职守，采取一切合理措施确保拖航安全。

f. 气象保障：拖轮船长，确定在有3天好天气的预报情况下接拖开航；整个航次中风浪不大于5级；在航行途中，拖轮船长密切注意天气变化，收集整理气象资料，掌握台风等灾害性天气，科学分析预测，必要时修改航线，以便拖航正常；同时，主管单位也密切关注天气和海况，在船队遭遇恶劣天气时，对拖轮给予必要指导，建议船舶采取合理应变措施。

g. 拖轮船长在遭遇恶劣海况时，应采取积极措施，确保拖轮、拖具和驳船的安全。

h. 避风锚地或水域：拖轮根据航行具体地点情况选用锚地避风。

i. 拖航过程中，如发生主拖缆断缆事故，拖轮立即起用驳船上应急拖航索具接拖控制驳船；拖轮根据具体情况重新制作琵琶头接拖主拖缆，或更换主拖缆重新接拖。

j. 在拖航过程中，拖轮必须按照航行规则谨慎驾驶，安全拖带，确保各设备正常运转，定时检查拖航索具和驳船，并把检查情况详细记入《航海日志》。在航行途中，如果出现拖轮自身难以克服的困难，或由于拖轮机器故障不能继续航程时，可根据具体情况更换相应性能和功率的拖轮，完成本航次。

(6)吊装作业安全规程

①吊装作业前的准备工作

a. 作业前应召开班前会，由船长或起重长讲解当天作业内容及安全注意事项，并核对好全船各岗位的通信联络工具，以保持作业时步调一致。

b. 指挥者应了解作业方案和起重船的工作性能，督促、检查作业的准备工作。

c. 根据作业区域水深和风浪情况，按《稳性报告书》调整好船的纵倾及吃水，避免搁浅或因稳性不足而造成事故，应在作业前把测水记录提交备查。

d. 控制台操作人员必须熟悉控制台各开关、仪表的作用及安全规则，并能熟悉操作。如发现异常情况，应立即报告指挥者安排检修排除。

e. 布置好定位锚，并遵照避碰规则规定显示信号。

f. 检查调整吊杆角度，使之适合负荷要求（吊杆角度是指吊杆在水平方向的入角，若船有纵倾，应对角度指示仪所示角度进行修正）。

g. 检查变幅索、吊索及其与滑轮、滑轮组的接触部位，确认技术状态正常。

h. 检查绞车电气控制柜触点，确认其接触处于良好状态。

i. 对绞车运转部位及滑轮组、吊钩转环等处加足润滑油，保证灵活转动。

j. 起吊前需进行实际负荷状态下的试车和钢索升降运动，证实其处于正常的技术状态后方能作业。合上变幅绞车棘轮，调好电子秤“零位”，确认使用绞车的风机运行指示灯已亮。

②吊装作业时安全注意事项

a. 选择电机运行方式时，先按“紧急”按组停电后，再转换并按“控制电源”按组进行操作。

b. 操纵控制器变挡时，应注意电流表指针基本稳定后，再从 1～8 挡逐挡转换。

c. 绞车房应有专人值班，监视排缆情况。当钢缆运动到缆筒两端时，应及时正确地操纵排缆器协助排缆。

d. 起落吊件时，变速应顺序缓慢进行，避免骤然急速起吊和在快速下降中突然停止。此外，应特别注意避免斜拉吊杆。

e. 作业高度接近吊钩，上死点和吊杆变幅时，应派专人观察吊钩动滑轮组和定滑轮组的距离，避免两滑轮组相碰而造成事故。

f. 满索和空索指示灯亮、蝉鸣器响时，要注意将操纵控制器推向“零”档。

g. 操作注意电子杆和电流表指示数值，无指示或指示超过额定时，立即停止操作并报告指挥者，待查明原因和采取措施后，方可继续作业。

h. 移船时统一指挥各锚索的松紧，各绞车操作不得自作主张随意收放锚缆。

i. 吊索穿好后，起重指挥应认真检查有无重叠挤压、偏位等情况，如有上述情况，则应重新调整后方能起吊。

j. 在行道附近施工时应急慢速旗，并注意其他船只干扰。

③不适宜进行吊装作业的因素

出现下列情况之一时，应停止起重作业。

a. 起吊设备固定或活动零部件的最大磨损或腐蚀超过原尺寸的 10%，或发生裂纹，显著变形时。

b. 吊钩钩尖部分的仰长度超过原有间距的 15% 时。

c. 吊货索、变幅索在 8 倍直径长度范围内，断丝根数超过总根数 10% 或表面钢丝磨损、腐蚀达钢丝直径的40%以上时。

d. 钢索结构已严重破坏钢索直径减小超过7%时。

e. 活动部件不能正常转动时。

f. 滑轮边缘折断或裂纹,轴或耳环弯曲或吊钩转环显著变形时。

g. 起重机制动装置的制动衬垫有显著磨损,在摩擦表面上开始显露固定衬垫的铆钉时。

h. 试机或作业中发现有异常响声时。

i. 风速大于13.8m/s或浪高于1.5m时(如果作业现场受长涌影响,则起重作业条件应视船的摇摆情况酌定)。

j. 吊件重量超过起重船额定负荷或距离超出起重船跨度时;更换变幅带索、吊货索、吊钩、滑轮组等部件后,未经试吊合格时。

④起重船调迁安全规程

a. 起重船调迁启航前应开好航前会,统一安排拖航中的各项工作,特别是通信联络工作一定要检查落实。

b. 迁前应根据《稳性报告书》调好压载,以保证船有足够的稳性。如在调迁时需在甲板上装载重物,则应重新核算船的稳性,如满足时方可装载,同时应对所装物件做切实可靠的固定,以防风浪中移位而危及船的安全,在航行前将测水记录提交船长备查。

c. 迁前应降低吊杆至55′的位置,然后合上变幅绞车的棘轮并对吊钩(吊具)进行切实可靠的固定。固定工作出船(驳)长指挥进行并最后由船长检查确认后方可启航。

(7)施工防台防风措施

①防台风原则

a. 制订切实可行的防台风措施

根据工程的实际情况,制订切实可行的防台风措施,保证在台风到来前72h内形成防护能力。

b. 损失最低

保证在台风期间,遭受损失最低,台风过后能够快速恢复施工。

②防台防风措施的实施

a. 建立防台防风领导小组和船机防台抢险组织机构,保证组织落实。

b. 成立天气预报监测小组,对天气的变化进行全过程的跟踪和记录,负责向全工地包括施工作业船舶和操作人员发布天气预报;在热带气旋、热带风暴、强热带风暴和台风发生、发展期间,要做到每天24h监视天气变化情况,并随时发布预报。

c. 与省气象台站建立联系,在防台防风行动上同省领导机关保持一致。

在施工现场和陆上、海上都安设专门的天气无线电预报接收机,使施工人员及时掌握和了解天气情况。

d. 台风过后,及时对工程进行全面测量调查,摸清工程变化及受损情况,拆除临时防护措施,清除多余的块石,尽快恢复正常施工。

③施工期防台防风管控措施

a. 成立强有力的防台防风领导小组,统一指挥和组织防台工作。

b. 收听电台广播,掌握台风信息。

c. 台风期间护岸抛填和坡面防护配套施工,注意其工序衔接,必要时,采取突击临时防护措施。

d. 船舶首先应选定避风锚地,台风来临之前,及时通知和安排工程船舶防台,给予足够的拖航时间,并保持联系。

e. 机械设备及临时设施要采取加固措施,台风来临之前要逐一检查,做到万无一失。

f. 获取台风信息后,防台防风办公室要24h值班,以便各方联系,掌握台风动态,接收上级指示等,并做好值班记录。

g. 台风袭击时,组织精干小分队日夜巡逻,以便及时发现险情,及时抢救,减小损失。

④船机设备的防台措施

a. 所有施工中的船机和机械设备都要保证能正常运转和使用,以便随时都能投入到防台抢险中。

b. 与沈家门港监及政府等有关部门提前联系好避风锚地,所有的船舶配齐防台设施,到指定的地点抛锚避风。船舶进港时要听从有关部门的指挥,按规定进点抛锚。

c. 陆上机械设备在台风到达时撤回至后方陆地,离开新建未完工现场;运到室内的设备要离开岸线以外100m以上,并予以覆盖,做到防雨、防风、防撞,切断电源,锁好配电箱箱门。

d. 预制场地拆除所有高处不稳物体,起重机要求停好,放吊钩落地。

e. 防台期间码头边不得停放机械设备。

⑤临建及施工人员的防台

a. 车间、仓库,临建房屋等预先加固,疏通排水沟渠。

b. 将电焊机等小型机电设备安排到室内;现场大中型设备及其他无法运到室内的设备要离开海岸线以外100m以上,并予以覆盖,做到防雨、防风、防撞,切断电源,锁好配电箱箱门。

c. 贵重物品及施工图纸、施工过程资料等提前转移到安全的地点;台风正面袭击时,现场人员要转移到安全稳固的避风场所。

⑥台风过后的恢复工作

a. 台风过后,立即进行工程的测量工作,检查台风对工程结构造成的破坏和影响情况。

b. 如果已挖好的基槽和已抛填的石料出现了淤积,要先进行清淤处理,然后再进行抛石。

c. 清楚拆除为防台而临时设置的加固措施。

d. 对于受到台风破坏的部位,利用陆上设备或使用施工船舶进行整理。

第9章

施工成果与经验总结

Construction Technology of Subsea Buried Tunnel Under Complicated Geological Conditions

面向挑战的
隧道及地下工程

Construction Technology of Subsea Buried Tunnel Under Complicated Geological Conditions

9.1 施工成果

通过沈家门海底隧道的施工和技术攻关，国内首次取得了海底沉埋交通隧道的成套修建技术，主要取得的施工成果有：

(1)开发了一种海岸深基坑及配套施工技术

开发并应用双排钢管桩＋模袋砂工艺相结合及拉森钢板桩形式的海港岸边围堰结构，用灌注桩、高压旋喷桩、两轴及三轴搅拌桩、水泥搅拌土桩插型钢相结合的围护结构，并辅以管井降水等措施，土方开挖遵循"时空效应"理论，分层、分段、分块开挖，纵向放坡；成功解决了饱和水淤泥质粉质黏土地层海岸深基坑的施工难题，安全高效地建成了沈家门港海底沉管隧道工程的海港岸边深基坑。

该成果获 1 项发明专利《一种沉管隧道二次围堰防渗体系的施工方法》(ZL200910064942.5)。

(2)研究掌握了海港岸边干坞基坑大面积深度大开挖稳定性规律

通过施工实践研究结果表明，管节制作阶段干坞基坑底部的管节荷载对干坞的边坡稳定性影响不大；充水状态丧失相差不大，充水阶段与管节制作阶段相比是比较小的；再排水工况是较危险的，计算得出的安全系数最低。

(3)开发了一套用于海水环境下大体积混凝土管节制作技术

通过对大体积混凝土管节施工温度应力研究，成功地掌握了管节混凝土温度应力规律；通过研究采用"双掺""加气减重法"满足管节起浮要求，将 C50 混凝土重度 $2.425t/m^3$ 降到 $2.390t/m^3$，满足起浮重度要求，保证顺利起浮，同时满足抗裂、抗渗、抗侵蚀、电通量、氯离子含量等相关要求；通过对管节制作工艺及防水技术的研究，有效地解决了长期以来大体积混凝土管节接缝处存在的渗漏水问题，保质保量地制作了大体积混凝土管节；通过研究采用"跳节法"、设置"后浇带"施工技术，解决了干坞基础不均匀沉降、隆起、变形的控制问题。

该成果获 1 项发明专利《一种沉管隧道管节用混凝土配合比》(ZL2009 10064941.0)。

(4)开发了一种临时航道及基槽浚挖技术

通过对开挖方案、工序、设备、工艺以及水面安全警戒、交通、疏解、组织技术等方面的研究，总结了一套比较完善的临时航道及基槽浚挖技术，整个基槽及航道浚挖达到了预期目的。

综上所述，该工程取得的成果丰富了沉管法修建技术，具有显著的社会、经济和环境效益。

9.2 施工经验总结

通过对"复杂工况条件下海底沉埋隧道综合修建技术"技术攻关,用科技创新成果指导现场施工,有效保障了沈家门港海底隧道的顺利建设。

(1)工程采用了"复杂工况条件下海底沉埋隧道综合修建技术"研究成果进行了施工指导,运用海上沉桩工艺施作长度18m的PU28双排拉森钢板桩工艺构筑海岸围堰,按明挖顺作法、架设钢管支撑、分层分块开挖基坑土方,最后施工基坑主体结构,取得了良好效果。

(2)工程技术研究内容丰富,包括海港岸边基坑限控降水、基坑围堰围护工程、基坑开挖、防渗堵漏技术、信息化施工、管节预制工艺技术、高强度特种混凝土配合比的研制、混凝土温度重度控制、水下浚挖及水面交通安全组织等。每一分项研究都有较高的技术含量,对今后建造类似复杂的水下工程具有较好的借鉴作用。

(3)通过海底沉埋隧道修建综合技术研究,成功地创造了在淤泥地层及周边环境复杂条件下修筑海底岛屿之间沉埋隧道的新思路、新途径。为海峡、岛屿之间修筑其他地下工程提供了更为广阔的空间,同时也为舟山岛屿之间修建、开发地下空间积累了丰富翔实的技术资料,具有积极的推广意义。

(4)海底沉管交通隧道不占地、不妨碍航行、不影响生态环境,是非常安全的全天候的海峡通道,其产生的社会效益是难以估计的。

(5)沈家门港海底隧道的贯通,将进一步改善鲁家峙岛的对外交通状况,形成南北贯通的城区新格局,对统筹推进沈家门渔港"一港两岸"具有重要意义。

综上所述,通过对该工程的施工技术总结,其中的经验教训和体会值得借鉴。

参 考 文 献

[1] 国家海洋局第二海洋研究所. 沈家门港海底隧道潮流、泥沙数字模型试验报告[R]. 2007,8.

[2] 东海海洋工程勘察设计研究院. 沈家门港海底隧道海域使用论证报告书[R]. 2008,1.

[3] 上海勘察设计研究院. 沈家门港海底隧道环境影响报告书[R]. 2008,1.

[4] 舟山市交通规划设计院. 沈家门港海底隧道通航安全评估报告[R]. 2008,1.

[5] 上海交通大学海洋水下工程科学研究院. 沈家门港海底隧道基础压浆研究报告[R]. 2010,8.

[6] 上海交通大学海洋水下工程科学研究院. 沈家门港海底隧道基础灌浆小比例模型试验研究报告[R]. 2010,8.

[7] 上海交通大学海洋水下工程科学研究院. 沈家门港海底隧道基础灌浆等比例模型试验研究报告[R]. 2010,8.

[8] 上海交通大学海洋水下工程科学研究院. 沈家门港海底隧道隧址回淤检测试验研究报告[R]. 2010,8.

[9] 陈韶章. 沉管隧道设计与施工[M]. 北京:科学出版社,2002.

[10] 彭红霞,王怀东. 仑头—生物岛沉管隧道管节浮运方案探讨[J]. 隧道建设,2007,(04):85-88.

[11] 薛勇. 沉管隧道接头研究[J]. 特种结构,2003,(03):4-8.

[12] 管敏鑫,万晓燕,唐英. 沉管隧道的作用、作用组合与工况[J]. 世界隧道,1999,(01):4-9.

[13] 申琪玉,邱峰,张海燕. 广州洲头咀隧道管节浮运沉放关键技术研究[J]. 施工技术,2010,(05):15-17.

[14] 颜宏亮,佘雪峰. 水利工程施工[M]. 郑州:黄河水利出版社,2009.

[15] 付俊雄. 云南李仙江居甫渡水电站施工技术[M]. 北京:科技出版社,2009.

[16] 郑守仁,等. 导流截流及围堰工程[M]. 北京:中国水利水电出版社,2005.

[17] 王桂玉. 海底隧道沉管隧道防水措施及施工质量控制[D]. 郑州:郑州大学,2015.

[18] 王梦恕. 水下交通隧道发展现状与技术难题[J]. 岩石力学与工程学报,2008(11):2161-2172.

[19] 宋克志,王梦恕. 国内外水下隧道技术发展动态及其对渤海海峡跨海通道建设的经验借鉴[J]. 鲁东大学学报,2009,25(2):182-187.

[20] 曹正喜. 钢管桩在模袋砂围堰加固施工中的应用[J]. 隧道建设,2012,32(02):020-022.

[21] 宁茂全,肖明清. 海底沉管隧道关键技术设计与分析[J]. 铁道工程学报,2008,08:50-53 +57.

[22] 魏新江,王金艳,丁智,等. 舟山海底沉管隧道模袋砂围堰位移分析[J]. 岩土力学与工程学报,2013,32(09):1835-1842.